W A R R E N

ED & LORRA

NE WARREN

LUGAR SOMBRIO

Hooked on Spooks,
NO SMOKING
THE BEST OF

Para minha esposa, Dawn,
que permaneceu paciente
ao longo de cada página

—Ray Garton

Publicado mediante acordo com
Graymalkin Media, LLC.

Título original: In a Dark Place

Ilustração para *A Divina Comédia*, de Dante,
por Jean Edouard Dargent, 1870 (p. 4)

Diretor Editorial
Christiano Menezes

Diretor de Novos Negócios
Chico de Assis

Diretor de Planejamento
Marcel Souto Maior

Diretor Comercial
Gilberto Capelo

Diretora de Estratégia Editorial
Raquel Moritz

Gerente de Marca
Arthur Moraes

Gerente Editorial
Marcia Heloisa

Editor
Bruno Dorigatti

Capa e Projeto Gráfico
Retina 78

Coordenador de Diagramação
Sergio Chaves

Revisão
Amanda Cadore
Felipe Pontes
Isadora Torres
Talita Grass

Finalização
Roberto Geronimo

Marketing Estratégico
Ag. Mandíbula

Impressão e Acabamento
Ipsis Gráfica

DADOS INTERNACIONAIS DE CATALOGAÇÃO NA PUBLICAÇÃO (CIP)
Angélica Ilacqua CRB-8/7057

Warren, Ed
Lugar sombrio / Ed Warren, Lorraine Warren, Ray Garton ; tradução de Eduardo Alves. — Rio de Janeiro : DarkSide Books, 2017.
272 p.

ISBN 978-85-9454-043-0
Título original: In a Dark Place

1. Demonologia 2. Parapsicologia 3. Casas mal-assombradas
I. Título II. Warren, Lorraine III. Garton, Ray IV. Alves, Eduardo

17-0894 CDD 133.42

Índices para catálogo sistemático:
1. Demonologia - Casas mal-assombradas

[2017, 2025]

DarkSide® *Entretenimento LTDA.*
Rua General Roca, 935/504 — Tijuca
20521-071 — Rio de Janeiro — RJ — Brasil
www.darksidebooks.com

ARQUIVOS SOBRENATURAIS

CARMEN REED E AL SNEDEKER
COM RAY GARTON

ED & LORRAINE WARREN

LUGAR SOMBRIO

Tradução Eduardo Alves

DARKSIDE

ED & LORRAINE WARREN

LUGAR SOMBRIO

SUMÁRIO

PREFÁCIO

O estudo da possessão demoníaca nunca foi, não é e muito provavelmente nunca *virá a ser* uma ciência.

Existem, porém, muitos que vêm devotando suas vidas a estudar o assunto, que vêm tentando determinar o ponto no qual a possessão tem início para que ela possa ser evitada.

A possessão remonta à época de Cristo, que expulsou demônios de inúmeras pessoas, de acordo com o Novo Testamento. Hoje, ela é pouco mais do que assunto para filmes de terror hollywoodianos. Porém, muitas igrejas e seitas cristãs ainda praticam o rito de exorcismo — a principal, dentre elas, a Igreja Católica.

Existem dois tipos de possessão: a de uma pessoa e a de um lugar, tal como uma casa ou outro tipo de construção. Muitos dentro da Igreja Católica acreditam, porém, que ambas acontecem de maneiras bem parecidas.

Primeiro, existe o ponto no qual o(s) demônio(s) entra(m) na pessoa ou ocupa(m) a construção ou a casa. Há um grande número de teorias diferentes a respeito do que causa a entrada inicial. Em um caso bem-documentado de possessão, o demônio alegava ter escolhido a vítima antes do nascimento desta. Alguns acreditam que até mesmo um interesse passageiro por ocultismo pode ser um convite para a possessão. Outros acham que isso permanecerá para sempre um mistério, que não cabe a nós entender até estarmos cara a cara com nosso Criador e ouvir a explicação em primeira mão.

No entanto, uma opinião é quase unânime: a entrada inicial é feita apenas depois de a vítima ou residente da construção visada ter feito uma escolha — por mais inconsciente ou tênue que seja — de dar permissão.

Por exemplo, os Snedeker nada fizeram para causar a possessão da sua casa — que tivera início muito tempo antes. Como Lorraine foi capaz de sentir com sua clarividência, algo terrível aconteceu naquela casa em alguma época durante seus anos como funerária. Alguém estivera usando os cadáveres para o próprio prazer doentio, e foram os atos de necrofilia dessa pessoa que abriram as portas para a possessão; foi essa pessoa que fez a escolha — ao se entregar a tais atividades perversas — de permitir que as forças do mal entrassem naquela casa muito antes de os Snedeker se mudarem para lá.

Assim que se dá a entrada inicial, a entidade possessiva começa a atormentar o hospedeiro ou os ocupantes da construção que ela adentrou. Isso costuma ser feito por meio do medo. A entidade não apenas se alimenta do medo, ela sabe que o medo enfraquecerá a vítima, aproximando, assim, a entidade do controle total, deixando-a mais perto da possessão completa.

No caso dos Snedeker, as forças na casa, determinadas a ganhar controle sobre os membros da família, usaram o medo para enfraquecê-los, para tentar fazer com que se virassem uns contra os outros, enquanto aguardavam o terceiro estágio da possessão demoníaca: fraca e vulnerável, confusa e aterrorizada, a vítima inevitavelmente atinge o momento decisivo e se rende por vontade própria às forças das trevas.

Um exorcismo oficial não pode ser realizado sem uma investigação apropriada para determinar se a atividade demoníaca relatada é verdadeira ou não. Às vezes, uma pessoa com problemas mentais ou com um vício em narcóticos, ou até mesmo uma família inteira passando por crises domésticas, pode pegar as menores coincidências e transformá-las em uma série de eventos assustadores que levam à conclusão de que a casa está possuída por demônios. Doenças mentais foram confundidas com possessão no decorrer da história — males como esquizofrenia, síndrome de Tourette, doença de Huntington, mal de Parkinson e até mesmo dislexia — e, apesar de a medicina ter evoluído bastante ao longo dos anos, tais condições devem ser eliminadas por um padre antes da realização de um exorcismo ser considerada.

Um padre com conhecimento médico ou psiquiátrico — às vezes, ambos — inicia uma investigação ao primeiramente tentar eliminar todas as outras possibilidades; então, quando está satisfeito, prossegue testando a possibilidade de uma presença demoníaca. Assim que conseguir provas satisfatórias de atividades de demônios, o padre então aborda a Igreja. Depois de o caso ser revisado e considerado completo, a decisão de prosseguir com um exorcismo é tomada.

De acordo com aqueles que os testemunharam, nenhum exorcismo é igual ao outro, embora todos tenham duas coisas em comum, uma delas inesquecível para todos os envolvidos, quer seja o exorcismo de uma pessoa ou de uma construção: a *presença*.

Ela é invisível, etérea, e, ainda assim, sentida tão profundamente por todos os envolvidos que parece quase tangível. É uma presença que não é masculina nem feminina... nem humana, nem animal... nem uma única entidade, nem uma multidão delas... mas é distinta e, conforme o exorcismo avança, se torna mais forte. Se e quando fala, ela às vezes se refere a si mesma como "eu", às vezes como "nós". Ela se move ao redor daqueles presentes como uma brisa fria como gelo, uma corrente de ar das profundezes da caverna mais subterrânea da Terra, até o exorcismo chegar ao fim... até a entidade possessiva ter sido expulsa em nome de Deus.

A segunda coisa que todos os exorcismos têm em comum é a mais ameaçadora: o perigo.

Aqueles que participam de um exorcismo estão em perigo constante e devem esperar ouvir os insultos mais abomináveis e ver as coisas mais assustadoras que provavelmente vivenciarão nas suas vidas. Sua fé deve permanecer sólida como uma rocha diante do abuso horrível e sobrenatural. Os demônios não serão expulsos sem uma luta furiosa, e sua principal arma, como sempre, é o medo. Eles se alimentam dele e farão qualquer coisa que conseguirem para arrancá-lo de dentro daqueles envolvidos na tentativa de expulsá-los.

Nem todas as tentativas são bem-sucedidas.

Os demônios esperam um convite antes de entrar, mas nem sempre saem quando ordenado...

1

A MUDANÇA

“Mãe, a gente precisar ir embora desta casa. Tem alguma coisa assustadora aqui.”

Carmen Snedeker estava diante da pia da cozinha com espuma do detergente cobrindo os antebraços e as mãos enquanto ela lavava um prato. Um amontoado de folhas de jornal e caixas de papelão vazias estavam espalhadas pelo chão ao redor dela, e Willy, o furão de estimação dos Snedeker, brincava no meio de tudo. A louça, que pouco antes estivera embrulhada no jornal e empacotada nas caixas, estava na bancada à direita de Carmen, encardida devido à tinta do jornal e empoeirada por causa da viagem.

As vozes risonhas das outras crianças ecoavam nas paredes vazias conforme elas corriam para dentro e para fora, estreando a casa nova.

Ela ouviu as batidas e o arrastar da mobília pesada sendo levada para dentro por Al e pelo irmão dele.

Stephen, seu filho de 14 anos, estivera perambulando pela cozinha atrás dela, silencioso e irrequieto, cutucando caixas e jornais com a ponta do tênis como se tivesse alguma coisa a dizer, mas lhe faltasse coragem. Portanto, ela havia decidido esperar até que ele estivesse pronto para falar.

“O que disse, Stephen?”, perguntou Carmen enquanto enxaguava um prato.

Ele repetiu: “Eu disse que tem alguma coisa assustadora aqui, mãe, e que a gente precisar ir embora desta casa”.

Enquanto colocava o prato no escorredor à esquerda, Carmen se virou devagar para Stephen, com o rosto franzido. "Ir embora? Nós acabamos de chegar, querido."

"Eu sei, mas a gente tem que ir embora agora."

"Mas para onde iríamos?"

"A gente pode voltar para Nova York, para o nosso apartamento. Temos que ir, mãe. Tem alguma coisa..." Ele parou por um instante e semicerrou um pouco os olhos, como se estivesse escolhendo a palavra seguinte a partir de uma lista de opções, então: "...errada, tem alguma coisa errada com esta casa".

Carmen franziu ainda mais o rosto enquanto enxaguava a espuma das mãos e dos braços e os secava com uma toalha. Ela se virou, recostou-se contra a beirada da bancada e cruzou os braços, fitando o filho.

Ele estava muito magro e pálido, com meias-luas bastante cinzentas sob os olhos. A mãe tentou se acostumar com aquilo — e, é claro, agia como se fosse imperceptível —, mas todas as vezes que olhava para ele, as mudanças físicas apertavam o seu coração. Era como se a cobaltoterapia que estivera recebendo tivesse sugado metade dele, o tivesse drenado até ele virar uma boneca de porcelana esticada que se assemelhava meramente ao seu filho. Com aqueles tratamentos vieram grandes doses de estresse, e foi a esse estresse que Carmen atribuiu a alegação dele a respeito da casa. Tinha que ser isso. Ele com certeza não poderia saber a verdade sobre o local. Apenas Carmen e o marido, Al, conheciam o passado daquele lugar.

"O que você acha que tem de errado com a casa, Stephen?", perguntou em voz baixa.

Sua testa lisa se franziu e ele desviou os olhos por alguns instantes, então encolheu um ombro e disse, quase com um sussurro: "Eu... não sei. É só que ela é... ruim. É...", o garoto balançou a cabeça com um movimento brusco, ao mesmo tempo agitado e frustrado, "...difícil de explicar. Mas é ruim. Maligna. E se a gente não for embora daqui... alguma coisa ruim vai acontecer conosco. Alguma coisa muito ruim".

"Meu bem, casas não são más. Apenas as pessoas são más. O mal vive no coração delas, nas coisas que elas às vezes fazem e dizem umas às outras. Mas esta casa... bom, é só uma casa velha. Se ela pudesse falar, é provável que nos contasse ótimas histórias, talvez até algumas histórias *assustadoras*. Só que ela não é má. É apenas nova para você, só isso", acrescentou com um meio sorriso. "Você vai se acostumar em pouco tempo e vai se sentir melhor aqui, mais confortável. Você viu o seu quarto lá embaixo?"

Stephen abaixou o rosto e fitou o chão, depois deu um pequeno aceno de cabeça. Ele disse alguma coisa, mas foi baixo demais para que ela pudesse entender.

Carmen colocou o nó de um dos dedos embaixo do queixo dele e levantou um pouco a sua cabeça. "O que disse?"

"Foi o quarto que me deu essa sensação tão ruim. Ele pareceu... maligno, mãe. Não quero dormir lá embaixo. Ele não passa uma sensação... boa."

Carmen tentou não deixar que algo transparecesse no seu rosto. De novo, lembrou a si mesma que Stephen nada sabia a respeito da casa, de que nada sabia a respeito das coisas que costumavam acontecer ali. Ela respirou fundo, e um pouco da tensão no peito dela relaxou.

"Mas aquele é o seu quarto", disse. "Você sempre quis um quarto só para você."

Ele balançou a cabeça.

"Bom, não vou dormir lá embaixo sozinho."

"Michael só vai voltar do Alabama daqui a algumas semanas. Onde você vai dormir até lá, então?"

Ele deu de ombros e se abaixou para fazer carinho em Willy. "Vou dormir no sofá. Ou talvez no chão da sala, sei lá. Mas", ele começou a fazer que não com a cabeça de novo, conforme se virava e saía da cozinha, passando ao lado e por cima das caixas vazias, "não vou dormir lá embaixo sozinho."

Carmen permaneceu com as costas encostadas na pia, os braços cruzados, a toalha pendendo de uma das mãos. Ela o observou se afastar, então ouviu seus passos no chão de madeira depois de o filho ficar fora de vista, prestando atenção até não poder mais ouvi-lo.

Voltando-se para a pia, Carmen pegou outro prato da pilha e começou a lavá-lo enquanto soltava um suspiro lento e silencioso.

Em pouco tempo, os Snedeker tinham percorrido o que parecia ser uma estrada longa e traiçoeira. Essa estrada teve início em abril de 1986.

Al e Carmen se conheceram em 1977 em Plainville, Connecticut, em um boliche onde ela trabalhava como garçonete. Al tinha uma aparência bonita e charmosa, com um bigode bem aparado e cabelo curto castanho-escuro. Media pouco mais de 1,83 metro e tinha uma compleição musculosa, resultado de anos de trabalho duro. Carmen, por outro lado, era diminuta, com um sorriso largo e caloroso e cabelo loiro, cheio e ondulado. Os dois sentiram uma atração imediata um pelo outro, mas Carmen preferia pensar com calma antes de fazer grandes mudanças na sua vida.

Ela era a filha do meio dos cinco filhos de um sargento da Força Aérea. Seis semanas após seu nascimento, na Harris Air Force Base em Biloxi, Mississippi, a família mudou-se para outra cidade. E depois para outra, e então para outra... e continuaram se mudando para onde quer que o trabalho do pai os levasse por cinco anos, até ele ser incapacitado e, na sequência, ser dispensando do serviço. Então eles se mudaram para a cidade natal dos pais de Carmen, Decatur, Alabama. No entanto, aqueles anos de mudanças constantes, de nunca ser capaz de se estabelecer, de sempre estar indo para algum lugar novo e desconhecido — embora ela fosse muito pequena na época — tinham de alguma forma marcado Carmen, fazendo com que tivesse suspeitas atormentadoras a respeito de mudanças na vida, até mesmo as naturais.

Mais tarde, já adulta, Carmen fez uma mudança drástica: casamento. Com ele vieram outras duas mudanças, seus filhos Stephen e Michael. Mas foram boas mudanças, felizes, mudanças que enriqueceram a sua vida em vez de desestabilizá-la. Então veio a pior mudança: divórcio. Mais uma vez, Carmen se viu em território desconhecido, solteira com dois filhos. Ela e os meninos se mudaram para Connecticut para ficar com os pais de Carmen, onde, com pouca educação e sem qualquer experiência profissional, ela tratou de arrumar um emprego e tornar a vida o mais estável possível para os filhos.

Al, por outro lado, vivera com dois irmãos e três irmãs na mesma casa de madeira na fronteira de Plainville com New Britain, Connecticut, até a idade adulta. Sem outras crianças por perto além do irmão e das irmãs, Al passava muito tempo brincando com eles no bosque em volta da casa e aprendeu a amar a natureza.

Já adulto, Al se casou, em 1975, mas o casamento durou apenas dezenove meses. Após ter levado uma vida relativamente tranquila — exceto, claro, pelos costumeiros altos e baixos, mágoas e decepções, que todos sofrem conforme crescem —, Al ficou abalado pelo divórcio doloroso e demorou algum tempo para ter outro relacionamento.

Então ele conheceu Carmen, naquele boliche onde ela trabalhava como garçonete, e tudo mudou. Eles se casaram em 1979 e começaram uma vida nova, cheia de esperança.

Em 1986, eles viviam em Hurleyville, Nova York, nas montanhas Catskill. Durante os meses de verão, os nova-iorquinos iam às Catskills para passar as férias. Os Snedeker nunca entenderam muito bem o porquê, visto que aqueles viajantes da cidade grande não pareciam valorizar os lindos arredores verdejantes ou a vida animal. Durante a estação, em qualquer loja ou shopping center, era possível ouvir os veranistas reclamando dos animais selvagens da área, que simplesmente se *recusavam* a sair da frente dos carros. O número de animais mortos à beira das estradas também aumentava nesse período do ano.

Naquela época, Al Snedeker trabalhava em uma pedreira, e Carmen era babá de quatro crianças durante o dia inteiro, o que a permitia ficar em casa com as suas crianças também. Eles eram católicos devotos e iam à igreja todo os domingos. Carmen se envolvia em inúmeras atividades da igreja, às quais dedicava boa parte do tempo livre que tinha.

Foi em abril daquele ano que Stephen desenvolveu uma tosse seca e irritativa. Al foi o primeiro a notar e ficou preocupado. Carmen, porém, vira as crianças adoeceram com um sem-número de combinações de tosses, dores de garganta, irritações, corizas e congestões nasais, portanto teve certeza de que aquilo passaria muito em breve.

Contudo, a tosse permaneceu.

"Mãe, o que é isso?", perguntou Stephen certo dia, indo até Carmen com o rosto franzido, os dedos pressionando o lado esquerdo do pescoço.

Carmen afastou os dedos dele com delicadeza e colocou os dela no lugar. Logo abaixo da mandíbula, ela encontrou um caroço do tamanho de um seixo.

Hormônios, pensou com uma pequena pontada de preocupação perfurando o peito, *é só isso, apenas os hormônios dele entrando em ação.*

Stephen se afastou dela quando teve outro ataque de tosse seca e rascante. Será que a tosse parecia pior... ou era apenas a sua imaginação?

Carmen pensou: *Podem ser apenas hormônios, mas...*

"Acho que vou marcar uma consulta com o dr. Elliott", disse ela, colocando as mãos nos ombros dele e lhes dando um aperto.

O dr. Bruce Elliott era caloroso, agradável e quase sempre sorridente. Nenhum dos filhos dos Snedeker tinha medo de vê-lo. Eles confiavam nele; assim como Al e Carmen. Portanto, quando o dr. Elliott disse que queria que Stephen ficasse um tempo no hospital para alguns exames, ninguém viu qualquer motivo para se sentir preocupado demais.

Carmen levou o menino para ser internado logo cedo na segunda-feira seguinte. Parecia estranho hospitalizar Stephen quando ele aparentava ser o mesmo garoto saudável e animado de sempre. Exceto por aquela tosse. Exceto por aquele caroço.

Ela o internou e passou a manhã com ele na unidade de pediatria, mas tinha que estar de volta em casa quando os filhos mais novos chegassem da escola.

"Desculpe por ter que ir, querido", disse, em pé ao lado da cama dele.

Stephen segurava o controle da cama e estava se divertindo fazendo-a subir e descer. Ele olhou para a mãe e lhe deu um sorriso enorme. Foi um sorriso tão *juvenil*, tão faminto por novas experiências, tão cheio de puro entusiasmo. "Tudo bem, mãe", disse ele. "Vou ficar bem."

Depois do jantar daquela noite, Al e Carmen foram ao hospital para visitar Stephen. No caminho para o quarto dele, avistaram o dr. Elliott avançando pelo corredor na direção do casal. Eles sorriram para ele, mas a resposta do médico não foi nem um pouco entusiasmada. Seus ombros estavam um pouco caídos, e seu caminhar estava mais lento e menos energético do que o normal. Ele assentiu uma vez, cumprimentando-os com um olá silencioso.

"Então, como está Stephen?", perguntou Al, mantendo o sorriso no rosto, embora este estivesse ameaçando murchar.

"Stephen está bem", respondeu o dr. Elliott em voz baixa. "São os exames que me preocupam."

Carmen respirou fundo para se acalmar e soltou o ar, perguntando: "O que quer dizer?".

"Bom, infelizmente, eles não nos dizem nada conclusivo sobre a condição de Stephen. Então, acho que teremos que dar um passo à frente. Conversei com o dr. Scordato hoje. Ele é um cirurgião, um cirurgião muito *bom*."

Al segurou a mão de Carmen e a apertou.

"Ele concorda comigo que devemos fazer uma biópsia e, se vocês também concordarem, ele gostaria de fazer isso amanhã."

Al e Carmen trocaram olhares preocupados e tristes.

Com a voz seca, Al disse: "Então, isso... hum, isso só significa que você e o cirurgião querem checar a fundo o problema de Stephen. Certo?".

O dr. Elliott assentiu e disse em um tom encorajador: "Sim, é claro, é *exatamente* isso que queremos fazer".

Eles concordaram com a biópsia, conversaram um pouco com o dr. Elliott, as vozes baixas, as bocas secas, depois foram até o quarto de Stephen. Não conversaram no caminho, apenas ficaram de mãos dadas.

Stephen estava sentado na cama, assistindo à televisão e mordendo a ponta de um canudo. Os pais receberam o sorriso do menino conforme andavam até o lado da cama. Stephen parecia um pouco cansado, mas ainda mais saudável do que nunca.

Então por que ele está aqui?, perguntou-se Carmen.

"Como foi o seu dia no hospital, rapazinho?", perguntou Al, batendo no joelho de Stephen embaixo do cobertor.

Stephen deu de ombros. "Ok, acho. Tirando os vampiros." Ele estendeu o braço para mostrar o Band-Aid na parte interna do cotovelo, de onde tinham tirado sangue.

"Vamos trazer um pouco de alho para você", disse Carmen, sorrindo. "Dá para mantê-los afastados com isso."

"Ainda não sei o que há de errado comigo", disse ele, franzindo um pouco o rosto. "Me sinto bem. A única coisa que me deixa doente é o tédio de ter que ficar aqui."

"O médico também não tem certeza do que há de errado", disse Al devagar, puxando uma cadeira até a cama e sentando-se. "É por isso que ele quer fazer uma biópsia amanhã."

Os olhos de Stephen ficaram arregalados.

"Uma *biópsia*? Você quer dizer quando eles abrem você e tiram as suas *entranhas*?"

Al e Carmen riram. "Não, não", disse Al, "isso é uma *autópsia*, e eles só fazem isso com os mortos. Uma biópsia é quando eles tiram um pedacinho do seu caroço e o examinam."

O garoto franziu o rosto. "Vai doer?"

"Você não vai sentir nada. Um pouco antes de fazerem isso, uma enfermeira vai entrar aqui com uma marreta enorme e vai acertar sua cabeça com ela. Vai ficar apagado como uma lâmpada."

Stephen riu e jogou o canudo em Al, que, junto de Carmen, escondia a preocupação por trás de um sorriso.

O dia seguinte, terça-feira, foi um dos mais longos das suas vidas. Eles aguardaram do lado de fora da sala de operação ouvindo os médicos serem chamados pelo sistema de autofalantes, os passos abafados das solas de borracha das enfermeiras indo para cima e para baixo dos corredores, e respirando o ar antisséptico com um toque de medicação do hospital enquanto o tempo passava na velocidade de melaço escorrendo por uma superfície plana, até que...

As portas duplas da sala de operação foram abertas, e o dr. Scordato, o cirurgião de Stephen, saiu apressado. Ele olhou para Al e Carmen, mas pareceu enxergar através deles enquanto seguia andando, as mãos enfiadas nos bolsos do jaleco.

Eles se entreolharam com olhos arregalados de surpresa, em seguida, se levantaram ao mesmo tempo e correram atrás do médico. Al o chamou, mas não recebeu qualquer resposta. Carmen andou na frente do marido, aproximou-se do médico e agarrou o braço dele. O dr. Scordato se virou, sobressaltado.

"Nós gostaríamos de saber como o nosso filho está", disse ela.

O médico piscou surpreso algumas vezes, então disse: "Oh, sim, hum, bem... o dr. Elliot entrará em contato com vocês esta tarde. Acho que seria melhor se conversassem com ele sobre os resultados. Vocês podem visitar o seu filho em algumas horas, depois que ele sair da recuperação". Então ele se virou e desceu o corredor, misturando-se aos outros jalecos, paredes e uniformes brancos.

Eles tinham mais tempo para matar, tempo repleto de fantasmas inquietos de perguntas não respondidas. Enquanto almoçavam, Carmen disse baixinho: "Não deve ser muito grave. Quero dizer, ele teria *dito* alguma coisa se fosse grave, não é?".

"É", respondeu Al, "acho que sim." Então ele suspirou. "Espero que sim."

Depois do almoço, Carmen levou Al em casa para ficar com os filhos mais novos quando eles voltassem da escola e foi a uma loja para comprar um presente para Stephen. Quando chegou ao hospital, ele dormia profundamente, o pescoço enfaixado e um tubo fino saindo de uma bolsa de solução intravenosa acima da cabeça dele até a parte interna do cotovelo. Ela se sentou ao lado da cama, segurando no colo uma caixa de Lego que comprara para o filho — do tipo avançado, muito mais sofisticado e complexo do que o kit para crianças —, e o observou dormir enquanto rezava em silêncio, o rosário retinindo de leve conforme os dedos se moviam por ele.

A única outra vez em que Stephen estivera em um hospital foi quando nasceu. A pior crise que ele já tivera fora um resfriado ou uma gripe, mais nada. Agora aquilo... o que quer que *aquilo* fosse. Enquanto rezava, ela ouvia o que dissera a Al ecoando na sua mente: *Não deve ser muito grave... não deve ser muito grave... muito grave...*

Em algum momento, conforme o crepúsculo se aproximava, Stephen abriu os olhos por tempo suficiente para sorrir. Ela se levantou depressa, colocou a caixa em cima da cadeira e sussurrou: "Como está se sentindo, querido?". As pálpebras dele estremeceram. "Stephen? Olha o que eu trouxe para você." Ela se virou, pegou a caixa de Lego, mas quando voltou a se virar, ele estava dormindo.

Uma voz autoritária anunciou que o horário de visitas tinha terminado. Ela se inclinou para a frente, beijou o rosto do filho, então foi embora, sentindo-se vazia e gelada, ainda que o anoitecer estivesse quente.

Quando chegou em casa, Carmen pôde ver Al através da grande janela panorâmica na frente da casa. Ele estava sentado na sua poltrona reclinável assistindo à televisão. A familiaridade de vê-lo fazendo o que fazia todas as noites àquela hora a acalmou um pouco, fez com que ela se sentisse um pouco mais normal e com vontade de entrar para o conforto e a segurança da sua família. Ela passou pela porta, colocou a bolsa no chão e foi até a poltrona de Al, onde ele estava sentado fitando a televisão com olhos inchados e vermelhos, as bochechas cintilando com filetes de lágrimas. O marido olhou para ela, os lábios apertados com tanta força que estavam pálidos, depois desviou o olhar, fechando os olhos e derramando mais lágrimas.

Carmen ficou tão aturdida que não conseguiu fazer algo além de fitá-lo. De repente, a mente e o coração dela começaram a competir em uma corrida estonteante. Al era um homem muito quieto, de poucas palavras, que falava apenas quando tinha algo específico a dizer e que, exceto quando ficava bravo o bastante, mantinha as emoções trancadas dentro do peito, como um jogador de pôquer que esconde as cartas na mão. Alguma coisa tinha que estar *muito* errada para ele chorar tão abertamente. Mas o que poderia ser? Não era Stephen, *não podia* ser Stephen, ela acabara de voltar do hospital, afinal de contas, e Stephen estava bem, muito bem!

"Qual é o problema, Al?", perguntou, a voz seca e rouca.

Ele abriu a boca para responder, mas conseguiu apenas soluçar enquanto se inclinava para a frente e enterrava o rosto nas mãos.

Carmen se ajoelhou ao lado da poltrona e pousou uma das mãos no braço dele enquanto os seus batimentos cardíacos trovejavam nos ouvidos. "Al, por favor, não vai me dizer qual é o problema?"

O telefone tocou alto, e, quando ela pegou o fone, percebeu que as palmas das mãos estavam suadas. "Alô?"

"Oh, Carmen, que bom que finalmente peguei você em casa. Eu não c-consegui falar com você em nenhum lugar para o qual l-liguei." A voz era masculina e adulta, mas carregada de lágrimas e trêmula de emoção. "Aqui é o dr. Elliott", disse ele.

Dr. Elliott? Mas ele estava chorando. Por quê?

Porque, ela pensou, *ele é o nosso médico há muito tempo, um amigo, e é um homem bom e está chorando agora porque alguma coisa está errada, terrível, terrivelmente errada...*

Ela tentou falar, teve que limpar a garganta, depois perguntou: "O que foi? Qual é o problema?".

"Sinto muito, Carmen", disse ele depois de respirar fundo, "mas o dr. Scordato disse que o pescoço de Stephen está dominado pelo câncer."

Aquela palavra foi como uma broca que perfurou o seu estômago e mutilou as suas entranhas. Era uma palavra feia, que reluzia de forma obscura e pulsava, que tinha vida própria.

"Sinto muito", repetiu o dr. Elliott, pigarreando para limpar a garganta, "mas é... bom, vamos fazer tudo o que pudermos, você sabe disso, mas... as coisas não parecem boas."

Ela encerrou a conversa de modo abrupto e largou o fone no gancho com a mão entorpecida. Quando se virou, Al ainda estava sentado na poltrona, fitando-a com olhos lacrimejantes.

Eles ligaram para a família de cada um para dar a notícia, e cada ligação foi pior que a outra: vozes desfazendo-se em lágrimas e soluços, lamentando por Stephen quase como se eles estivessem dando a notícia de que ele já tinha morrido.

Carmen deixou a mãe, Wanda Jean, por último. Wanda Jean praticamente criara Stephen e Michael enquanto Carmen trabalhava, e ela sabia que encontraria na mãe o apoio e a força de que precisava. Porém, como os outros ao telefone antes dela, Wanda Jean desmoronou.

Carmen sentiu as mãos tremerem enquanto ouvia as lágrimas da mãe. Alguns minutos mais tarde, depois de desligar o telefone, ela se virou para Al, que tinha alternado entre ficar sentado na poltrona e andar de um lado para o outro.

"Por que todo mundo está fazendo isso?", perguntou Carmen, a voz rouca. "Por que todo mundo está agindo como se ele já estivesse *morto* ou algo assim?"

"Como assim, por que todo mundo está fazendo isso?", resmungou Al com a voz áspera. "Ele tem *câncer*, Carmen. Estamos todos *transtornados*, é por isso que estamos fazendo isso! Acho que nem todo mundo consegue ser forte como você. Acho que nem *todo* mundo consegue ser como uma daquelas mulheres nobres e tolerantes que Meryl Streep está sempre interpretando." Ele sentou-se na poltrona.

"Quero dizer, será que eu vou ser a única a segurar as pontas? *Alguém* precisa fazer isso, senão vamos deixar Stephen assustado demais."

Mas Al não respondeu.

Os olhos de Carmen ardiam devido às lagrimas enquanto ela ficava sentada em silêncio ao lado do telefone, tentando afastar o medo da mente.

Na manhã seguinte, depois de as crianças terem ido para a escola e de Al ter ligado para o trabalho para pedir o dia de folga, Carmen comentou: "Que dia lindo para uma pescaria".

Ele a encarou, chocado. Havia olheiras sob os seus olhos lacrimejantes, e o rosto dele estava retraído. "Você está falando *sério*?" Quando ela não respondeu, ele balançou a cabeça devagar. "Não. Eu... eu preciso ficar com Stephen."

Com o máximo de delicadeza possível, colocando a mão sobre a dele, ela falou: "Então você vai ter que se controlar. Lembra o que eu disse ontem à noite? Você só vai deixá-lo assustado se ele ver você desse jeito".

"É", Al aquiesceu, "você tem razão."

Mais tarde, naquele dia, no corredor do hospital que levava ao quarto de Stephen, Carmen viu Al se preparando. Ele esfregou o rosto com a mão uma vez, como se quisesse remover toda a angústia exposta ali. Os dois passaram sorridentes pela porta e encontraram Stephen conversando com o dr. Elliott.

"Vocês chegaram bem a tempo de vê-lo antes de ele ir fazer a radiografia", anunciou o médico, e duas jovens enfermeiras entraram no quarto atrás de Al e Carmen com uma cadeira de rodas.

"Hora de pegar a estrada", anunciou uma delas enquanto Stephen deslizava para fora da cama e se sentava na cadeira.

"Estaremos aqui quando você voltar, ok?", assegurou-lhe Carmen.

"Minha nossa, com toda a atenção que você tem por aqui, não vai querer voltar para casa, rapazinho", disse Al com um sorriso débil.

Enquanto era empurrado para fora do quarto, Stephen disse: "Ah, vou querer, sim".

No momento em que ficaram sozinhos, o dr. Elliott passou a conversar em voz baixa com Al e Carmen sobre câncer linfático e os problemas que poderiam surgir e sugeriu que contassem logo a Stephen. Enquanto falava, o médico lançava olhares para Al, notando os punhos se abrindo e fechando, a transpiração na testa, a inquietação e a maneira como o homem virava o rosto sempre que alguém olhava para ele.

"Você não parece muito bem, Al", comentou o dr. Elliott.

O pai deu de ombros e começou a andar de um lado para o outro do quarto.

O doutor disse: "Olhe, Al, quero que você se sente. Vou pedir para uma enfermeira vir aqui e medir a sua pressão". Assim que Al voltou a se sentar, o dr. Elliott ficou em pé diante dele e disse em voz baixa: "Você vai ter que se acalmar, Al. Sei que é difícil, mas se não se controlar vai ficar doente e então não poderá ajudar Stephen. Entendeu?".

Al assentiu. Porém, apesar dos esforços para relaxar, a ansiedade permaneceu com ele, sussurrando no seu ouvido as coisas terríveis que *poderiam* acontecer, coisas como morte, um enterro, uma lápide...

Na quinta-feira, Stephen recebeu alta do hospital para passar o fim de semana em casa. Na segunda, ele teria que ir ao John Dempsey Hospital em Connecticut para três semanas de exames. Ao longo do fim de semana, Carmen conseguiu persuadir Al a ir pescar o máximo possível. No sábado, ela e Stephen levaram Al de carro até o lago e o deixaram lá.

"Mãe?", perguntou o menino quando ficaram sozinhos no carro. "O que tem de errado comigo? Quero dizer... exatamente. Ninguém quer me contar."

Oh, Senhor, me conceda as palavras certas, Carmen rezou em silêncio. Depois de pensar por alguns instantes, ela respondeu: "Você tem... uma coisa chamada linfoma de Hodgkin. Bom, isso é... na verdade, é câncer linfático, é isso".

Stephen assentiu muito devagar, então disse, quase em um sussurro: "Câncer. Eu meio que achei que era uma coisa grave". Ele continuou assentindo devagar. "Mas eu não vou morrer."

Mantendo a voz firme, ela falou: "É claro que não vai, rapazinho, porque nós vamos rezar e lutar. Mas... você sabe que não vai ser fácil, certo?".

Dessa vez ele sussurrou: "Eu não vou morrer".

Na segunda-feira de manhã, Al levou Carmen e Stephen ao hospital em Connecticut. Ele tinha que dirigir de volta a Hurleyville para cuidar das crianças, portanto partiu logo, sabendo que não conseguiria se controlar sob o peso de uma despedida demorada.

A unidade de pediatria do John Dempsey era como muitas outras; as paredes estavam decoradas com alegres personagens de desenhos animados e desenhos feitos pelas crianças, havia móbiles de todos os tipos pendurados nos tetos altos e, em vez do branco hospitalar de costume, ela era pintada com cores suaves e calmantes.

Só que isso não ajudava. A unidade ainda estava repleta de crianças doentes. Até mesmo crianças em estado terminal. E agora o filho de Carmen estava entre elas. Nem todas as cores alegres do mundo poderiam mudar isso.

Os exames começaram pouco tempo depois de Stephen ter sido internado e duraram uma eternidade. Fizeram exames de sangue, radiografias e tomografias, então houve um dia em que ele passou sete horas em cirurgia. Depois disso, houve ainda mais exames. O velho ditado que dizia que às vezes a cura é pior do que a doença se tornou muito convincente para Stephen e Carmen.

Os médicos e enfermeiras se amontoavam ao redor da cama de Stephen como abelhas ao redor de uma colmeia. Contudo, à medida que ele começava a ficar pálido e frágil, às vezes era difícil para Carmen não os imaginar como urubus voando em círculos em vez de enxames de abelhas.

A família de Al vivia em Connecticut, portanto Carmen não ficou totalmente sozinha. Ela passava as noites em um hotel nas redondezas e sempre ligava para Al assim que chegava. Desde a última vez que o vira, ele tinha começado a sentir fortes dores no peito e, apesar de ela achar que Stephen tinha drenado toda a sua cota de preocupação, ela começou a se preocupar com o marido também. Depois de alguns exames no hospital, porém, foi determinado que as dores no peito de Al eram sintomas de extrema ansiedade, nada grave.

Carmen sabia que alguma coisa teria de mudar em casa para tirar um pouco do peso dos ombros de Al, então ela ligou para a mãe. Wanda Jean estava visitando a Itália na época, mas ficou feliz em voar para casa e cuidar das crianças por algum tempo.

Ao final das três semanas, Stephen recebeu alta do hospital e teve permissão para voltar para casa, em Hurleyville. Ele estava mais magro, pálido, e havia exaustão em cada movimento seu. Era como se um sifão tivesse sido conectado a ele durante as últimas três semanas, drenando aos poucos a sua juventude. Como se isso não bastasse, ele tinha que voltar a Connecticut todos os dias para passar pela cobaltoterapia. Sua condição já enfraquecida apenas piorou sob a tensão dos tratamentos fatigantes e as viagens de 170 km por dia. Na verdade, a tensão teve um impacto em toda a família.

Al e Carmen decidiram procurar um lugar mais perto do hospital. Com quatro filhos, eles sabiam que não seria fácil encontrar um que fosse grande o bastante e que pudessem pagar — as contas médicas estavam se acumulando depressa —, mas seria mais fácil do que dirigir para um local tão longe todos os dias e gastar tanto dinheiro com gasolina.

Usando todo o tempo livre que conseguia encontrar, Carmen começou a procura. Ela se deparou com uma decepção depois da outra: pequeno demais, caro demais ou as duas coisas. Embora estivesse ficando cansada, ela continuou a procurar, encontrou outro anúncio promissor na sessão de classificados local e marcou um horário para visitar o apartamento em Southington. No caminho, passou por uma casa linda de três andares em estilo colonial com uma placa no jardim da frente que dizia ALUGA-SE.

O apartamento ao qual tinha agendado uma visita era muito bom, mas, como tantos outros, pequeno demais. No caminho de volta ao hotel, porém, ela cedeu ao impulso de parar na casa colonial com a placa na frente.

Havia trabalhadores ao redor da moradia, e os ruídos de martelos, furadeiras e serrotes ressoavam em uma cacofonia terrível. Carmen abordou um trabalhador depois do outro, perguntando com quem ela poderia falar sobre alugar a casa, até que afinal um deles a guiou pelo canto da casa até um homem agradável e de fala mansa, cujo braço direito estava aninhado na frente do peito, encolhido e inútil.

"Precisa de ajuda?", perguntou ele, levantando a voz acima de todo o barulho.

"Estou interessada em ver a casa", respondeu ela, franzindo um pouco o rosto por causa das marteladas.

"Oh. Bem." Ele levantou o braço bom e esfregou o cabelo crespo e grisalho para a frente e para trás. "O dono não está aqui no momento e...", ele riu, acenando com a cabeça na direção da casa, "...você pode ver que estamos bastante ocupados agora, então não acho que esta seja uma boa hora, entende o que eu digo?" Ele abriu um sorriso em volta de dentes tortos e as rugas no seu rosto ficaram mais profundas.

Carmen percebeu que estava torcendo as mãos e parou, sem querer parecer desesperada *demais*.

"Ando procurando em todos os lugares há dias e simplesmente não consigo encontrar uma casa para a minha família. Esta parece boa e nós precisamos de uma casa agora mesmo porque meu filho tem que..."

Ele começou a assentir e ergueu a mão para interrompê-la. "Vamos fazer o seguinte. Tem dois apartamentos ali dentro, um no andar de cima e outro no de baixo. Por que não vai lá para cima e dá uma olhada, e quando tiver terminado, eu dou o nome e o número do dono. O que acha?"

Aliviada e animada, ela foi para o andar de cima, esperando o melhor. E foi isso que encontrou. A sala era espaçosa, com muitas janelas que a faziam parecer ainda maior. A cozinha também era ampla e tinha uma mesa de cavaletes embutida e bancos. Havia quatro quartos grandes e mais dois em cima, um deles com camas embutidas com gaveteiros e painéis de pinheiro maciço.

Era lindo. Era perfeito. E provavelmente era caro demais.

Ela desceu depressa, pegou o telefone do dono e ligou para ele assim que voltou para o seu quarto no hotel.

O nome dele era Lawson e ele pareceu relutante a princípio. Carmen não deixou que isso a incomodasse, pois, assim que ele mencionou o aluguel mensal, ela descobriu que o valor estava na faixa de preço deles. Ela contou tudo ao sr. Lawson: sobre a doença de Stephen, sobre a distância que eles tinham que percorrer todos os dias para os tratamentos, sobre como ela estivera procurando por uma casa com tanto afinco.

Ele expressou a sua compaixão de maneira educada, desejou o melhor para Stephen, depois ficou em silêncio, pensando, aparentemente. Após algum tempo, disse: "Posso dar a vocês o apartamento de baixo".

Carmen se sentou na beirada da cama e pressionou uma das mãos sobre os olhos. Ela não tinha *visto* o apartamento de baixo. Será que era tão bom quanto o de cima?

Quem você quer enganar?, pensou. *Se for menor, não pode ser muito, e além disso... estamos desesperados.* Ela decidiu que, se fosse um pouco parecido com o apartamento de cima, Carmen ficaria muito satisfeita.

"Parece ótimo", disse. "Vamos ficar com ele."

Depois de desligar o telefone, a mulher se deixou cair na cama com um longo suspiro. Um tremendo peso tinha sido tirado das suas costas.

Eles começaram a se preparar para a mudança de imediato. Al teria que ficar em Hurleyville por mais seis semanas ou até que a sua transferência fosse efetivada. Michael conseguiu escapar do caos da mudança; ele decidiu passar o verão com Wanda Jean na casa dela no Alabama.

Al, Carmen e as crianças empacotaram os pertences com entusiasmo e sem qualquer palavra de reclamação, o que foi uma grande conquista, levando em consideração o fato de que, junto de todo o trabalho e a organização, Stephen ainda precisava ser levado a Connecticut todos os dias para a cobaltoterapia. Eles estavam ansiosos para se mudar para o novo apartamento e devolver um pouco de estabilidade às suas vidas. É claro, as coisas não ficariam completamente estáveis até Stephen se recuperar, mas eles tinham fé de que isso aconteceria.

Carmen lhes contou repetidas vezes sobre o apartamento do andar de cima, esperando que o deles fosse tão bonito e tão perfeito quanto. Mas ela passou muito tempo pensando sobre como o apartamento do andar de baixo *poderia* ser... muito tempo imaginando o pior.

Na noite antes da mudança para Southington, Carmen teve um sono agitado. Apesar das suas preocupações com Stephen, ela estivera adormecendo com facilidade, exausta devido a tanto trabalho. Porém, naquela noite, o sono não veio depressa e, quando chegou, trouxe consigo um sonho frio e turvo.

Caixões... dispostos em fileiras ordenadas... corpos nus com peles com a palidez da morte... ferramentas... equipamentos que pareciam antigos e sinistros... ganchos... correntes... um homem sem rosto vestindo um guarda-pó branco coberto de manchas marrom-escuras... caminhando ao longo de uma das fileiras de caixões... ziguezagueando entre eles... aproximando-se de um dos corpos... um dos cadáveres... carregando uma daquelas ferramentas... uma daquelas ferramentas antigas e agourentas...

Ela se sentou ereta na cama, incapaz de respirar por alguns instantes, então sorveu o ar em grandes golfadas. Era manhã. A luz do sol brilhava através das janelas, a luz do sol resplandecente, segura. O coração dela estava batendo disparado no peito, mas ela não conseguia se lembrar do motivo exato. Um pesadelo, sim, mas não era isso... não exatamente. Era outra coisa, algo que ela *soube* de súbito, apenas por instinto.

"Eu aluguei uma funerária", disse, a voz carregada de sono.

Al levantou a cabeça do travesseiro. "Hein?"

"O apartamento... aquela casa... é uma funerária. Ou talvez... bom, talvez costumava ser."

"Você teve um pesadelo?"

"Não, não. Quero dizer, é, acho que tive sim, mas não é isso." Ela se virou para fitá-lo. "Aquela casa é uma funerária, Al."

Ele se apoiou nos cotovelos. "Do que está falando?" Então o homem se sentou ao lado dela com o rosto franzido e olhos semicerrados e disse: "Você está falando sério, não está?".

"Sim, estou falando sério."

Ela se inclinou para a frente e abraçou os joelhos, fechando os olhos. Al a abraçou. Ele estava se sentindo perdido, mas a expressão no rosto dela não vinha de um simples sonho ou pesadelo; havia algo muito mais real naquilo.

"Nós podemos cancelar o acordo, você sabe", disse ele. "Quero dizer, se não quiser mesmo se mudar para aquele apartamento."

Ela balançou a cabeça devagar. Como poderiam?

"Nós não podemos continuar fazendo essas viagens todos os dias", sussurrou ela. "É duro demais para todos nós, principalmente para o Stephen. E eu com certeza não quero sair procurando outro lugar para morar."

Eles ficaram em silêncio por algum tempo, aproximando-se cada vez mais um do outro, então Al disse:

"Olhe, mesmo que esse... bom, esse sonho, essa sensação ou seja lá o que for, seja verdade, e o lugar for ou foi mesmo uma funerária... quer dizer, e daí? As pessoas morreram em outro lugar, certo? Não é como se elas tivessem morrido dentro da casa. E além disso", ele beijou o topo da cabeça dela, "você não *sabe* se é verdade. Aposto que não é. Foi só um sonho. Nós vamos chegar, o apartamento vai ser ótimo, vamos nos mudar e vamos descobrir que o lugar é apenas uma bela casa antiga que foi convertida em dois apartamentos."

Eles finalmente deixaram Hurleyville no dia 30 de junho, um dia quente de verão que ficou ainda mais quente na estrada. Al levou Stephanie com ele na van de mudança que eles tinham alugado — ela segurava Willy na sua gaiola no colo —, e os dois garotos foram no carro com Carmen. A cada poucos quilômetros, Peter, que tinha 3 anos na época, perguntava com um entusiasmo inabalável: "Já chegamos? Já chegamos?".

Quando chegaram à casa em Southington, a maior parte dos familiares de Al já estava lá, todos prontos para ajudá-los com a mudança.

Carmen desceu do carro e Al da van e, por um momento, eles se entreolharam, o rosto dela tenso e apreensivo, Al com um sorriso reconfortante. Quando ele se aproximou dela, a esposa sussurrou: "Antes de fazermos qualquer coisa, será que poderíamos só... entrar e dar uma olhada?".

"Claro que sim." Ele segurou a mão dela e, depois de cumprimentarem todo mundo, foram para dentro.

O térreo ainda não tinha sido acabado, e os carpinteiros estavam fazendo bastante barulho. No interior, encontraram muita serragem, pedaços de madeira e homens com martelos e serrotes. Mas ninguém estava no porão.

Conforme Al e Carmen começavam a descer a escada, o barulho foi diminuindo um pouco atrás e acima deles. Estava embolorado ali embaixo, e o ar pesado carregava o cheiro de coisas velhas. Ao pé da escada havia um cômodo espaçoso que se abria à esquerda deles, e, à direita, um par de portas francesas dava para um cômodo ainda maior.

Havia cinco cômodos no total, todos embolorados. Eles perambularam por ali com cuidado por algum tempo, sem saber ao certo o que estavam procurando... se é que estavam procurando alguma coisa.

No fim do corredor, encontraram um cômodo no qual havia inúmeras estantes com ferramentas. Ferramentas estranhas, sinistras. Ferramentas assustadoras, indescritíveis. Instrumentos de aço escurecidos pelo tempo. Tubos, mangueiras e lâminas. Do lado oposto ao das prateleiras, havia o que parecia ser um tanque de combustível, velho e encardido, e uma mesinha sob a qual repousavam diversas caixas robustas. Al e Carmen se agacharam para descobrir que as caixas estavam cheias de inúmeras placas retangulares de metal. As placas estavam em branco, mas o casal se entreolhou em silêncio, sabendo muito bem o que eram. Elas estiveram esperando dentro das caixas por sabe-se lá quanto tempo... esperando para serem usadas... esperando para receberem nomes e serem colocadas em cima de túmulos.

Eles saíram do cômodo e entraram em um corredor. No fim dele, havia uma rampa que descia na direção do porão a partir de uma porta na lateral da casa. Assemelhava-se a uma entrada para deficientes, ou algum tipo de rampa de carregamento.

Carmen tateou à procura da mão de Al, mais para se firmar emocionalmente do que fisicamente. As coisas que eles tinham visto foram suficientes para confirmar que ela estivera certa... porém, ainda não acabara.

Havia uma cruz de metal de aparência pesada pendurada acima de cada porta pela qual passaram. As cruzes pareciam ser de prata, mas estavam tão manchadas pelo tempo que era difícil ter certeza. Eles fitaram uma das cruzes por alguns instantes, depois trocaram olhares, mas o silêncio era pesado demais para ser quebrado; nenhum deles falou.

Viraram à direita e entraram em um cômodo amplo com outra estante, mais escadas e...

"Ah, meu Deus", sussurrou Carmen, "o que é *aquilo*?"

Ela apontou para algo que parecia ter saído de um set de filmagem de algum filme antigo em preto e branco de Frankenstein. Uma plataforma retangular parecida com uma cama estava presa a correntes conectadas a uma grande talha elétrica. Al e Carmen olharam para cima e viram um alçapão do mesmo formato no teto diretamente acima da plataforma.

Os sapatos de Al raspavam o chão de concreto conforme ele cruzava o cômodo em direção a um pedaço de madeira compensada, com pouco menos de meio metro quadrado, no chão embaixo da escada. Ele se abaixou e o levantou alguns centímetros, deu uma espiada, então o levantou mais alto. Carmen estava ao lado dele e olhou pelas laterais arredondadas até o fundo de um poço de concreto com manchas escuras onde havia lascas de madeira espalhadas em volta de um ralo circular.

Uma luz fraca entrava através de duas janelas imundas acima e à esquerda deles, lançando sombras indistintas dentro do poço enquanto Al e Carmen olhavam em silêncio.

Al disse: "Gostaria de saber o que isso...".

"Acho que eu não quero saber", sussurrou Carmen, virando-se e andando na direção de uma porta que dava para outro cômodo menor. Ela parou na soleira e encarou.

Havia uma mesa maciça e retangular bem à sua frente, do tipo que pode ser encontrada em um laboratório ou hospital... ou em um necrotério. A parede à esquerda tinha manchas vermelho-amarronzadas. À direita, uma pia funda exibia as mesmas manchas oxidadas.

Um estrondo alto a fez arfar e girar para ver Al limpando as mãos uma na outra enquanto andava na direção dela, afastando-se do poço. O estrondo tinha sido a placa despencando de volta ao lugar quando ele a soltou.

"O que tem aqui dentro?", perguntou Al.

Carmen começou a falar, começou a dizer algo sobre a quantidade de *sujeira* que precisariam limpar, *isso* era o que havia ali dentro, mas sua garganta estava seca demais e, quando percebeu que a voz não sairia, fechou a boca e apenas fitou as manchas. Al fez o mesmo.

Havia um cheiro diferente naquele cômodo, mais pesado e enjoativo do que o odor que permeava o restante do porão. Era um cheiro carregado, quase oleoso, do tipo que permanece nas narinas algum tempo depois de a fonte do fedor ter sido deixada para trás.

Al caminhou até a parede, pressionou as pontas dos dedos com um movimento hesitante, então se virou para Carmen. Seu rosto estava franzido; o lábio superior, um pouco retraído. O homem abriu a boca para falar, mas, como Carmen poucos instantes antes, apenas voltou a fechá-la. Não era necessário falar nada.

Ambos sabiam o que eram aquelas manchas.

"Vou pintar por cima de tudo", disse Al enquanto seguiam de volta ao andar de cima. "Agora mesmo, vou pintar por cima de tudo."

"E não vamos contar para as crianças", acrescentou Carmen.

"Claro que não. E nós podemos... bom, nos livrar de todas aquelas coisas. Tirar tudo daqui. Quando tivermos terminado, será apenas um porão enorme, só isso."

No topo da escada, Carmen se virou para ele e disse: "Não consigo nem pensar em procurar outro lugar. Quero que a gente se estabeleça aqui. Nós *precisamos* nos estabelecer aqui para que Stephen possa melhorar".

"E nós vamos. Não se preocupe, querida." Ele lhe deu um beijo rápido e sorriu, então passou um braço pelos seus ombros enquanto subiam ao andar de cima.

Eles descobriram que, mesmo ali no térreo, havia cruzes penduradas acima de cada porta que descia ao porão.

Do lado de fora, o sr. Lawson chegou e os encontrou diante da casa. Ele era um camarada barrigudo vestindo jeans escuros e uma camisa xadrez. Enquanto Al conversava com a família, Carmen levou o sr. Lawson para um canto.

"Eu gostaria de fazer uma pergunta", disse com cautela. "Esta casa... no passado, ela foi... por acaso... uma funerária?" Ainda lhe parecia tão ridículo que — apesar do que eles tinham encontrado no porão — a sua vaga sensação pudesse na verdade estar certa, que ela fez uma careta quando pronunciou a palavra *funerária*.

Um dos cantos da boca do sr. Lawson se retorceu em um sorrisinho. "Como descobriu?", perguntou.

Ela ficou irritada com aquele sorrisinho e a voz dela assumiu um leve tom de raiva. "Bom, acho que existem provas suficientes no porão. Você já desceu lá?"

Ele fechou os olhos e assentiu, sorrindo. "Sim, vi as coisas que estão lá embaixo. Se você não se importar, eu gostaria de deixá-las onde estão. Não quero que elas sejam destruídas nem nada do tipo. Elas são ótimos tópicos para conversa, não acha?"

Ela piscou surpresa diversas vezes. Aquilo era ridículo, mas ela não estava em posição para discutir.

Ele disse: "É, o dono original está na casa dos 90 anos agora. Ele foi morar com o filho. Quando comprei a casa, eu pretendia convertê-la em um prédio de escritórios, mas...", ele deu de ombros, "problemas de zoneamento. Não pude fazer isso. Então, imaginei que ela daria um imóvel valioso, com a expansão do hospital e tal. Muitas pessoas precisam de uma casa nas redondezas. Pessoas como você". Ele lhe lançou um sorriso com os lábios apertados e juntou as mãos às costas. Quando Carmen não retribuiu o sorriso, ele falou: "Oh, não se preocupe, sra. Snedeker. O lugar não é usado em tempo integral há... dois anos, mais ou menos. Desde então, ele só foi usado algumas vezes. Para ocasiões especiais".

Carmen franziu o rosto.

"Que tipo de ocasião especial?"

"Para membros da família do antigo dono, esse tipo de coisa." Ele se virou na direção da casa e colocou as mãos na cintura. "É, o negócio de funerária ficou para trás para essa velha casa. Você provavelmente já percebeu que o apartamento do andar de baixo ainda não está acabado. Você pode guardar as suas coisas na garagem e ficar em um hotel ou com amigos, ou algo do tipo."

Carmen também fitava a casa. Ela assentiu e respondeu: "É, ok". Mas a sua voz soou débil e inexpressiva; ela não tinha certeza se estava desapontada por não poderem se mudar de imediato... ou aliviada.

Al tinha que voltar a Hurleyville por causa do trabalho, portanto Carmen e as crianças se mudaram para um quarto de hotel. Porém, como a maioria dos quartos de hotel, aquele era apertado, sobretudo com três crianças. Depois de dois dias, Carmen decidiu que até mesmo um apartamento inacabado seria preferível.

Eles voltaram para a casa na Meridian Road e tiraram alguns colchões da garagem. Ela e as crianças os juntaram na sala de jantar, onde decidiram que iriam dormir até os trabalhadores terem terminado. No entanto, não demorou muito até o som da respiração dificultosa de Peter começar a ecoar nas paredes vazias: um ataque de asma causado, sem dúvida, pela serragem no ar. Eles foram até uma clínica de pronto atendimento local, onde o menino foi tratado, e depois voltaram para o quarto de hotel. Peter estava se sentindo muito melhor no dia seguinte. Então voltaram à casa e começaram a limpar a serragem para uma nova tentativa.

Quando o fim de semana chegou, a casa estava em um estado habitável; portanto, eles começaram o tedioso trabalho de fazer a mudança. Al voltou para passar o fim de semana e, junto do irmão, levaram os móveis para dentro do apartamento, enquanto Carmen começava a desempacotar a louça e a lavá-la. Stephen foi para o andar de baixo para ver qual seria o quarto que, pela primeira vez na vida, teria apenas para si...

Carmen parou de lavar a louça e olhou pela janela acima da pia enquanto pensava no que o filho lhe dissera.

Sim, a casa costumava ser uma funerária. Mas maligna? Ela não acreditava que uma *coisa* poderia ser maligna. Era uma bela casa antiga, e o apartamento deles era perfeito. Porém... o que poderia ter feito Stephen dizer algo assim? Por que ele *pensaria* em algo assim? Alguma coisa deve ter desencadeado aquilo.

Ela enxaguou as mãos, secou-as e interceptou Al quando ele voltava para a garagem. Então contou ao marido o que Stephen dissera.

Ele franziu o rosto. "*Eu* não contei nada sobre a casa para ele", disse um pouco na defensiva. "Você contou?"

"É claro que não. Temos um acordo."

"Então... o que você acha?"

"Bem", ela abriu os braços, "eu não acho que a casa seja *maligna*, se é isso o que quer dizer. Como uma construção poder ser maligna? Assustadora, claro, posso entender isso, mas nem acho que ela seja isso. Pelo menos... não *muito* assustadora. Nada que um pouco de tinta não resolva."

Al enfiou as mãos nos bolsos de trás, olhando em volta. Stephen não estava por perto. "É compreensível", disse, "o garoto está sob muita tensão por causa dos tratamentos e tal. Não acho que seja algo para se preocupar. Ele provavelmente vai esquecer isso. Eu não me preocuparia." Então ele voltou até a garagem para levar outro móvel para dentro.

Carmen ficou parada na sala de estar inacabada e olhou em volta. O apartamento tinha muitas janelas, o que era meio que um pré-requisito para ela. No entanto, não havia qualquer cortina no momento. Mesmo assim, não parecia ter muita luz entrando, apesar do dia ensolarado lá fora, nada de raios de sol se espalhando em poças cintilantes no chão. Ela andou até uma das janelas e correu dois dedos pelo vidro.

"Tenho que limpar esses vidros", murmurou. "A primeira coisa que tenho que fazer é limpar esses vidros."

Mas quando esfregou o polegar em pequenos círculos nas pontas dos outros dedos, eles não pareceram sequer um pouco sujos.

2

O QUE STEPHEN OUVIU

Carmen se levantou mais cedo do que o normal na segunda-feira para preparar o café da manhã de Al e se despedir dele por outra semana. Al comeu depressa e estava mastigando os últimos bocados quando ela se sentou para tomar o próprio café.

"Já acabou?", perguntou ela.

"Tenho que ir. Quero ter certeza de que não vou me atrasar. Quer dizer, caso alguma coisa aconteça. Não estou acostumado a dirigir até o trabalho pela manhã de tão longe, sabe. Vou escovar os dentes." Ele se foi em um piscar de olhos. A porta do banheiro abriu e fechou; o sibilar da pia e os sons molhados de escovação foram abafados atrás da porta.

Ele estava se sentindo ansioso, Carmen tinha certeza. Ela sabia que Al estava apreensivo por ter que deixá-los sozinhos ao longo da semana, por poder ir para casa apenas aos fins de semana até que a transferência fosse efetivada. Mas Al nunca exprimiria a sua preocupação; ele a esconderia, *a manteria* dentro de si ao fazer coisas como devorar o café da manhã e ir embora assim que possível para que pudesse mergulhar no trabalho e tentar ao máximo não se preocupar com Stephen.

Carmen não tocou na comida por algum tempo; ela esperou até ouvir a porta do banheiro abrir, então se levantou e encontrou Al no corredor. O marido a abraçou e pousou o queixo com delicadeza no topo da cabeça dela.

"Vocês vão ficar bem?", perguntou ele.

"É claro que vamos."

"Você tem certeza de que não está preocupada com a casa?", ele sussurrou, já que Stephen — ainda se recusando a ficar no andar de baixo sozinho — estava dormindo no sofá da sala de estar e Al não queria que ele os ouvisse conversando sobre a casa. O garoto já tinha coisas demais com que se preocupar.

Carmen começou a dizer: "É claro que não estou preocupada, é uma casa linda", mas sabia exatamente o que ele queria dizer e decidiu que aquela resposta seria péssima.

"Bom", sussurrou ela, "eu preferiria que *não* fosse uma antiga funerária, mas... vai ficar tudo bem, você sabe disso tão bem quanto eu."

"Ah, é, eu sei. Não estou preocupado com", ele deu uma risada sussurrada e curta, "fantasmas nem nada do tipo, mas e Stephen? Ele não pode dormir no sofá para sempre."

"Não se preocupe com ele. Como você disse, Stephen está sob muito estresse. Assim que tiver passado algum tempo aqui, ele vai superar. E quando Michael voltar, ele vai esquecer tudo isso. Acho que ele sente falta de Michael. Deve ser difícil para ele ver o irmão passar o verão na casa da avó enquanto ele tem que ficar para trás e doente, ainda por cima."

Ao ouvir um leve ruído, Carmen se afastou e se virou para ver Stephen parado na soleira da porta da sala de estar esfregando os olhos sonolentos. Sua regata e sua samba-canção estavam grandes demais para seu corpo ossudo, e seu cabelo loiro-escuro apontava para todos os lados.

"Me chamaram?", perguntou ele, a voz rouca e carregada de sono.

Carmen foi até ele, sorrindo. "Não. Eu só estava me despedindo do seu pai. Ele está de saída para voltar para Nova York."

"Quando você vai voltar para cá?", perguntou Stephen no meio de um bocejo.

"Estarei de volta no final da semana." Ele foi até o lado de Stephen e apertou o seu ombro frágil. "Cuide da sua mãe enquanto eu não estiver aqui. E faça o que os médicos mandarem, ok?"

Stephen assentiu. "Dirija com cuidado."

"Esse é o único jeito, rapazinho."

Al e Carmen se despediram, então o marido foi embora.

Stephen foi para a cozinha e Carmen o seguiu, com esperanças de que dali ela não conseguisse ouvir Al ir embora. O menino pegou um copo d'água, e Carmen se sentou diante do café da manhã outra vez. De repente, ela já não sentia mais fome; na verdade, não tinha certeza de que estivera com fome antes.

"Você quer tomar café da manhã, Stephen?", perguntou. "Acabei de preparar isso para mim, mas não estou com muita vontade." Ela se levantou e Stephen tomou o seu lugar, parecendo ainda meio adormecido. "Está acordado o suficiente para comer?"

Ele deu de ombros.

Parada atrás dele, Carmen colocou as mãos nos ombros do menino e disse: "Vou tomar um banho, ok?".

Ele assentiu, encarando a comida.

Conforme ela saía da cozinha, Stephen perguntou: "Vocês estavam falando de mim ou algo assim?".

Carmen se virou para ele. "Talvez. Por quê?"

"Pensei ter ouvido... bom, alguém me chamando. Me acordou."

"Você provavelmente só me ouviu dizendo o seu nome." *Mas*, ela se perguntou, *o que mais ouviu?* Ela esperava que ele não a tivesse ouvido conversando com Al sobre a casa. "Bom, vou tomar um banho. Pode assistir TV se quiser, só não vá acordar Peter e Stephanie. Ainda é cedo."

Carmen entrou no banheiro e fechou a porta, mas não ligou o chuveiro de imediato. Ela se sentou na beirada da banheira, franzindo o rosto, esperando que Stephen não os tivesse ouvido conversando sobre o passado da casa. Ele não precisava *daquela* pequena guloseima para alimentar a sua imaginação.

"Ele teria dito alguma coisa", sussurrou consigo mesma. "É, ele teria dito alguma coisa se tivesse ouvido aquilo."

Ela se levantou, abriu o chuveiro e começou a se despir.

Stephen encarou o café da manhã através de olhos enevoados. As linguiças pareciam dedos machucados e inchados, e a visão dos ovos fritos — embora ele costumasse adorar ovos no café da manhã — o fez torcer um pouco o nariz. Ele se afastou da mesa e se levantou com o copo d'água. Colocou o copo na bancada da cozinha e olhou pela janela. Era outra casa colonial branca, igualzinha à casa deles e à casa do outro lado. Sua casa nova... com vizinhos novos... em uma cidade nova... até mesmo em um estado novo... tudo por causa dele.

Stephen supunha que era mais fácil para todo mundo ficar mais perto do hospital para que eles não tivessem que fazer uma viagem tão longa todos os dias, mas, mesmo assim... ele sentia como se tivesse arrancado toda a família de Nova York e a transferido sozinho para Connecticut.

Como se isso já não fosse bastante ruim, ele odiava a casa para a qual a doença os tinha levado. Era uma casa bonita, sim, com muito espaço e um quarto só dele. Contudo, era um quarto que ele não queria.

Ele sabia que a mãe e o pai não acreditaram nele quando disse que a casa era maligna. Ele sabia que, quando disse que não queria dormir naquele quarto no andar de baixo, pelo menos não sozinho, eles fizeram a sua vontade porque ele estava doente. É claro que não *disseram* nada parecido com isso, na verdade, mas ele sabia que era isso que pensaram; deu para perceber pela maneira como conversaram e olharam para ele quando lhes contara.

Mas isso nada mudava. Ele ainda sentia — sabia — que havia alguma coisa errada com a casa, que havia algo ruim a respeito dela, só que não sabia ao certo o que era essa coisa... e queria descobrir.

Ele soubera no instante em que descera para ver o seu quarto pela primeira vez. Ele nada tinha visto, não tinha sentido cheiro algum a não ser o odor de um porão velho e embolorado, mas houvera algo ruim o bastante lá embaixo para que calafrios espontâneos percorressem toda a parte superior do seu corpo. Alguma coisa no próprio ar do seu quarto tinha deixado em pé os finos pelos da sua nuca e lhe dado uma sensação esquisita e nauseante, como se ele estivesse prestes a ficar enjoado. O quarto tinha uma atmosfera ruim e sombria... uma atmosfera *secreta*.

E Stephen não tinha conseguido afastar a sensação de que não estava sozinho, de que estava sendo observado, de que se girasse o corpo encontraria alguém — ou alguma coisa — no quarto com ele, avançando na sua direção com passos silenciosos, tranquilos... rápidos. Ele *tinha* girado o corpo, mas nada havia ali. O fato de não ter visto nada não o confortou, porém. Os batimentos cardíacos ficaram mais rápidos, as palmas ficaram pegajosas e a respiração ficou acelerada. Ele voltara para o andar de cima, lutando contra a vontade de correr, e contara — ou tentara contar — para a mãe.

É claro, ela não tinha acreditado nele. Mas isso não quer dizer que ele não sentira algo.

Havia alguma coisa muito maligna na casa, alguma coisa muito maligna *a respeito* da casa.

E a família de Stephen tinha se mudado para lá por causa dele.

Ele ficou olhando pela janela, imaginando que tipo de pessoas os vizinhos eram, imaginando se eles tinham filhos da sua idade... imaginando se eles sabiam que havia alguma coisa errada com a casa.

O sol da manhã lançou os seus raios através da copa das árvores e salpicou o chão do lado de fora com um brilho indeciso, como se ainda fosse cedo demais para acender a luz no máximo.

Stephen se afastou da janela e saiu da cozinha com um enorme bocejo, perguntando a si mesmo se havia alguma coisa legal na televisão assim tão cedo. No corredor, ele pôde ouvir o sibilar do chuveiro, vindo do banheiro, e por um momento ouviu a voz da mãe falando sozinha, da maneira como ela às vezes fazia quando derrubava o sabonete ou pegava o xampu errado. Ele passou pela escada e deu os primeiros passos para dentro da sala de estar quando uma forte voz masculina chamou: "Stephen?".

Ele parou de supetão, congelado no lugar. A voz não tinha vindo do banheiro e com certeza não tinha vindo do chuveiro. A voz da mãe nunca poderia soar tão grave, de qualquer modo.

Era a voz de um homem.

"Stephen?"

Ele se virou devagar. Esperou.

"Stephen?"

A voz soava impaciente.

Não era muito alta, mas era nítida como cristal.

"Venha *aqui*, Stephen!"

Devagar, com cuidado, ele voltou a passar pela escada, a mão trêmula no balaústre, andando na direção do banheiro.

"Stephen?"

Ele parou e olhou por cima do balaústre para a escada que levava ao porão... ao seu quarto.

A voz estava vindo lá de baixo.

Insistente. Perdendo a paciência com ele.

O chuveiro continuava a sibilar.

"Stephen, desça aqui."

Boquiaberto, as mãos magras com os nós dos dedos brancos de tanto apertar o balaústre, olhos ficando lentamente arregalados, ele se debruçou um pouco mais sobre a proteção. Sua boca ficou seca quase de imediato.

"Stephen?" Uma risada agora, baixa e conspiratória, uma risada secreta. "Desça aqui, Stephen, você precisa ver isto."

Ele se virou para o banheiro. Ainda podia ouvir o chuveiro.

"Venha aqui, Stephen. Quero mostrar uma coisa para você."

Peter e Stephanie ainda dormiam profundamente nos seus quartos, e nenhum deles poderia soar daquele jeito, de qualquer maneira.

Não havia alguém lá embaixo. Pelo menos, não deveria haver alguém lá embaixo.

Ele tentou avançar até o topo da escada para que pudesse ver o patamar abaixo, mas sentiu calafrios percorrerem a sua pele e a mesma agitação vaga no estômago que sentira da vez em que descera antes e...

"Stephen?"

Ele se lembrou da sensação que tivera lá embaixo, a sensação de ser observado, de não estar sozinho e, perguntando a si mesmo se estivera certo, se o que quer que estivera no porão embaixo há apenas alguns dias tinha decidido se manifestar, ele começou a andar para trás, tropeçando ao se virar e entrar na sala de estar e sentar no sofá.

A voz estava mais fraca agora devido à distância, contudo, não menos distinta.

"Stephen, desça."

Ele se inclinou para a frente e tapou as orelhas com as mãos, mas não adiantou; a voz ficou abafada, mas ainda estava lá. Ele se levantou, foi até a televisão e a ligou, ajustou o volume em um nível mais alto do que o normal, depois voltou ao sofá e se enrolou embaixo dos cobertores, puxando-os até as orelhas.

Na televisão, o Pernalonga estava discutindo com o Patolino se era temporada de caça ao coelho ou temporada de caça ao pato... e, no andar de baixo, a voz continuou a chamá-lo.

"*Temporaaaada* de caça ao coelho!"

"Stephen?"

"Temporada de caça ao pato."

"Stephen, desça aqui."

"*Temporaaaada* de coelho!"

"Eu disse para você descer *aqui*, Stephen."

"Temporada..."

"O que você está *fazendo*?" Uma voz na sala com ele agora. Stephen arquejou, puxou os cobertores por cima da cabeça e apertou os olhos com bastante força. A televisão foi silenciada de súbito, e a voz disse: "Eu falei para você não acordar as crianças". Silêncio. "Stephen? Qual é o problema?"

Ele percebeu, através do coração que martelava nos seus ouvidos, que não era a voz. Havia algo diferente. Ele abaixou os cobertores devagar e abriu os olhos para ver a mãe parada acima dele com o roupão felpudo azul, o cabelo enrolado em uma toalha.

Ela estava franzindo o rosto, mas não havia mais raiva na voz dela quando voltou a falar: "Você está bem?".

Ele assentiu.

"Por que a televisão estava tão alta?"

"Eu não acordei eles."

"Eu sei, mas *por quê*?"

Ele molhou os lábios e tentou esconder a tremedeira das mãos enquanto pensava em algo para dizer. Depois de algum tempo, optou por contar a verdade.

"Eu ouvi, hum... uma voz."

"Uma voz? Você quer dizer, de uma das crianças?"

Ele balançou a cabeça. "De um... homem."

"Oh, provavelmente fui eu, querido, eu estava falando sozinha no..."

Ele balançou a cabeça com insistência e retrucou: "Não, veio lá de baixo. E estava pedindo para eu descer. Chamando o meu nome".

Ela o fitou por alguns instantes, as mãos no quadril, depois se sentou na beirada do sofá. "Bom, isso é bobagem. Não é?"

Ele não respondeu.

"Pense um pouco, Stephen. Não tem ninguém lá embaixo."

De novo, nenhuma resposta.

"Certo? Quer dizer, eu estava no chuveiro e as crianças estão dormindo... eu acho. De qualquer maneira, nós sabemos que não tem ninguém lá embaixo. Certo?"

"Não... era uma pessoa. E estava t-tentando me fazer", a voz oscilou por alguns momentos e uma sensação gélida rastejou pelos seus ombros, "descer até lá."

"O que estava fazendo isso?"

"O que quer que esteja lá embaixo."

"Não tem ninguém lá embaixo, Stephen."

"Eu *disse*... que *não* é... uma *pessoa*."

A mãe franziu ainda mais a testa e fechou os olhos por alguns instantes, sentindo-se perdida. Então falou: "Achei que você tinha dito que ouviu uma voz".

"É, mas... eu sei que não tem ninguém lá embaixo. Mas também sei que tem alguma coisa errada com essa casa... alguma coisa *maligna*. Acho que tinha um..."

"Ah, pare com isso, Stephen! Nós já conversamos sobre isso. Casas não são malignas. Coisas como fantasmas não existem e vozes não saem do nada."

Stephen desviou o olhar, frustrado e ainda um pouco assustado... e se *jamais* acreditassem no que ele sabia ser verdade?

"*Esta* casa é maligna", sussurrou ele, encarando as costas do sofá. "Não sei por quê, mas é."

Sua mãe soltou um longo suspiro silencioso, depois falou: "Sabe o que acho que é o problema aqui? Acho que você estava deitado um tempo atrás, meio adormecido, e ouviu o seu pai e eu conversando no corredor. Conversando sobre a casa".

Stephen voltou a olhar para ela, curioso. "O que tem a casa?"

"Bom... se eu contar, você tem que prometer que vai guardar segredo. Não quero que Peter e Stephanie fiquem sabendo. Você é mais velho, acho que pode aguentar. Na verdade, provavelmente seria melhor que também não contasse nada para Michael. Seu pai e eu não queríamos contar nada sobre isso para ninguém, mas acho que explicaria o seu..."

"*O quê?*", perguntou Stephen impaciente, sentando-se no sofá.

"Bem, esta casa... antes de nos mudarmos... costumava ser uma funerária."

O menino arregalou os olhos.

Uma funerária...

De alguma forma, isso parecia certo. Quase como se... bem, era impossível, claro, mas era quase como se Stephen tivesse meio que sabido disso o tempo todo, sabido antes de realmente *saber*. Parecia tão certo que ele se viu aquiescendo um pouco. "Mas ela não é mais uma funerária", continuou a mãe. "E, além disso, ninguém chegou a morrer aqui, os corpos apenas eram trazidos para cá a fim de serem preparados para o enterro. Nada aconteceu aqui; as coisas ruins — quer dizer, as mortes das pessoas — aconteceram em outro lugar. Então, viu, não tem nada que..."

"O que tinha lá embaixo?"

Ela piscou surpresa, encarando-o. "O quê?"

"Eles faziam isso lá embaixo? Todo esse negócio com os corpos?"

"Bom, não tenho certeza ainda, mas acho..." A voz dela ficou mais baixa. "Sim. Acho que faziam."

Stephen concordou com um pequeno aceno de cabeça.

"O que estou dizendo é que não tem nada de *maligno* aqui. Ok? Você acredita em mim?"

Ele voltou a olhar para ela, mas nada disse e nada fez. Ele sabia... ele *sabia* que tinha razão. O que a mãe lhe contou não o tranquilizou. Apenas o convenceu.

3
INSTALANDO-SE

Conforme a primeira semana chegava ao fim, a casa começou a ficar com uma aparência ordenada, além de ocupada. Carmen passou boa parte do tempo certificando-se de que a mobília fosse disposta nos lugares certos. Ela tomou bastante cuidado ao pendurar fotos e quadros e ao desempacotar delicados bibelôs, alguns muito mais velhos do que ela, colocando-os nos cômodos certos e nas estantes corretas.

A casa começou a ficar com a aparência de um lar, do lar *deles*. As únicas coisas faltando eram Al... e a saúde de Stephen.

Ela conversava com o marido todas as noites, mas não era a mesma coisa. Carmen o queria em casa, com ela, onde a sua simples presença removeria um pouco do peso sobre os seus ombros.

Stephen seguia recebendo a cobaltoterapia. Carmen o levava ao hospital todos os dias e esperava por ele em um daqueles sofás forrados com vinil antisséptico. Ele sempre ficava esgotado após passar pela radiação e reclamava que o cheiro e o gosto dela — acre, metálico e seco — ficavam grudados nele o dia todo.

Uma tarde, Carmen decidiu que não gostava das velhas venezianas nas janelas. Elas não deixavam entrar a luz do sol. Pelo menos ela pensou que a culpa era das venezianas.

O cômodo parecia um tanto escuro, embora houvesse bastante luz solar direta do lado de fora. Mas, quando ela levantou as venezianas, não fez diferença alguma. De qualquer modo, provavelmente seria uma boa ideia se livrar delas. Ela teria que falar com o sr. Lawson primeiro. E se lembrou da promessa que tinha feito para si mesma no primeiro dia na casa: lavar as janelas. Então colocou suas roupas de faxina e começou a trabalhar.

Enquanto limpava, Stephen entrou com o amigo Jason. Ela ficou feliz em ver o filho fazer um amigo com tanta rapidez. Estivera preocupada que a mudança fosse deixá-lo mais introvertido do que o câncer já tinha deixado e achou que um novo amigo poderia ajudar a melhorar o seu ânimo e — quem sabe? — talvez até a sua saúde. As únicas vezes que Stephen tinha saído de casa nos últimos dias foram quando ela o levou ao hospital para o tratamento todas as manhãs. Agora que tinha um amigo, ela esperava que ele fosse passar mais tempo fora, ficasse um pouco mais ativo e respirasse bastante ar fresco.

Jason morava na mesma rua. Ele tinha a idade de Stephen, um garoto ruivo e atarracado, cheio de energia nervosa, mas que raramente sorria e que tinha olhos tão nervosos quanto as mãos e os pés inquietos.

"O que estão aprontando?", perguntou Carmen com um tom de voz amável, agachada diante da janela, esfregando em movimentos circulares.

"Vamos lá para baixo", respondeu Stephen no corredor.

A mão dela parou de se mover pelo vidro e Carmen se levantou. "Hum, Stephen... pode vir aqui um segundo?"

Os passos no chão de carvalho pararam e vozes sussurraram, então um par de passos começou a voltar e Stephen apareceu na sala de estar.

"O quê?", perguntou ele, as sobrancelhas se erguendo acima dos olhos sombreados e encovados.

"Pensei que você não gostasse de lá", sussurrou ela.

"Não gosto. Mas só quando estou sozinho."

"E você vai descer com Jason?"

O menino assentiu. "Eu contei a ele o que a casa costumava ser e", Stephen sorriu, "ele acha legal. Então vamos lá embaixo para dar uma olhada."

"Eu gostaria que você não saísse por aí contando às pessoas sobre a casa, Stephen. Sei que falei que ela não é maligna, mas... bom, também não acho que seja *legal*, exatamente."

"Não se preocupe, mãe, não vou."

Ele se virou e saiu da sala, e ela ouviu as vozes animadas e os passos barulhentos sumirem escada abaixo.

Primeiro a casa é maligna e nós temos que ir embora, pensou ela. *Agora ela é legal e ele a está exibindo.*

Carmen sorriu aliviada enquanto voltava ao trabalho. Stephen já estava começando a superar o medo da casa.

A sexta-feira se arrastou a passos lentos e árduos, e Carmen pensou que a noite, quando Al retornaria para passar o fim de semana, nunca chegaria. Ela havia acabado de preparar o almoço das crianças — sanduíches e batatas fritas com leite e uma variedade de frutas — quando o sr. Lawson apareceu.

"Só pensei em fazer uma visita e ver como estão se saindo", disse ele com um sorriso depois de Carmen convidá-lo a entrar. Parado no corredor, ele olhou da sala de estar para a sala de jantar e assentiu. "Está muito bonito. Parece que já se instalaram."

"Não totalmente, mas quase", comentou Carmen. Ela soou um pouco distraída porque estava pensando que aquela seria uma boa hora para conseguir mais algumas respostas.

"Bom, está precisando de alguma coisa?", perguntou ele. "Tem alguma questão que eu possa resolver?"

"Na verdade, tem sim. Poderia ir lá embaixo comigo?"

O sr. Lawson aquiesceu e a seguiu pelo corredor, então desceram a escada até o quarto que seria de Michael quando ele voltasse, passaram pelo quarto de Stephen, atravessaram o corredor com chão de concreto e entraram no cômodo que continha o mecanismo de corrente e talha e o poço afunilado.

"Você sabe para que isso serve?", perguntou Carmen, acenando com a cabeça na direção da talha.

O sr. Lawson cruzou os braços sobre o peito.

"Sim, é o elevador de cadáveres", disse ele.

Carmen fez uma careta.

"Veja, os corpos eram trazidos por aquela rampa ali", ele apontou para o corredor, "e preparados naquela sala." Ele se virou e indicou o cômodo com a parede e a pia manchadas de sangue. "Aquele era o necrotério, está vendo? Quando estavam prontos, os corpos eram erguidos através daquele alçapão com esta talha elétrica."

"Para dentro do nosso quarto", murmurou Carmen. Antes que o sr. Lawson pudesse responder àquele comentário, ela se voltou para o poço. "E aquilo?"

"Bem, até onde eu sei, aquele era o tanque de sangue. Os cadáveres eram drenados para dentro daquilo, que leva a um tanque de retenção separado do, digamos, tanque séptico. Eles precisavam de um tanque separado para o sangue porque... bom, seria pouco higiênico se não fosse assim."

Carmen respirou fundo e soltou o ar devagar. Ele falava de uma forma tão natural. Ela supôs que deveria encarar as coisas do mesmo modo, porque tudo tinha, afinal de contas, ficado no passado... mas não conseguia.

"Bom, só estava imaginando", disse ela baixinho, aquiescendo. En tao se virou e o levou para fora.

"Oh, a propósito", disse ele, acenando para cima com um gesto vago. "Está vendo as cruzes acima das portas?"

"Sim, eu as vi na primeira vez que vim aqui embaixo."

"Eu agradeceria se não mexesse em nenhuma delas. Mesmo se for só para limpar. Apenas... as deixe onde estão."

Carmen lhe lançou um olhar estranho. "Algum motivo em particular?"

Ele deu de ombros. "Elas são antigas. Gostaria de mantê-las como estão."

"Tudo bem. Vamos fazer isso."

No quarto de Stephen, o sr. Lawson parou e perguntou: "Alguém dorme nos quartos aqui embaixo?".

"Bem... aquele quarto é para o meu filho Michael, mas ele está na casa da avó por enquanto. Este é o quarto de Stephen, mas... ele não dorme aqui embaixo."

"Por quê?"

"Ele não gosta."

Um sorrisinho retorceu os lábios dele. "Algum motivo em particular? Quero dizer, alguma coisa aconteceu aqui embaixo? Alguma coisa, hum... estranha? Esquisita?"

"Por quê?"

Ele deu de ombros outra vez, ainda com uma pequena sombra de um sorrisinho nos lábios. "Só estava me perguntando."

"Bem, Stephen só não gosta do quarto, ele diz. E, hum... falou que ouviu vozes aqui embaixo."

Um aceno de cabeça... mas foi um aceno lento e pensativo. "Entendo." Ele ergueu uma sobrancelha e disse: "Crianças". Então seguiu em frente. Passou pelas portas francesas e parou no que seria o quarto de Michael quando ele voltasse. O sr. Lawson olhou ao redor do cômodo, sorriu e disse: "Sabe, eles costumavam chamar isso de sala sul dos caixões". Então seguiu na frente de volta ao andar superior.

Carmen estava sentada a uma mesa no solário integrado à sala de estar, examinando a correspondência do dia e imaginando o que faria para o jantar, quando Stephanie gritou. Ela largou a correspondência, que se espalhou pela superfície da mesa, e atravessou correndo a sala até o curto corredor que levava ao quarto da menina, de onde viera o grito. Ela quase trombou com a menina, que disparou para fora do quarto em uma corrida às cegas direto para os braços de Carmen.

"Qual é o problema, querida?", perguntou Carmen, ajoelhando-se diante da filha.

"Tem uma mulher, mãe, uma mulher no meu quarto!"

"*O quê?*"

Um aceno de cabeça vigoroso. "Uma mulher, era uma *mulher*, e ela ficou parada lá com os braços abertos!" Os olhos dela estavam completamente arregalados, e os dedinhos apertavam os antebraços de Carmen conforme as palavras passavam uma por cima da outra em uma confusão agitada.

"Ei, ei ei, Stephy, vamos, se acalme um pouco, ok?" Quando a menina ficou quieta, Carmen segurou a mão dela e a levou para dentro do cômodo, dizendo: "Tudo bem, agora vamos entrar no seu quarto para você me mostrar o que viu".

Stephanie recuou e exclamou: "Era uma *mulher*!".

"Bom, então vamos entrar e vê-la. Ela ainda deve estar lá, certo?"

Tímida, Stephanie entrou no quarto com Carmen.

"Agora, onde ela estava?", a mãe perguntou.

A garota apontou para a cômoda, que ficava encostada na parede e tinha um espelho enorme em cima.

"Bem ali. Ela estava parada bem ali, assim." Stephanie abriu os braços como se fosse abraçar Carmen e abriu um sorriso esquisito e sonhador.

"Para onde acha que ela foi, Steph?"

Stephanie olhou em volta com movimentos frenéticos, rígida de tensão, então deu de ombros e murmurou com relutância: "Não sei".

Carmen foi até a cama da filha e se sentou na beirada. Sentiu raiva brotando no peito. Stephen tinha prometido não contar às crianças sobre a casa, mas ficou óbvio que ele quebrou a promessa. Sim, ele estava doente e, não, ela não poderia esperar que o filho agisse normalmente, mas não havia qualquer desculpa para *aquilo*.

"Stephen andou contando alguma coisa ultimamente, Steph? Alguma coisa que talvez... tenha assustado você?"

Stephanie fez que não com a cabeça.

"Tem certeza de que ele não andou contando nenhuma história de dar medo?"

"Sim."

"Onde está Stephen agora?"

"Lá fora com Jason."

Carmen se virou para a janela que ficava do lado oposto ao do espelho em cima da cômoda. "Você acha que ele poderia estar pregando uma peça em você, querida?"

Os olhos da menina ficaram arregalados e ela balançou a cabeça com veemência.

"Não! Como ele *poderia*? Ela estava parada bem ali!"

"Quer saber o que eu acho que aconteceu, querida?" Carmen gesticulou para Stephanie ir até ela, passou um braço em volta da menina e apontou para a janela. "Se alguém estivesse parado do lado de fora daquela janela, o reflexo iria aparecer no espelho. E se alguém — como Stephen, talvez — quisesse assustar você ao fazer alguma coisa assustadora do lado oposto ao do espelho, você poderia achar que havia outra pessoa no quarto."

Stephanie fechou os olhos, pressionou os lábios e balançou a cabeça de novo, com força. "Não. Eu *vi* a mulher. Ela estava *ali*."

"Mas, meu bem, você sabe que isso é impossível. Como ela entrou? Como ela saiu?"

A menina abaixou a cabeça devagar e nada disse.

"Qual é o problema?"

"Você não acredita em mim."

"Oh, não, eu acredito que você viu *alguma coisa*. O que estou dizendo é que não pode ter sido uma mulher parada no seu quarto, só isso. Você viu alguma coisa no espelho que provavelmente se *parecia* com uma mulher. Mas acredito *sim* que você viu alguma coisa. Ok?"

Ainda cabisbaixa, Stephanie encolheu um pouco os ombros e murmurou: "Acho que sim".

Carmen se levantou e a beijou na cabeça. "Quer um copo de suco?"

Ela fez que não com a cabeça.

"Quer ir lá fora brincar?"

Outro não.

"Bem... ok." Um abraço, outro beijo, então Carmen saiu para procurar Stephen.

"Você me prometeu que não iria contar para os seus irmãos ou para a sua irmã nada sobre a casa", disse Carmen a Stephen. Ela o chamou até a varanda e eles estavam sentados no degrau de cima enquanto Jason esperava a alguns metros dali.

"É, eu sei", disse Stephen.

"Então, por que contou para Stephanie?"

"*Eu não contei.*"

"Você estava do lado de fora da janela do quarto dela tentando assustá-la agora há pouco?"

"Eu estava — não, não — eu estava com Jason e a gente..."

"Ela disse que viu uma mulher parada na frente da cômoda dela, com os braços abertos e uma expressão esquisita no rosto. O espelho em cima daquela cômoda fica do lado oposto à janela, então não seria difícil para você pregar uma pequena peça nela."

Os olhos de Stephen ficaram arregalados e as suas costas enrijeceram, e Carmen viu o que pensou, a princípio, ser culpa. Então ela percebeu que aquela reação mais parecia medo.

"Ela viu?", sussurrou ele. "Quero dizer, ela... *viu* alguém no quarto?"

Carmen assentiu. "Não quero que isso continue, Stephen, está entendendo? Quero que pare com isso agora mesmo."

"Mas eu não disse nada..."

"Então por que ela iria dizer que viu..."

"Talvez porque tenha *visto*!"

Carmen piscou surpresa várias vezes, então suspirou. "Ok, ouça, Stephen. Talvez ela tenha ouvido você falar sobre isso, ou algo assim, sei lá, mas sei que ela estava muito assustada agora há pouco. Não quero que isso aconteça mais, está me ouvindo? Guarde isso para você, ok? Pode conversar comigo em particular se quiser, mas... guarde esse assunto para você quando estiver perto das outras crianças. Tudo bem?"

"Mas eu não disse nada."

"Por favor, pode fazer isso por mim?" Com as sobrancelhas franzidas com tanta força e o rosto pálido de tão tenso, ele parecia chateado demais com a acusação dela para que a mãe continuasse a discutir. Stephen aquiesceu, e Carmen lhe deu um beijo rápido antes de voltar para dentro de casa.

Ela esperava que aquilo não fosse mais acontecer.

"Acho que vou entrar um pouco", disse Stephen.

Jason perguntou: "Está encrencado?".

"Não. Por quê?"

"Porque a sua mãe queria conversar com você em particular agora há pouco e ela estava bem séria, e... bom, você parece, hum... sei lá, preocupado. Como se alguma coisa estivesse aborrecendo você."

Stephen balançou a cabeça distraído e disse: "Vejo você depois". Ele voltou devagar para dentro de casa.

Então Stephanie viu alguém no quarto dela. Será que era a mesma pessoa que ele tinha escutado? Sua mãe falou que foi uma mulher, mas, mesmo assim... se essa pessoa pudesse ir e vir como aquela mulher aparentemente fizera, então era provável que pudesse fazer qualquer voz que quisesse. Portanto, ele não estava louco, não estava imaginando coisas. No entanto, não estava em uma posição melhor do que antes. Agora, além de não acreditar nele, a mãe também não acreditava em Stephanie.

Independentemente de onde Stephen fosse dentro de casa, ele não conseguia afastar a vaga sensação de que havia outra coisa ali, uma presença que não era a da família, algo que os observava... talvez esperando por algo. Porém, ele não compartilhou essas sensações com quem quer que fosse, em grande parte porque estava muito óbvio que ninguém acreditaria nele. Saber que não estava sozinho agora o fez sentir-se melhor.

Contudo, isso o fez sentir-se apenas *um pouco* melhor.

Ele subiu os degraus da frente com passos cansados e entrou, perguntando-se se mais alguém na família iria encontrar a presença... e, se isso acontecesse, quem seria o próximo?

Quando Al chegou naquela noite, Stephen, Stephanie e Peter estavam assistindo à televisão na sala de estar, e Carmen estava na cozinha enchendo o apartamento com o aroma caloroso de frango assado. Ela ouviu o marido estacionando o carro, largou o que estava fazendo e saiu correndo para encontrá-lo no caminho que dava para a porta da frente.

"Oh, estou *tão* feliz que você chegou", sussurrou Carmen no pescoço dele enquanto enrolava os braços em volta de Al. Ele carregava um saco de papel marrom no braço esquerdo e ela o esmagou entre eles.

"Está tudo bem?"

"Ah, sim. Só estava com saudade, só isso. Nós *todos* estávamos com saudade."

As crianças o cumprimentaram à porta, rindo, sorrindo e abraçando... todos exceto Stephen, que ficou alguns metros atrás, melancólico e sério, os braços finos cruzados sobre o peito.

Na sala de estar, Al anunciou que trouxera surpresas para todos e enfiou a mão dentro do saco de papel. Ele tirou um Opus, o pinguim, de pelúcia para Peter, três livros de colorir e uma caixa de giz de cera para Stephanie e um molinete novinho em folha para Stephen, que mal demonstrou reação ao presente. Junto do molinete havia alguns anzóis e chumbadas novos e um rolo de linha. Ele deu um sorriso distante enquanto inspecionava o molinete e agradeceu a Al em voz baixa.

A pescaria era uma paixão que Stephen compartilhava com Al, mas os dois não iam pescar já há algum tempo porque o molinete de Stephen estava quebrado. Agora tudo o que precisavam era de uma licença de Connecticut, um lago ou um rio com alguns peixes... e talvez um pouco de entusiasmo.

"Então, onde está a *minha* surpresa?", perguntou Carmen.

Al a abraçou, puxou-a para si e sussurrou no seu ouvido com um sorrisinho: "Você vai ganhar a sua mais tarde".

O jantar foi alegre, com os talheres retinindo nos pratos e vozes tagarelando. Depois de comer, todos se recolheram à sala de estar — Al com uma cerveja; Carmen tinha enchido a geladeira na última vez que fora ao supermercado — para procurar alguma coisa para assistir na televisão enquanto a esposa começava a tirar a mesa. Sem que lhe fosse pedido e sem dizer uma única palavra, Stephen entrou na sala de jantar e começou a ajudá-la.

"Ora", disse ela surpresa, "a que devo *esta* honra?"

Stephen sorriu, mas nada disse por alguns instantes, não até a mesa ter sido tirada e a louça estar pronta para ser lavada.

"Vou ajudar você a lavar tudo se me fizer um favor", falou ele envergonhado.

"É? E o que seria?"

Ele abaixou a cabeça e pensou a respeito por algum tempo, então disse: "Será que você poderia, hum... ir lá embaixo e pegar a caixa de pescaria no meu quarto?".

Ela sorriu, mas conteve a risada que estava tentando escapar. "Claro, querido", respondeu. "E você nem precisa me ajudar com a louça se não quiser."

Quando pegou a caixa de pescaria, Stephen a colocou em cima da mesa da sala de jantar, ao lado do molinete, anzóis, chumbadas e linha, sentou-se e abriu a caixa devagar, com um movimento quase reverente. Enquanto acrescentava os novos pertences dentro da caixa, Al arrastou uma cadeira e sentou-se ao lado dele depois de ter pegado outra cerveja na geladeira.

"Bem legal, hein?"

"É", respondeu Stephen com um aceno de cabeça.

Al colocou algo sobre a mesa, um cartãozinho retangular. "O que acha de a gente estrear tudo isso amanhã?"

Stephen sorriu ao olhar para a licença e depois para Al. "Sério? Seria demais", disse, um tanto inexpressivo.

Eles conversaram sobre pescaria durante algum tempo, discutiram sobre aonde poderiam ir, com Al falando a maior parte do tempo. Então ficaram em silêncio. O ar entre eles mudou, ficou mais tenso, até Stephen afinal perguntar com um sussurro rouco: "Pai, você acha que se uma pessoa ouve... hum, vozes, ela é louca?".

Al tomou um gole de cerveja, depois respondeu:

"Não, não, muitas pessoas ouvem vozes. Algumas pessoas veem coisas. Às vezes, se a pessoa estiver muito estressada, todo *tipo* de coisa estranha pode acontecer com ela. Principalmente se essa pessoa estiver doente, entende o que quero dizer?"

Stephen o fitou com uma curiosidade suspeita.

Al assentiu. "A sua mãe me contou o que aconteceu pelo telefone. E, não, não acho que você seja louco. Mas ouça, Stephen. Você vai ter que guardar isso para você mesmo, ok? Não pode sair por aí contando para as outras crianças. Quase matou Stephanie de susto."

Stephen fechou os olhos e suspirou baixinho, pensando *eu não contei, droga, eu* não *contei para eles.*

"Você precisa relaxar, só isso", continuou Al. "E é isso que a gente vai fazer amanhã, só eu e você. A gente vai relaxar e deixar alguns *peixes* nervosos, ok?"

Stephen assentiu. "Ok."

"Vamos para a sala. Está passando um velho filme de Abbott e Costello."

"Daqui a pouco."

Al voltou para a sala, e Stephen guardou tudo dentro da caixa de pescaria, depois a fechou e a trancou. Ele a deixou sobre a mesa enquanto se levantava e descia o corredor até o banheiro. A mão dele congelou a cinco centímetros da maçaneta quando uma voz chamou: "Stephen, o que você está fazendo?". Em tom baixo, mas nítido.

Sua respiração ficou presa na garganta. Ele se virou com grande esforço, devagar, o corpo rígido. Espiou a escuridão escada abaixo.

"Stephen? Eu acho que você devia vir aqui embaixo." A voz era baixa o bastante para que os outros não conseguissem ouvir acima do som da televisão.

O menino recuou alguns passos até as costas encostarem na porta do banheiro.

"Stephen?"

Houve movimento na escuridão, um deslocamento sutil de cinza contra o preto.

A garganta de Stephen pareceu inchar. O peito doía com as marteladas do coração.

"Venha aqui, Stephen."

O arrastar seco de pés raspando o chão de concreto.

"Stephen?"

Ele se desgrudou da porta do banheiro, andou rápido ao longo do corredor na direção da sala de estar e parou no vestíbulo para recuperar o fôlego. Ficou imóvel por algum tempo, olhos fechados, braços apertando o peito com força, lábios pressionados.

Então foi para a sala, sentou-se no sofá e fitou sem realmente ver as imagens em preto e branco na televisão. Ficou em silêncio enquanto os outros riam, tentando não pensar no que ouvira, tentando não pensar na sua bexiga cheia e dolorida.

4

MAIS VOZES

Ao longo do mês seguinte, Carmen se tornou amiga de Tanya, uma vizinha do mesmo quarteirão. Tanya era uma morena corpulenta e estava *muito* grávida. Ela e o marido, Benjamin, tinham se mudado há poucos meses, esperando se instalar por completo antes que o bebê, ele ou ela, decidisse fazer a sua aparição, o que seria a qualquer momento.

"Olhe, eu não me preocuparia se fosse você", disse Tanya enquanto as duas tomavam chá gelado no solário de Carmen uma tarde. "A doença de Stephen bagunçou as coisas para todo mundo, e vocês estão em uma casa nova, uma cidade nova... faz sentido que as crianças não estejam agindo normalmente. Dá para entender que Stephen esteja ouvindo coisas, que Stephanie esteja vendo coisas." Ela bebericou o chá. "Não faça um estardalhaço que tudo vai passar."

"Bom, não sei. Eu meio que posso compreender que Stephen pense que andou ouvindo coisas... sabe, vozes, sei lá. Mas quando Stephanie disse..."

"Você mesma falou que Stephen provavelmente contou alguma coisa para ela sobre as vozes que ouviu, até mesmo sobre o passado horrível da casa. Além disso, eles sentem saudade do pai. Você sabe como é, *você* sente saudade. Não se sentiu um pouco deslocada por causa disso?"

"É. Você tem razão", admitiu Carmen, sorrindo. "Mas isso me deixa louca, sabe?"

"Se eles pararem de fazer coisas que deixam você louca, *aí sim* vai ter que se preocupar."

Carmen riu. "Você fala como se já fosse mãe há tanto tempo quanto eu e ainda nem teve o seu bebê."

Tanya deu de ombros e sorriu. "Então, estou praticando."

Naquele fim de tarde, enquanto a luz do sol desvanecia do lado de fora, onde Stephanie cuidava de Peter, Carmen tinha sentado no sofá conversando com a mãe ao telefone. A televisão estava ligada com o volume baixo e Stephen encontrava-se em algum lugar da casa. Ela contava à mãe como o filho mais velho estava, falando sobre Stephanie e Peter, quando Stephen irrompeu na sala, afivelando o cinto, os olhos arregalados.

"O... o papai está em casa?", perguntou ele, olhando em volta.

"Não, é claro que não, você sabe disso. Ele vai ficar em Nova York até o fim de semana."

"Eu ouvi ele me chamar."

"O quê?"

"Acabei de ouvir ele me chamar. Parecia... que ele estava no corredor, como se tivesse entrado agora", contou ele enquanto olhava por cima do ombro na direção da porta da frente.

"Mãe, posso ligar de volta daqui a pouco?", pediu Carmen. Depois de se despedir e desligar o telefone, ela perguntou: "Agora, o que foi que disse?".

"Eu pensei que... talvez o papai tivesse voltado para casa mais cedo e tal. Acabei de ouvir ele me chamando."

"Bom, você não pode ter ouvido ele, querido. Ele não está aqui. Mas sabe de uma coisa? Às vezes, sinto tanta saudade dele que não ficaria surpresa se achasse que o tivesse ouvido também. Não vai demorar muito até ele ficar aqui o tempo todo e voltar do trabalho todas as noites, e quando a gente achar que o ouviu vai ser porque ouvimos *mesmo*."

Stephen a encarou como se ela tivesse acabado de lhe contar que a água era molhada.

"Eu ouvi ele", afirmou, calmo e categórico. Então se virou e seguiu para a porta da frente.

Frustração e raiva de repente queimaram como bílis na garganta de Carmen. Se ele fosse continuar insistindo que estava ouvindo vozes, então era óbvio que não havia porcaria alguma que ela pudesse fazer.

"Ok", vociferou a mãe enquanto disparava do sofá e ia atrás dele, trincando os dentes, "ok, tudo bem, se quiser acreditar nisso, vá em frente. Quer dizer, é meio óbvio que ele não está aqui, certo? Ah, mas não deixe isso impedir você. Só, pelo amor de Deus, não diga nada para a sua irmã."

Ele se virou para ela, os olhos cansados, e disse baixinho: "Vou lá fora um pouco".

Depois de ele ter saído e fechado a porta, Carmen ficou parada na soleira da porta da sala de estar por alguns instantes, olhando para nada em particular.

Aquilo tinha que parar. Stephen não poderia continuar falando sobre vozes que ouvira, vozes que não existiam. Ele já perturbara Stephanie... o que viria a seguir? Ela precisava conversar com Al. Eles teriam que fazer algo a respeito. Talvez devessem falar com o médico, ver o que ele poderia dizer. Talvez *fosse* alguma coisa com a qual deveriam se preocupar.

Carmen também estava começando a ficar aborrecida. Ela não sabia o que a deixava mais irritada: a insistência de Stephen em ter ouvido vozes que ela não ouvia, a insistência de Stephanie em ter visto no quarto dela uma mulher que não estava lá ou a curiosidade vaga, insistente, bem lá no fundo, dentro de Carmen, que a fazia se perguntar se talvez... apenas *talvez*...

"Não, não", disse consigo mesma, voltando para a sala. "De jeito nenhum. Ridículo."

Na noite de sábado, depois de Peter e Stephanie terem ido para as suas camas e Stephen ter adormecido no sofá, Al e Carmen conversaram aos sussurros à mesa da sala de jantar.

"Então, o que devemos fazer?", perguntou Al. "Você acha que eles talvez precisem de algum tipo de terapia?"

"Ah, Deus, espero que não seja nada tão drástico assim. Só estou preocupada que... bem, que isso possa se transformar em algo mais sério se não parar agora. O que acha?"

"Não sei. Você fica com eles a semana inteira, é você que ouve tudo sobre essas... vozes, ou seja lá o que for. Acho que as vidas deles vêm tendo interrupções demais nos últimos tempos e eles querem um pouco de atenção, querem se sentir normais de novo. E Stephen... bom, aquela cobaltoterapia não é nada fácil. Pelo menos essa é minha opinião. Você acha que eles precisam de terapia? Diabos, você acha que podemos *bancar* terapia?"

Ela pensou a respeito por alguns instantes. "Não. Não, você tem razão. É só que... bem, isso está me deixando louca."

"Deixe que eles fiquem sabendo disso. Se eles só estiverem atrás de atenção, dê isso a eles, mas deixe que fiquem sabendo que você já está de saco cheio dessas histórias de fantasmas. Acho que eles vão parar."

"Sim", concordou ela, fitando o seu chá, "acho que isso vai resolver. Sim." Continuou assentindo, mas com sensação insistente de incerteza, de confusão moderada — a coisa que a enlouquecera nos últimos dias — tomou-a e se recusou a ir embora.

Stephen aguardou o silêncio que lhe diria que era seguro levantar. Ele não queria ouvir a conversa, mas não conseguiu dormir — na verdade, estava achando *muito* difícil dormir nos últimos dias —, e as vozes dos seus pais estiveram nitidamente audíveis no silêncio noturno, portanto ouviu tudo o que a mãe e o pai tinham dito na sala de jantar. Sentira o coração despencar até o estômago enquanto escutara e pensara repetidas vezes: *Eles nunca vão acreditar em mim. Nunca. Não vão acreditar em mim de jeito nenhum.*

Afastou as cobertas, desceu do sofá e acendeu o abajur ao lado do sofá antes de ir para a cozinha tomar um copo d'água. Devido aos tratamentos com radiação, as suas glândulas salivares tinham secado por completo, e a boca ficava seca o tempo todo, então, ele agora ingeria muito mais líquidos do que antes. Quando terminou, atravessou em silêncio o corredor até o quarto de Stephanie e bateu na porta antes de abrir e entrar com cuidado.

"Stephanie? Você está acordada?" Fechou a porta sem fazer barulho e fitou o escuro. "Steph? Sou eu." Semicerrando os olhos, Stephen esticou a mão e acendeu a luz do teto.

Ela estava deitada de costas, tensa e trêmula, a borda do cobertor puxada até pouco abaixo dos olhos arregalados e aterrorizados. Quando o viu, o seu corpo relaxou e ela fechou os olhos enquanto suspirava e deixava a cabeça cair de volta no travesseiro.

"Qual é o problema?", sussurrou Stephen.

"Achei que você era um fantasma."

Stephen a fitou pensativo por algum tempo.

"É isso que você acha que eles são?", perguntou, sentando-se na beirada da cama. "Fantasmas?"

"Não sei." Ela deu de ombros. "O que mais podem ser?"

"Você... sente eles?"

A menina semicerrou os olhos, inclinou a cabeça para um lado e pensou a respeito por alguns instantes. "Humm, às vezes. Eu acho."

"Eu também", sussurrou ele. "Às vezes, sinto como... sei lá, como se tivesse alguma coisa *lá*. Apesar de não poder ver."

"Eu queria que Michael voltasse para casa", disse ela baixinho.

Stephen queria a mesma coisa, mas perguntou: "Por quê?".

"Bom... acho que *ele* acreditaria na gente. Você não acha?"

Stephen a observou por um longo momento. Na maior parte do tempo, a irmãzinha era uma aporrinhação, um pé no saco. Desde que ficara doente, ele estivera encarando as coisas de uma maneira um pouco diferente — como encarava a irmãzinha naquele momento. Ela se tornara uma aliada, uma amiga. Ele segurou a mãozinha dela na sua e sussurrou: "Ouça, Steph. Se mais alguma coisa acontecer, você pode me contar. Venha até mim imediatamente e me conte, ok? *Eu* vou acreditar em você".

"Vai me contar se mais alguma coisa acontecer com você?"

Ele assentiu e apertou a mão dela.

Carmen começou a passar o maior tempo possível com as crianças. Com Peter era fácil; ele não perambulava para muito longe. Mas Stephanie era ativa, brincando com outras meninas que moravam na mesma rua, e Stephen passava muito tempo com Jason. Eles não pareciam precisar de muita atenção, mas a mãe decidiu continuar tentando.

Como sempre, sentia saudade de Al; ficar na casa com as crianças todas para si fazia com que sentisse que tinha sobre os ombros um fardo mais pesado do que conseguia carregar. Ajudava manter-se ocupada, e ela visitava Tanya com bastante frequência. Carmen ainda levava Stephen ao hospital para os tratamentos e observava como ele aos poucos ia ficando cada vez mais frágil e pálido. Às vezes, ela queria pegá-lo nos braços e segurá-lo, mantê-lo longe daquele hospital, temendo que os tratamentos estivessem apenas o prejudicando. Porém, os médicos lhe asseguravam que aquilo era a melhor chance que Stephen tinha.

As semanas dela eram salpicadas com histórias das crianças, principalmente de Stephen, histórias sobre vozes ouvidas ao redor da casa.

Certa manhã, Carmen levantou para se deparar com todas as luzes da sala de estar acesas e Stephen estatelado no sofá, como se tivesse passado uma noite de sono mais agitada do que o normal. Ela deu a volta pela sala e apagou todas as luzes e, em seguida, acordou Stephen. Ele disse que ouvira uma voz no escuro, por isso tinha acendido o abajur ao lado do sofá. Mas a voz — a voz de um homem — continuou, vindo do canto mais escuro da sala, então ele se levantou e acendeu outra luz, depois outra, até que todas estavam acesas e ele conseguiu dormir. O menino contara tudo sabendo muito bem que ela não acreditaria nele, e isso não pareceu incomodá-lo. No entanto, o fato de ele não se importar se ela acreditava ou não *a* incomodava. A atitude do filho abria um buraco na teoria sobre a carência de atenção.

Isso aconteceu repetidas vezes: Stephanie ouvia uma voz no banheiro ou Stephen ouvia outra no corredor. Independentemente de como Carmen conversava com eles, ambos assentiam e se desculpavam por incomodá-la, mas, de alguma maneira, conseguiam passar a impressão de que sabiam de algo que ela não sabia...

Os incidentes aborreciam Carmen o suficiente para que ela escrevesse sobre eles inúmeras vezes no seu diário. Tornara-se um hábito para ela anotar os seus pensamentos e as suas experiências, talvez não todos os dias, mas pelo menos algumas vezes na semana, mesmo quando nenhum evento especial tivesse acontecido. Era reconfortante colocar os sentimentos no papel sabendo que ninguém leria o que ela escreveu, que nada seria criticado ou julgado.

No começo da tarde de uma sexta-feira, ela estava sentada à mesa do solário, escrevendo no diário, enquanto uma música tocava baixinho em um aparelho de som na sala de estar. Stephanie e Stephen estavam do lado de fora da casa, e Peter tirava um cochilo. Mais do que qualquer outra coisa, naquela noite Carmen tentava fazer o tempo passar até que Al chegasse.

Ela estava escrevendo no diário sobre a última voz — um homem que tinha chamado Stephen do andar de baixo — quando uma voz masculina chamou: "Carm? Está aqui dentro?".

Ela largou a caneta e se levantou, pensando *Al chegou mais cedo*, enquanto girava, sorria e dizia: "Al? Estou aqui".

Silêncio.

"Al?" Ela entrou na sala de estar e parou, fitando o vão vazio da porta, que dava para o corredor e para a entrada da frente.

O sorriso dela vacilou, depois desapareceu. Carmen franziu o rosto enquanto passava pela soleira.

"Al?", chamou de novo, mas agora sua voz estava baixa e só um pouquinho insegura.

Ela estava sozinha.

Al não tinha entrado na casa.

A mulher olhou pela janela para descobrir que ele nem tinha chegado ainda.

Carmen soltou um suspiro longo e ruidoso, forçou um sorriso e murmurou: "Bem", pensando: *Devo estar com saudade, só isso, é que sinto saudade dele e estava pensando nele e... sim, é só isso.*

Ela se virou e voltou para o solário para continuar a escrever, mas não antes de aumentar o volume da música no aparelho de som.

5
DO VERÃO PARA O OUTONO I

Foi um verão quente com dia após dia de infinitos céus azuis e noites repletas de estrelas que brilhavam resplandecentes. O ar estava fragrante com o odor de madressilva, e, durante o dia, as risadas das crianças ressoavam pela vizinhança.

Tanya deu à luz uma menininha e a chamou de Kara. Às vezes, o som do seu choro era carregado por uma brisa de verão até a casa de Carmen. O som a fazia sorrir: de alguma maneira, isso deixava a vizinhança completa, mais confortável.

Então, por que algo não parece certo?, perguntava-se Carmen repetidas vezes. A pergunta era feita por uma voz interior tão baixa que era quase inaudível... porque ela estava fazendo o seu melhor para silenciá-la.

Stephen passava a odiar mais os tratamentos a cada dia e estava se tornando mais resistente. Ele era rude com os médicos e as enfermeiras no hospital e, de vez em quando, chegava a se virar contra Carmen. Ela tentava levar tudo na esportiva, tentava dizer a si mesma que isso era de se esperar, levando em consideração a tensão que os tratamentos exerciam sobre o garoto. Porém, isso a preocupava mesmo assim. Para piorar as coisas, ele perdera mais peso e estava com uma aparência ainda mais frágil do que antes. Às vezes, quando o abraçava, ela sentia medo de quebrá-lo.

No entanto, o dr. Simon disse a ela que isso era um bom sinal.

"Se ele anda briguento", disse o médico, "quer dizer que está segurando as pontas. Se está brigando com a gente, então está brigando contra o câncer. É encorajador."

Então talvez não fosse algo tão ruim assim, afinal de contas. De acordo com o médico, Stephen estava se saindo muito bem e era provável que se saísse ainda melhor.

Isso era bom. Então, o que não parecia certo?

Al ainda estava trabalhando em Nova York, mas ia para casa todos os fins de semana religiosamente. As semanas de trabalho duro e as longas viagens de carro, sem mencionar a sua preocupação contínua com Stephen, estavam desgastando-o; ele passou a beber mais quando estava em casa nos fins de semana e também ficava de pavio curto. Contudo, apesar dos resmungos, ele estava disposto a ajudar em casa. Pintou as paredes manchadas no andar inferior.

Eles iam à igreja todos os domingos, e Carmen passou a se envolver com as atividades de lá, assim como fazia em Nova York, e tinha feito algumas amigas, mulheres com as quais podia passar algum tempo durante a semana. Além disso, via Tanya com bastante frequência, e elas se revezavam para cuidar dos filhos uma da outra para que cada mulher pudesse passar algum tempo fora de casa de vez em quando.

Então, o que era?

As outras crianças, Stephanie e Peter, estavam bem. Michael ainda estava no Alabama, mas ligava com regularidade. Tudo estava bem.

Exceto por... alguma coisa.

A sensação começou no dia em que ela passou o esfregão no chão da cozinha.

As cozinhas pareciam ser a primeira baixa em uma casa cheia de crianças, e não demorara muito para que o linóleo de tijolos vermelhos em mosaico na cozinha dos Snedeker perdesse o brilho, apesar de limpezas regulares, mesmo que apressadas. Portanto, um dia, algumas semanas atrás, Carmen pegou o esfregão e o balde, tirou os sapatos, enrolou as barras das calças até os joelhos e começou uma limpeza de verdade.

Todas as crianças brincavam no lado de fora da casa naquela tarde, e a casa estava quieta.

O esfregão esparrinhava para a frente e para trás sobre o linóleo, os fios de algodão encharcados contorcendo-se como tentáculos em cima de manchas de Pepsi e marcas de água entornada. Carmen já passara uma boa quantidade de esfregões em chãos de cozinha para ser capaz de fazer isso com certo distanciamento, então já tinha mergulhado o esfregão no balde algumas vezes quando afinal notou o cheiro.

Não era muito forte, mas o odor enjoativo de cobre era com certeza desagradável.

Então reparou na água no balde.

Tinha uma coloração avermelhada, escura e intensa.

Os fios do esfregão brilhavam escarlates.

E os pés descalços de Carmen estavam manchados de vermelho. Na verdade, todo o chão estava manchado de vermelho. Ela fitou os pés com a boca retorcida em uma careta de nojo. O cheiro perdurava no ar como fumaça.

De repente, ela pensou no que Stephen dissera no primeiro dia deles na casa — *Mãe, a gente precisa ir embora desta casa. Tem alguma coisa maligna aqui* —, e o seu coração começou a martelar dentro do peito enquanto ela fitava o líquido vermelho-escuro no chão em volta dela, sentindo aquele odor fraco mas horrível.

"Não, não poder ser", sussurrou ela consigo mesma, "isso é impossível, é só... é só o linóleo, só isso. Só *isso*."

Após decidir que não poderia deixar as crianças verem aquela sujeira, limpou tudo depressa, usando panos de prato velhos e quase meio rolo de papel-toalha para os toques finais. Depois borrifou um pouco de purificador de ar pelo cômodo.

"É só pedir para Al arrancar esse linóleo, só isso", murmurou. "É o que vou fazer."

No entanto, aquilo a tinha deixado incomodada naquele dia e nos dias que se seguiram.

Carmen nada contara sobre o incidente para Al. Ela não sabia como. E se ele apenas desconsiderasse tudo com uma risada? Ela não estava ansiosa para limpar o chão outra vez.

O chão da cozinha era uma parte da sensação de deslocamento de Carmen. Outra parte era o fato de que Stephen tinha parado de falar sobre as vozes que estivera ouvindo na casa. Ele não fazia mais referências sobre a moradia ser maligna. No intervalo de apenas algumas semanas, o menino simplesmente parara de falar sobre isso, como se nada tivesse acontecido.

Carmen tentou dizer a si mesma que isso era uma coisa boa, que era um sinal de que ele estava melhorando. Porém, sempre que dizia isso a si mesma, a sua voz interior sussurrava: *Será?*

Às vezes, quando entrava em um cômodo, encontrava Stephen e Stephanie conversando com vozes sussurrantes e reservadas. Quando a viam, ficavam em silêncio e se afastavam um do outro, como se tivessem sido pegos fazendo alguma coisa errada. Ela não dera qualquer importância a princípio, mas quando isso continuou acontecendo — meia dúzia de vezes, mais ou menos — passou a se perguntar se talvez eles não estavam escondendo alguma coisa dela.

"Então, sobre o que estão conversando?", perguntou a mãe certo dia quando encontrou os dois sussurrando no sofá da sala de estar. Ela se sentou na poltrona reclinável de Al e observou as reações deles.

Stephen deu de ombros e murmurou: "Nada". O garoto se voltou para os desenhos na televisão.

"A gente estava se perguntando quando o papai vai voltar para casa para ficar", disse Stephanie.

"Não vai demorar muito", respondeu Carmen. "Falta um mês, talvez um pouco menos, até a transferência ser efetivada."

Stephanie aquiesceu, depois também voltou a sua atenção para a televisão.

É só a sua imaginação, Carmen disse a si mesma. *Eles não estão guardando nenhum segredo, Stephen está melhorando, e tudo está muito bem!*

Contudo, como vinha acontecendo com tanta frequência nos últimos dias, aquela vozinha no porão da sua mente sussurrou: *Então, por que algo não parece certo?*

Stephen tinha parado de contar para a sua mãe sobre as vozes que ouvia porque de nada adiantava. Ela não acreditava nele. Ele também não conversava sobre elas com Al; ele se tornara tão rabugento nos últimos tempos que, se Stephen sequer mencionasse o assunto das vozes desencarnadas, o pai vociferava para que parasse com aquilo e começasse a agir de acordo com a sua idade.

A única pessoa com a qual Stephen podia conversar a respeito das vozes era Stephanie. Embora ela ainda insistisse que tinha visto uma mulher aparecer no seu quarto, Stephanie não ouvia vozes.

"Mas", contou ela a Stephen certo dia, enquanto sussurravam no sofá da sala de estar, "às vezes, eu... eu..." O rosto dela ficou tenso de concentração, de frustração por não ser capaz de encontrar as palavras certas. Era muita tensão para uma menina de 6 anos. "Eu sinto que não estou sozinha, quando na verdade estou. Não tem ninguém comigo, não vejo ninguém, mas... sinto que *tem* alguém lá."

Entretanto, ela não ouvia as coisas que Stephen ouvia: as vozes insensíveis, sorrateiras... as vozes irritadas, zombeteiras...

Apenas Stephen as ouvia.

Stephanie, porém, estava sempre disposta a ouvi-lo falar sobre elas e tinha prometido não as mencionar para a mãe. As suas respostas não eram nem críticas, nem descrentes, eram cheias da preocupação de uma menininha. Stephen achava as conversas reconfortantes; elas o faziam se sentir menos solitário.

Mesmo assim, a voz estava se tornando mais insistente, mais exigente. Ela parecia saber quando o estava assustando — e parecia gostar do seu medo.

"Stephen?"

Ele congelou do lado de fora do banheiro certa vez tarde da noite. Todos tinham ido dormir há muito tempo, mas o garoto acordara com a bexiga cheia. A voz falou com ele quando estava saindo do banheiro.

"Stephen, desça aqui", sussurrou a voz.

Ele avançou pelo corredor, o corpo coberto de calafrios por causa do medo, as pernas duras de tensão. Mas o menino andava devagar porque, apesar do medo, se sentia atraído pela voz, compelido a parar e ouvir o que ela poderia dizer.

"Temos muito o que conversar, Stephen", prosseguiu a voz. "Existem coisas a serem feitas. Não temos tempo a perder, Stephen. Vamos começar."

Que coisas?, pensou ele, andando um pouco mais rápido agora. *Começar o quê?*

"Não podemos mais adiar", disse a voz, depois riu. Era como o som de cubos de gelo estalando uns contra os outros.

Stephen dobrou a esquina e entrou na sala de estar escura.

"Tenho coisas para contar a você, Stephen. Temos coisas a fazer."

A voz ainda sussurrava, e mesmo assim Stephen conseguia ouvi-la com clareza.

Ele acendeu o abajur em um dos lados do sofá, depois do outro. Embaixo do travesseiro, ele tinha um walkman com rádio AM/FM e um par de minúsculos fones de ouvido. Tinha pedido que a mãe os pegasse para ele no andar de baixo. Então enfiou os pequenos círculos nos ouvidos, ligou o rádio e aumentou o volume.

A música de uma estação de rock local explodiu dentro da sua cabeça e ele sentiu o corpo começar a relaxar.

Porém, através daquela música, através da batida pulsante e das vozes gritantes, Stephen pensou ter ouvido, por alguns instantes, a risada severa e insensível da voz...

Isso acontecia em horas diferentes e em partes distintas da casa, mas ninguém mais chegou a ouvir a voz. Stephen começou a se perguntar se talvez a voz estivesse dentro da sua cabeça; caso contrário, por que mais ninguém a ouvia falar sobre as coisas que queria contar a Stephen, sobre as coisas que ele precisava fazer? Por que ele era o único?

Ele também via coisas... mais ou menos. Às vezes, tinha um vislumbre de alguma coisa se movendo depressa à sua direita ou à sua esquerda, nada mais do que um borrão cinzento na sua visão periférica;

quando ele se virava na direção do movimento, nada encontrava. Nas primeiras poucas vezes, aconteceu tão depressa que ele pensou que tivesse imaginado coisas ou que talvez tivesse sido Willy disparando pelo cômodo daquele jeito ligeiro e ondulante que o furão tinha. Então ele percebia que, o que quer que fosse, dardejava de trás de um móvel para outro, como se estivesse se escondendo dele. Stephen nada contou sobre o que tinha visto — ou pelo menos *pensava* ter visto —, nem mesmo para Stephanie. Parecia vago demais para ser assunto de uma conversa; ele se sentia tolo demais pelo que já falara.

Contudo, ele também sentia medo. Primeiro a voz, que estava se tornando cada vez mais agourenta, depois os vislumbres de algo pequeno e cinzento dardejando em volta, se escondendo dele de uma maneira zombeteira. O que viria a seguir?

Era isso que assustava Stephen. Ele não sabia o que viria a seguir, mas, de alguma maneira, no seu âmago, nos seus ossos, ele sabia que haveria mais... e não estava ansioso para descobrir o quê.

Com o verão chegando ao fim, era hora de Michael voltar para casa e se preparar para o início do ano letivo. Por volta do meio-dia de sábado, Al levou as crianças com ele ao aeroporto para buscar Michael enquanto Carmen ficava em casa e preparava uma grande refeição.

Ela fora criada em uma família que acreditava em celebrar ocasiões — grandes ou pequenas — com comida. Era o fim de semana do Labor Day,[1] e ela queria começá-lo em grande estilo; portanto, cozinhou uma grande quantidade de frango frito, milho assado e *hot rolls*; preparou uma salada verde, uma salada de batata, dois tipos de batatas fritas e fez bastante chá gelado. Então, quando soube que eles chegariam a qualquer minuto, arrumou tudo em estilo buffet na mesa da sala de jantar.

Foi até a cozinha, tirou uma pilha de pratos do armário e a colocou sobre o aparador, depois dispôs os talheres ao lado. Estava prestes a arrumar alguns guardanapos quando o telefone tocou. Carmen foi até a sala de estar para atendê-lo.

Era Wanda Jean.

"Meu neto já chegou aí?", perguntou.

"Ainda não, mãe. Acho que vão chegar a qualquer minuto."

1 Feriado norte-americano celebrado na primeira segunda-feira de setembro para comemorar a contribuição social e econômica dos trabalhadores para o país. Similar ao Dia do Trabalho no Brasil. [NT]

"Como está Stephen?"

"Na mesma. Os tratamentos acabam em uma semana, a não ser que o médico diga o contrário."

"E depois?"

"Depois a gente reza bastante."

Carmen explicou que estava ocupada preparando um grande almoço e prometeu ligar mais tarde. Ela desligou e seguiu na direção da sala de jantar, mas congelou no meio do corredor, os pés hesitando enquanto fitava a mesa da sala de jantar.

A pilha de pratos tinha sumido, assim como os talhares.

Carmen fechou as pálpebras por um momento, depois voltou a abri-las, meio que esperando descobrir que os seus olhos estavam apenas pregando uma peça nela, e os pratos e os talhares ainda estariam ali, afinal.

Mas não estavam.

Com passos lentos, quase cautelosos, ela atravessou a sala de jantar e entrou na cozinha, onde abriu o armário.

Todos os pratos estavam empilhados no lugar de sempre.

Ela abriu a boca enquanto franzia o rosto, e emitiu um barulho como se estivesse prestes a falar, mas não falou. Em vez disso, fechou o armário e abriu a gaveta dos talheres.

Os talheres que ela pegara — ou pensou que tivesse pegado — foram devolvidos aos seus lugares.

Ela fechou a boca, apertou os lábios com força e conseguiu ouvir a sua respiração entrando e saindo depressa pelo nariz. Fechando a gaveta com um estrondo, girou nos calcanhares, se encostou na borda da bancada e murmurou metade dos pensamentos em voz alta.

Foi só isso que aconteceu, eu só...

"...pensei ter tirado os talheres, só isso, eu só..."

...pensei que tinha feito isso, mas não fiz, só isso, porque está muito...

"...quente hoje e com toda essa comida para cozinhar..."

...e o estresse, as coisas andam bastante estressantes por aqui, e...

"...é, é, foi só isso que aconteceu, foi só um... errinho."

De repente, houve uma explosão de ruídos e movimentos dentro da casa, e Carmen pulou de susto, apertando o peito com uma das mãos e dando um gritinho.

"Oi, mãe!", gritou Michael, atravessando o corredor com passos pesados e entrando na sala de jantar, sorrindo para ela, parada na cozinha.

Os outros entraram atrás dele, conversando, rindo.

Carmen respirou fundo, segurando o pequeno crucifixo em volta do pescoço entre o polegar e o dedo indicador, e fez uma prece silenciosa.

6

DORMINDO NO ANDAR DE BAIXO

O ar ia ficando mais frio conforme Stephen descia a escada, e a sensação era boa contra a sua pele. Carmen, Al e Michael estavam lá embaixo há algum tempo e, enquanto descia, o menino podia ouvir uma exclamação ocasional de Michael: "Legal" ou "Demais!". Era óbvio que ele gostou do porão como um todo e do seu quarto em particular.

Mais cedo, enquanto os outros comiam, Stephen tinha puxado a mãe para um canto e pedido a ela que fizesse o favor de não contar para Michael sobre o porquê de ele não ter dormido lá embaixo.

"Ok, mas por quê?", perguntara ela. "Ele vai descobrir mais cedo ou mais tarde, de qualquer jeito."

"É, mas quero contar para ele. Provavelmente hoje à noite. Porque acho que gostaria de começar a dormir lá embaixo. Hoje, quero dizer."

"É mesmo?"

"É, agora que Michael está em casa. Mas... não sozinho."

"O que quer dizer com sozinho? Ele vai estar..."

"Quero dizer, não no meu quarto."

"Você quer dividir um quarto?" Ela franziu o rosto enquanto pensava naquilo. "Mas cada um de vocês teria o próprio quarto."

"Eu sei, mãe, mas... por favor", sussurrara ele. "Vou dormir lá embaixo. Mas não se tiver que dormir sozinho no quarto."

"Você ainda está com tanto medo assim do porão?" Ela inclinou a cabeça, como se achasse isso difícil de acreditar.

Ele, então, desviou o olhar e ficou ali parado sem responder.

"Ok", ela dissera. "Vou conversar com Al sobre mudar a cama de lugar. E ele provavelmente deveria perguntar ao Michael se *ele* vai se importar."

"Ele não vai", afirmara o menino.

E Stephen estava certo. Na verdade, Michael gostou da ideia. Eles levaram a cama para o quarto de Michael e, embora nenhuma delas tivesse sido usada, Carmen colocou lençóis novos.

Carmen e Al pareceram ficar contentes por Stephen ter decidido dormir no andar de baixo, apesar de querer dividir um quarto com o irmão. Na verdade, pareceram tão contentes e aliviados que Stephen ficou um pouco envergonhado.

"Bom, o que acha?", perguntou Al quando Stephen desceu a escada.

Ele olhou ao redor do quarto, para as camas, a cômoda, a estante de madeira que cobria três paredes. Era como se o cômodo tivesse sido feito para ser o quarto de dois meninos desde o início.

O problema era, claro, que Stephen sabia que esse não era o caso. Ele tinha sido feito para servir a um propósito bem diferente e mais sombrio.

"Está ótimo", disse ele, sorrindo enquanto entrava no quarto.

"Vocês dois vão ter que brigar para escolher as camas", disse Carmen. "E imaginei que deveria deixar você decidir onde vai querer colocar as suas coisas, então vai ter que pegar tudo no outro quarto."

"Obrigado", agradeceu Stephen, acenando com a cabeça para Al.

"De nada, rapazinho."

Carmen seguiu para a escada. "Bom, vamos deixar vocês arrumarem as coisas."

Ela e Al estavam na metade da escada quando Carmen gritou: "O jantar pode ser as sobras?".

"Sim, mãe", respondeu Stephen.

Quando eles se foram, o quarto ficou em silêncio, e os garotos apenas permaneceram parados por um momento.

"Então, por que você não dormia aqui embaixo?", perguntou Michael.

Stephen lambeu os lábios secos, acenou com a cabeça na direção das portas francesas que se abriam para o seu antigo quarto e disse: "Vou contar enquanto a gente pega as coisas. Mas você tem que prometer", acrescentou, segurando um dedo indicador rígido no ar, "que isso vai ficar só entre nós, certo?".

Michael deu de ombros. "Tá, claro."

Então, quando foram para o quarto ao lado e começaram a pegar as coisas de Stephen, o menino contou tudo ao irmão: que ele estivera ouvindo algumas vozes bem assustadoras desde que tinham se mudado, que Stephanie disse que vira uma mulher estranha parada no quarto dela com os braços abertos para um abraço e, guardando o fato mais surpreendente por último, que a casa costumava ser uma funerária.

"Sério?", falou Michael com um sorriso. "Legal!"

"Não sei o que tem de tão legal nisso."

O sorriso do irmão vacilou um pouco. "Bom... eu meio que acho legal. Sabe?"

"Que costumavam trazer gente morta para cá, você quer dizer? Acha legal que costumavam embalsamar cadáveres aqui? Talvez neste quarto, até onde sabemos."

O sorriso desapareceu por completo enquanto Michael colocava uma caixa com objetos no chão e encarava Stephen. "Não pensei nisso", disse em voz baixa. "Essa é a sua explicação para as vozes que acha que ouviu?"

"Eu não *acho* que ouvi as vozes, Michael, eu as ouvi *mesmo*. Que saco." Ele se virou e voltou para pegar outra caixa com as suas coisas, murmurando: "Stephanie falou que você ia acreditar na gente, mas ela estava errada".

"Ah, não, não quis dizer isso", insistiu Michael, correndo atrás dele. "Acredito em você. Eu só imaginei que... bom, sabe, é meio... *esquisito*, só isso, sabe?"

Eles levaram as duas últimas caixas para o quarto, depois se sentaram no chão e começaram a organizar o conteúdo delas.

"Você acha que essa casa é assombrada? É isso que quer dizer?", perguntou Michael.

"Tudo o que quis dizer é que ando ouvindo essa voz. E ela costuma vir daqui de baixo. Me chamando do pé da escada."

"Que tipo de voz é? O que ela diz?"

"É sempre a voz de um homem. Às vezes, parece com a do papai, mas só quando ele está trabalhando em Nova York. Geralmente ela só chama o meu nome." Stephen desviou a atenção da caixa diante dele e focou no quarto ao seu redor. Olhou em volta devagar, sua expressão se fechando em uma careta sombria e carregada enquanto falava em jorros nervosos. "Ela fica falando que quer que eu desça aqui e... sei lá, diz que tenho alguma coisa para fazer e que a gente precisa começar, mas ela... bom, ela nunca diz o quê."

Os sorrisos de Michael desapareceram; ele sequer parecia estar gostando da conversa naquele instante. Ele também tinha franzido o rosto enquanto ouvia Stephen falar.

"Então... talvez a gente não devesse morar aqui", disse Michael depois de um longo silêncio, a voz baixa.

"Mamãe e papai não têm dinheiro para mudar de novo. Depois de todas as contas médicas que eles têm por minha culpa, eles quase nem conseguiram pagar a mudança para cá."

"Como está o seu... hum, quero dizer, como está se sentindo? Você nunca disse nada antes."

Stephen deu de ombros. "Estou me sentindo igual, acho. E a mamãe me disse que era câncer muito tempo atrás, então você não precisa ter medo de usar a palavra."

Houve silêncio entre os dois; um silêncio tão tenso e estranho, durante o qual os seus olhares não se encontraram, que Stephen se perguntou se tinha cometido um erro ao contar a Michael sobre as vozes, se o irmão achava que ele estava louco, que ele fora afetado pela doença ou pelos tratamentos.

Depois: "Então, o que a gente vai fazer, Stephen? Quero dizer, sobre a casa? Sobre as vozes e a mulher que Steph viu?".

Michael tentou parecer apenas curioso, mas Stephen pôde ver uma faísca de medo nos olhos dele.

"Não sei", respondeu Stephen em um tom casual, sem querer assustá-lo ainda mais. "Vamos esperar e ver o que acontece, acho."

Michael assentiu devagar e disse: "Esperar. É. Ok, vamos esperar e ver". Ele estava sorrindo um pouco, como se os dois estivessem conversando sobre como o tempo poderia mudar, e não sobre vozes estranhas chamando de dentro da escuridão.

Conforme a tarde escurecia do lado de fora, Stephen foi ficando cada vez mais ansioso. Ele se viu inquieto, incapaz de se concentrar, até mesmo nos programas de televisão mais bobos e incapaz de parar de olhar para o relógio.

Que horas já deveriam ser?

Quanto tempo mais antes de todos irem para as suas camas?

Stephen decidiu que não desceria até Michael estar pronto para ir também. Por mais bobo que pudesse parecer, ele não queria descer para dormir sozinho, ainda não; talvez depois, quando já estivesse dormindo lá embaixo por algum tempo, ele poderia fazer isso, mas, por enquanto, não.

Após assistir a algumas horas de televisão, durante as quais Michael contou para todo mundo as coisas que fizera na casa da avó, ele se levantou de onde estivera sentado no chão e anunciou: "Vou para a cama. Estou um pouco cansado".

Por um instante, a mente de Stephen trabalhou depressa: *Seria estranho se eu descesse com ele? Será que deveria esperar um pouco e descer* depois*? Mas então ele poderia já estar dormindo e eu poderia muito bem ficar sozinho. Eu nem estou* cansado *ainda.*

"É, eu também", disse Stephen, levantando-se devagar do sofá, como se estivesse exausto e pronto para dormir.

Depois de todos os boas-noites serem trocados, Stephen seguiu Michael escada abaixo.

"Você não disse qual cama quer", disse Stephen enquanto desciam.

"A que você não quiser."

"Bom, eu quero a que *você* não quiser. Quero dizer, o quarto é seu."

Michael riu e disse: "Ok, vou ficar com a cama encostada na parede".

No pé da escada, Stephen esticou os braços para fechar as portas francesas sem sequer pensar a respeito. Ele não foi muito bem-sucedido, porém, e uma fresta permaneceu aberta. Decidiu que era besteira achar que as portas precisavam ser fechadas, então as deixou como estavam.

Stephen começou a se despir de imediato, ansioso para deitar em uma cama outra vez. Já fazia um tempinho. Assim que ficou só de samba-canção, afastou as cobertas, sentou-se na beirada do colchão e então viu Michael voltando para o andar de cima.

"Aonde você vai?", perguntou, tentando não parecer estar em pânico.

"Escovar os dentes. Já volto."

Os dedos de Stephen se afundaram no colchão até os nós dos dedos ficarem branco-amarelados conforme ele observava Michael subir a escada, desaparecendo um pouquinho de cada vez: primeiro a cabeça e os ombros, depois os braços, o torso, as pernas, os pés...

E Stephen ficou sozinho.

"Você acha que ele vai ficar bem?", perguntou Carmen. Ela estava sentada na ponta do sofá. Al estava na poltrona reclinável; ele estava assistindo à televisão e não respondeu.

Peter estava dormindo no chão, e Stephanie entretinha-se com o programa de televisão junto com Al. Eles assistiam a um velho filme de *Simbá, o Marujo*.

Carmen tentou de novo. "Al, você acha que Stephen vai ficar bem em relação à casa agora?"

Nenhuma resposta ainda; ele apenas tomou alguns goles de cerveja.

"Al!"

Ele se voltou para ela de repente, assustado. "O quê?", perguntou ele, baixinho a princípio, depois vociferou: "*O quê?*".

"Estava falando com você."

"Estou assistindo ao filme, ok? O que você disse?"

"Perguntei se você acha que Stephen vai ficar bem em relação à casa, agora que se mudou lá para baixo com Michael."

Ele terminou a cerveja, depois disse: "É melhor que fique. Seria bom não ouvir mais aquela porcaria sobre vozes".

"Ele não anda falando muito sobre isso nos últimos tempos."

"Não diretamente, mas de algum modo sempre consegue fazer um comentário de vez em quando, alguma coisa que sugere que estão acontecendo coisas estranhas na casa. Bom, está na hora de ele ficar bem em relação à casa, acho." Al bocejou, depois estendeu a garrava vazia de cerveja. "Pode pegar mais uma para mim, querida?"

Stephen abaixou o olhar para as mãos, que ainda apertavam a beirada do colchão, e as relaxou. Parecia tolice ficar ali sentado esperando Michael voltar. Ele só tinha ido escovar os dentes. Quanto tempo isso poderia levar? Não era tempo suficiente para que alguma coisa acontecesse. Além disso, as luzes ainda estavam acesas, então o que *poderia* acontecer? A única escuridão estava do outro lado das portas francesas, pressionando as vidraças quadradas.

Ele abriu a gaveta da mesinha de cabeceira e pegou o walkman, depois deitou na cama, puxando o lençol por cima do corpo. Após colocar os pequenos círculos nos ouvidos, virou de lado e se apoiou em um cotovelo para navegar pelas estações de rádio e ver o que estava tocando. Ele observou a agulha vermelha avançando ao longo do mostrador de estação em estação, até vislumbrar alguma coisa pela visão periférica, apenas a sugestão da sombra de um movimento, mas o bastante para fazê-lo levantar a cabeça e olhar para as portas francesas do outro lado do quarto.

O walkman escorregou da sua mão e caiu da beirada da cama para o chão, onde quebrou com um estalo de plástico, arrancando os fones dos seus ouvidos.

Ele não se mexeu. Por algum tempo, *não conseguiu* se mexer. Conseguia apenas encarar as portas francesas — encarar o rosto que o fitava através da pequena abertura entre elas.

Era o rosto de um jovem, talvez na casa dos 20 anos, mas pálido, tão pálido que parecia irreal, como o rosto de um manequim pintado de branco. Era um rosto longo e descarnado, com bochechas fundas e chupadas, e os olhos encovados de um cadáver. Ele não demonstrava qualquer expressão, apenas encarava.

O cabelo do rapaz era preto e oleoso, e descia pelos ombros. Braços pálidos pendiam das mangas curtas das sua camisa preta e longos dedos ossudos se contorciam contra os jeans azuis. Os lábios descoloridos começaram a se mover um pouco, em silêncio, como se ele estivesse murmurando consigo mesmo.

No entanto, o pior de tudo, o que fez com que Stephen sentisse como se estivesse perdendo a cabeça, era o fato de que o jovem tremeluzia de vez em quando, tornava-se transparente e quase desaparecia antes de ganhar forma outra vez, como uma miragem, uma névoa.

Stephen parou de respirar por bastante tempo e sentiu a garganta começar a fechar, como se ela estivesse inchando aos poucos, ficando cada vez mais grossa, até ele ter certeza de que em breve não conseguiria respirar se tentasse.

Para subir a escada, ele precisaria passar a centímetros do jovem doentio atrás das portas francesas.

Os lábios brancos começaram a se mover um pouco mais rápido, embora o rosto permanecesse inexpressivo, os olhos, vazios. Aquela mão ossuda e espasmódica se moveu para cima e para a frente, a fim de abrir uma das portas um pouco mais. Stephen chutou o lençol para tirá-lo de cima do corpo, mas os pés ficaram emaranhados nele e ele lutou para se soltar, conforme dedos longos e esqueléticos se curvavam em volta da borda de uma das portas. Ele se livrou do lençol, despencou da cama, ficou de pé com muito esforço e disparou para a escada, ouvindo, por apenas um instante enquanto passava pelo jovem, o ruído sussurrante, seco, como o de um inseto, vindo dos lábios finos. Então Stephen subiu a escada correndo, galgando dois degraus de cada vez. Quando chegou ao patamar, quase colidiu com Michael, que arregalou os olhos de choque e preocupação enquanto observava o irmão passar correndo.

Stephen atravessou o corredor pisando forte e cambaleou para dentro da sala de estar.

"Stephen!", gritou Carmen quando ele tropeçou e caiu de joelhos. Ela correu até o seu lado e passou um braço pelos seus ombros. "O que há de errado, qual é o problema? Stephen?"

Ele não conseguiu responder. A sua boca tinha ficado seca e pegajosa, e as palavras soavam apenas como ruídos sem sentido.

Quando Michael entrou atrás dele, Carmen perguntou: "O que aconteceu com ele?".

"Não sei! Eu estava saindo do banheiro e Stephen..."

"Pegue um copo d'água para ele."

Quando Michael voltou com a água, todos tinham se reunido em volta do garoto, exceto Peter, que ainda dormia profundamente no chão.

"Tinha um homem", ofegou ele, sem fôlego, assim que tomou alguns goles de água. "Estava do outro lado das p-portas f-francesas. Pálido. Muito branco. Alto. Com cabelo preto comprido. Me encarando."

Al se virou e disparou para fora da sala de estar. Eles o ouviram descer a escada. Ficaram em silêncio enquanto esperavam... alguma coisa, algo que lhes dissesse o que havia no andar de baixo.

Stephen bebeu um pouco mais de água.

Carmen roeu a unha do polegar.

Michael estalou os dedos.

Todos observavam a soleira da porta.

Os passos de Al voltaram a subir a escada. Quando ele apareceu na soleira, os seus olhos pareciam cansados, pesados.

"Não tem ninguém lá embaixo", anunciou ele.

Os olhos de Stephen ficaram arregalados. "Mas ele estava lá. Eu *vi*. Um sujeito com cabelo preto comprido, muito pálido e... e ele era, tipo, transparente."

"Não tinha ninguém lá." De repente, a voz de Al ficou firme e severa. "Revirei o porão inteiro, Stephen. Agora... transparente?" Al semicerrou os olhos para ele, curioso. "Você quer dizer como um fantasma?"

Stephen aquiesceu.

"Oh, por favor, Stephen, você tem que parar com isso. Todo mundo acha que já deu. Quer dizer, pessoas transparentes perambulando pelas soleiras das portas já *deu*, ok?"

Embora parecesse impossível, os olhos de Stephen ficaram ainda mais arregalados enquanto ele fitava Al. "M-mas e-e-eu *vi*! Ele estava começando a passar pelas portas quando eu..."

"Pare com isso, Stephen!", exclamou Al, e não foi um pedido. Os olhos de Al ficaram um pouco mais severos. "Não tem ninguém lá embaixo agora e não tinha ninguém antes. Ok? Está me entendendo?"

Devagar, Stephen assentiu, o queixo caído, olhos ainda arregalados sob sobrancelhas erguidas.

"Agora, por favor, vá para a cama", pediu Al em voz baixa.

"Eu... acho que prefiro dormir no sofá."

Al soltou a respiração devagar.

"Isto é uma sala de estar, Stephen, não um quarto. É hora de começar a dormir lá embaixo. Com Michael. Você tem uma cama e já guardou todas as suas coisas no quarto. Por favor, ok? Volte lá para baixo e vá para a cama."

De repente, Stephen ficou um pouco mais pálido do que o normal. "Sério, eu... eu gostaria de dormir aqui em cima no..."

"Droga, Stephen, será que você pode *parar* com isso", vociferou Al, fechando os olhos por um momento. "Pare com isso. Comece a agir de acordo com a sua idade."

Stephen encarou Al por algum tempo, depois se levantou devagar. Pegou o copo d'água, se virou e saiu da sala. Os outros ouviram os seus passos recuando pela escada.

"Acho que talvez você tenha sido um pouco duro com ele, Al", disse Carmen em voz baixa. "Que mal faria se Stephen dormisse aqui em cima outra noite?"

"É, e depois outra noite e mais outra. Que saco, é como ter visitas dormindo aqui noite após noite com ele aqui em cima. O que quer que ele ache que tenha visto no porão, não tinha ninguém lá embaixo."

"Não sei", disse Michael baixinho, quase tímido. "Stephen disse que anda ouvindo vozes na casa. Talvez ele tenha mesmo visto..."

"Ele contou isso para você?", interrompeu Al.

Michael assentiu.

"Droga", rosnou Al, virando-se e saindo da sala.

"Oh, por favor, Al, deixe ele em paz", pediu Carmen, mas ele a ignorou. Ela e Michael o seguiram pela escada e entraram no quarto no instante em que o homem começava a falar.

"Preste atenção, Stephen", disse Al, a voz baixa, mas um pouco trêmula, com a raiva controlada. "O que quer que você ache que vê por aqui, o que quer que ache que ouve, guarde tudo para si mesmo de agora em diante, está bem?"

Stephen estava deitado na cama com o lençol o cobrindo, usando os fones de ouvido do walkman. Ele fitava o teto e não reconheceu a presença de Al.

"Está me ouvindo?", continuou Al. "Você não precisa assustar as outras crianças com as suas histórias. E, se fizer isso, vai desejar não ter feito, está me entendendo?"

Depois de algum tempo, Stephen assentiu com um leve movimento de cabeça.

Enquanto Al voltava para cima, Carmen foi até o lado de Stephen e se debruçou sobre ele para lhe dar um beijo. "Sinto muito por isso, querido. Ele está um pouco estressado hoje."

"Ele está um pouco bêbado, você quer dizer", sussurrou Stephen.

"Ele não está bêbado, filho. Só não quer que você assuste as crianças, só isso. Vá dormir agora, ok? Durma bem."

Michael foi até a cama dele e se sentou na beirada depois de Carmen ter saído.

"Eles não acreditam em você?", perguntou ele. "Quer dizer, eles não acreditam em *nada* disso?"

Stephen se virou para ele com um olhar inexpressivo e disse sem entonação: "Bem-vindo ao lar".

7
MAIS VISITAS

Ao longo dos dias seguintes, Carmen se viu sentindo-se muito tensa. Al parecera irritado todo o fim de semana e permitira que isso viesse à tona na noite de sábado com Stephen. Carmen tinha certeza de que morar em um hotel e dirigir toda aquela distância nos fins de semana o estava afetando, mas ela achava que ele tinha sido um pouco duro com Stephen e sentia que era dever dela fazer algo para compensar.

O humor de Al ao longo do fim de semana deixou um gosto ruim na boca de Carmen e, depois de ele ter ido embora, ela não se sentiu descansada nem relaxada, como sempre ficava após os fins de semana. Ela até tinha planejado que aquele fosse especialmente divertido, mas fora menos agradável do que a maioria.

Infelizmente, a alegação de Stephen de que ele tinha visto um jovem pálido com cabelo comprido e preto no porão não a fazia se sentir melhor. Na verdade, ela suspeitava — embora tentasse não admitir isso para si mesma — que a história do filho fosse a maior causa para o seu desconforto.

Por quê?, perguntou-se diversas vezes. *Por que uma história tão boba como essa deixaria você tão agitada?*

Porém, sempre que se fazia essa pergunta, Carmen se lembrava dos pratos e talheres voltando ao armário e à gaveta dos quais ela os tinha tirado. A mulher tentou, repetidas vezes, dizer a si mesma que isso fora um engano, que ela, na verdade, não tinha tirado os pratos do armário ou os talheres da gaveta, que apenas pensara tê-lo feito, mas não chegou a se convencer. Ela sabia que pegara os pratos e os talheres, ainda podia senti-los nas mãos quando pensava a respeito, mas, de algum modo, eles retornaram ao armário e à gaveta.

Incapaz de descartar a questão, ela mencionou isso a Tanya certo dia em que tomavam chá gelado na varanda da vizinha, enquanto o bebê dormia dentro de casa.

"Ah, eu faço isso o tempo todo", disse Tanya. "É como atravessar a casa toda procurando alguma coisa e então se esquecer do que estava procurando quando chega lá. E distração, só isso. Quando está de cabeça cheia, você faz coisas idiotas e embaraçosas assim. Não se preocupe. Tudo mundo faz isso."

"Mas eu tinha tanta certeza de que..."

"É, eu sei, sempre me sinto assim. Mas me acostumei tanto com esses incidentes que nem penso mais sobre eles."

Em vez de discutir por mais tempo, Carmen sentiu que era hora de mudar de assunto. No entanto, embora nada tivesse dito, não tinha concordado com Tanya.

Naquela noite — segunda-feira —, Stephen e Michael foram dormir cedo. Ambos estavam cansados desde a noite de sábado, porque nenhum deles conseguiu dormir muito. Passaram grande parte das noites de sábado e domingo conversando entre si no escuro. Não falaram sobre algo em particular — música, filmes, o que Michael fez na casa da avó —, qualquer coisa que pudesse afastar os pensamentos do que Stephen tinha visto. Portanto, na noite de segunda-feira, estavam exaustos. Sabiam que tinham apenas mais uma semana de verão antes de voltar para a escola e queriam ficar acordados até tarde e assistir à televisão, mas não conseguiram ficar despertos.

E, mesmo assim, uma vez na cama, não conseguiram pegar no sono. Ficaram deitados de costas, fitando a escuridão, conversando de vez em quando com vozes baixas sobre a chegada do ano letivo e sobre o novo filme de Schwarzenegger, quando houve um barulho no quarto, e os dois garotos ergueram as cabeças dos travesseiros. Michael sorveu o ar em um arquejo trêmulo e assustado...

Carmen estava na cozinha preparando uma xícara de chocolate quente. Ela colocara Peter na cama e mandara Stephanie ir dormir, e agora queria apenas relaxar e, depois, pegar no sono.

Ela voltou para a sala de estar com a xícara fumegante e encontrou Stephanie ainda sentada no chão, esfregando um giz de cera na página de um livro de colorir.

"Pensei que tinha mandado você ir dormir", disse Carmen.

"Não posso ficar acordada um pouco mais? Não estou cansada."

"Você vai estar cansada de manhã quando tiver que ir para a escola, e eu vou ter que ouvir você reclamando, então vá. Agora!" Ela suavizou o tom de voz. "Ok, querida?"

"Oh, tá bom, mãe." Stephanie se levantou e deu um beijo em Carmen, depois foi até o seu quarto com o livro de colorir enfiado embaixo do braço.

Carmen sentou-se na poltrona reclinável de Al e sintonizou a televisão em *Assassinato por Escrito*, reclinando-se na poltrona para relaxar...

Stephen e Michael fitavam a cômoda encostada na parede oposta à das suas camas. Em cima da cômoda havia um robô de brinquedo que pertencia a Michael.

Fitando o robô, tocando-o, examinando-o, havia três homens. Estavam em pé no escuro, inclinando as cabeças de um lado para outro, olhando o brinquedo de ângulos diferentes.

Um homem, o mais alto, usava um terno risca de giz e um chapéu fedora. Os outros dois usavam roupas pretas, que se mesclavam à escuridão em uma massa indistinta e tenebrosa.

As vozes deles sibilavam no silêncio enquanto o homem de terno pegava o robô e o examinava. Ele se virou e encarou os garotos.

Stephen e Michael não conseguiram se mexer.

O homem que segurava o robô olhou para eles por bastante tempo, e os outros dois, parados um de cada lado dele, se viraram e fizeram o mesmo.

Eles sussurraram, gesticulando na direção dos garotos, palavras indistintas, mas as vozes sibilantes, reservadas.

De repente, o homem de terno girou, ergueu o robô acima da cabeça e o segurou ali, focando o olhar em Stephen.

"Brinquedos", sibilou ele, abrindo um sorriso que revelava dentes encardidos e quebrados. "Meros brinquedos." Então abaixou o braço com força e arrebentou o robô em cima da cômoda.

Stephen fitava horrorizado conforme o homem arrebentava o robô em cima da cômoda outra vez, e pedaços do corpo se espalhavam pela escuridão, retinindo contra as paredes e o chão.

Um dos homens gargalhou, uma risada baixa e gutural, e Stephen exclamou: "Corra!", enquanto disparava para longe da cama e avançava para a escada, seguido de perto por Michael.

Os garotos galgaram os degraus de dois em dois, ambos gritando: "Mãe! *Mããããeee!*".

Carmen derramou uma gota de chocolate na camisa e resmungou: "Oh, droga", enquanto se reclinava para a frente na poltrona, fazendo uma careta diante dos gritos dos garotos.

"Ok", disse ela, pousando a xícara sobre a mesinha de centro, "ok, *ok*!"

Os garotos irromperam na sala de estar vestindo apenas as roupas de baixo, esbaforidos, olhos esbugalhados e frenéticos, ambos falando ao mesmo tempo.

"Mãe, homens, tem homens lá no quarto, agora, *agora mesmo*!", gritou Stephen.

"O meu robô", arquejou Michael, "eles quebraram o meu robô, eles vieram do nada e..."

"Parem com isso agora mesmo!", gritou Carmen.

Os garotos ficaram em silêncio, os ombros subindo e descendo enquanto tentavam recuperar o fôlego.

"Agora, o que diabos estão dizendo — *berrando*? E por favor falem devagar, baixo e um de cada vez."

Os garotos se entreolharam e Stephen disse: "Tem três homens lá no nosso quarto, mãe. Eles estavam em pé em volta da cômoda mexendo no Robby, o Robô, do Michael e...".

"Espere, espere um pouquinho", interrompeu Carmen, erguendo uma das mãos. "Como eles entraram?"

"Eles só estavam *lá*", disse Michael.

"Mas as janelas estão trancadas e ninguém passou pela porta da frente, então como..."

"Mãe, eles estavam falando da gente", disse Stephen, "sussurrando uns para os outros sobre a gente, rindo."

"Ok, ok, vamos." Ela passou pelos meninos, saindo da sala e descendo a escada. No pé da escada, acendeu a luz do quarto e olhou para os filhos, que estavam parados no topo, um encostado no outro.

Ela se afastou da escada, então congelou no centro do quarto.

E se houvesse mesmo alguém no porão? Ela havia descido desarmada, despreparada, presumindo automaticamente que os meninos tinham apenas assustado um ao outro. Carmen sentiu o coração disparar e as palmas das mãos ficarem úmidas e grudentas.

Movendo-se devagar, com cautela, olhou ao redor do quarto. Quanto mais olhava, mais relaxava, e um sorrisinho levantou os cantos da sua boca.

"Não tem ninguém aqui embaixo, rapazes", chamou ela por cima do ombro, o alívio disfarçado pelo firme tom de voz.

Ela ouviu os passos descendo a escada depressa.

A raiva voltou e ela disse: "Agora, o que diabos estavam tentando...". Ela parou quando o seu olhar repousou sobre o robô de Michael em cima da cômoda. Ele estava caído de lado; um braço e uma perna estavam faltando, e a cobertura de plástico transparente que ficava sobre o rosto desaparecera. Pedacinhos fragmentados de plástico preto estavam espalhados pelo topo da cômoda e no chão abaixo.

"Algum de vocês fez isso?", perguntou Carmen com raiva quando os garotos entraram no quarto.

"Não, mãe, foram *eles*", insistiu Michael.

"Não tinha ninguém neste quarto além de vocês dois, então parem de falar isso."

"Mãe", disse Michael deliberadamente, como se estivesse falando com uma criancinha, "o homem pegou o robô e..."

"Ok, espere, espere só um pouquinho", pediu Carmen, levantando as duas mãos com as palmas para fora. Ela analisou os garotos por alguns instantes. Eles não pareciam apenas sinceros, pareciam aterrorizados. Só que teria sido impossível alguém entrar no porão. Ela olhou para as portas francesas; estavam fechadas, com apenas a escuridão além delas. Todas as janelas estavam trancadas, ela estava certa disso.

Bem... quase certeza.

Não, eles deviam estar inventando tudo. Na pior das hipóteses, era provável que isso fosse apenas o resultado do que Stephen tinha contado a Michael sobre as vozes que alegava ter ouvido. É provável que ele tivesse matado Michael de susto e, quando menos esperavam, os *dois* estavam se deixando levar pelas suas imaginações.

E Carmen tinha quase certeza de que podia provar.

"Vá lá para cima um pouco, Stephen", pediu ela.

"O quê?"

"Apenas vá lá para cima e me deixe sozinha com Michael. Nós não vamos demorar."

Relutante, Stephen subiu a escada, intrigado e um pouco zangado.

"Ok, Michael", disse Carmen, sentando-se na beirada da cama de Stephen e dando tapinhas no colchão ao lado dela, "sente-se aqui e me conte. Conte tudo o que viu."

"Bom, tinha esses três caras. Eles estavam em pé ali do lado da cômoda mexendo no Robby, o Robô, e sussurrando uns com os outros."

"Qual era a aparência deles? O que estavam vestindo?"

"Bom, era difícil ver dois deles porque estavam usando roupas pretas e, bom, o quarto estava escuro, então... mas o outro cara estava usando um terno. Era listrado... listras fininhas, meio que antiquado."

“Risca de giz?”

“É. E estava usando um chapéu. Um chapéu antigo, do tipo que os homens usam o tempo todo nos filmes velhos.”

“O que eles fizeram?”

“Olharam para o robô e sussurraram, depois olharam para a gente e sussurram. Um deles riu. Depois, o cara de terno disse alguma coisa sobre... sobre brinquedos, e pegou o robô e arrebentou ele em cima da cômoda.”

“Para onde os homens foram?”

Michael deu de ombros. “Sei lá. A gente saiu correndo.”

“E eles só ficaram parados ali e deixaram vocês saírem correndo, mesmo depois de terem visto eles no quarto destruindo um brinquedo? Isso não parece um pouco estranho?”

“Talvez seja estranho, mas... você queria que eu contasse o que aconteceu. Foi isso que aconteceu.”

Carmen estudou o rosto do filho, procurando algum sinal de culpa, alguma das pistas familiares que lhe diziam que ele estava mentindo. Ele era um péssimo mentiroso, sempre fora. Stephen conseguia se safar, mas ela o vira usar a sua expressão impassível apenas quando queria pregar peças nela e em Al, brincadeiras inofensivas que exigiam que ele mantivesse uma cara séria até o desfecho, nunca algo tão despropositado quanto aquilo.

Contudo, ela nada viu no rosto de Michael que lhe dissesse que ele estava mentindo, então ou ele tinha adquirido o talento do irmão maior para manter uma expressão impassível, ou...

Ou ele estava dizendo a verdade.

“Ok, fique aqui”, disse ela enquanto se levantava e começava a subir a escada.

“Você não acredita na gente, né?”, perguntou Michael baixinho.

Carmen parou e se voltou para ele. “Só fique aqui, querido. Volto em um minuto.”

No andar de cima, ela encontrou Stephen afundado no sofá com os braços cruzados sobre o peito magro, com uma aparência abatida enquanto sussurrava com Stephanie, que estava sentada ao seu lado, encostada nele. Stephen parou de falar e Stephanie se afastou dele no instante em que Carmen entrou na sala.

“Eu achei que tinha mandado você ir para a cama, Stephanie”, disse Carmen.

A menina se levou e seguiu para o quarto, dizendo:

“Estou indo, mamãe, estou indo.”

Carmen sentou-se ao lado de Stephen. “Ok. Quero que me conte exatamente o que aconteceu lá embaixo.”

Ela ouviu com atenção enquanto Stephen lhe contava exatamente a mesma coisa que Michael. Quando ela o questionou "Qual era a aparência deles? O que estavam vestindo?", as respostas dele foram idênticas às de Michael, incluindo o que o homem falou: "Ele disse: 'Brinquedos, meros brinquedos'".

Quando terminou, Carmen percebeu que estava franzindo o rosto. Se os garotos estivessem mentindo, eles teriam que ter inventado a história com detalhes minuciosos antes de quebrarem o robô e contarem para ela; caso contrário, as histórias não teriam sido idênticas em todos os mínimos detalhes.

Uma sensação gélida caiu sobre ela como um cobertor quando Carmen considerou seriamente, pela primeira vez, a possibilidade de que *houvera* três homens no quarto dos meninos.

Por que eles entrariam na casa apenas para sussurrar uns com os outros bem na frente de Stephen e Michael, quebrar um robô de brinquedo e depois ir embora?

Isso era o que a mãe achava tão assustador na história toda: era completamente despropositada.

Será que devo chamar a polícia?, perguntou-se. *Mas e se eles vierem e os meninos estiverem mentindo?*

Ela decidiu que, se os três homens tinham mesmo invadido a casa, deveria haver um sinal de arrombamento em algum lugar, e precisava ser no porão.

"Ok", disse ela com determinação enquanto se levantava. "Era só isso que eu queria saber."

Ela saiu da sala e, conforme começava a descer a escada, ouviu Stephen chamar: "O que você vai fazer?".

Mas a mãe não respondeu.

No andar de baixo, Michael fez a mesma pergunta.

"Só fique aqui", pediu ela enquanto abria as portas francesas e entrava no cômodo ao lado, esticando a mão para acender a luz. Olhou ao redor do quarto que deveria ser de Stephen, viu que as duas janelas ainda estavam trancadas e entrou no amplo corredor além, acendendo outra luz.

Verificou a sala das ferramentas no fim do corredor; a janela ali também estava intocada.

Subiu a rampa no outro extremo do corredor e verificou a porta. Estava trancada.

No cômodo seguinte, tentou não olhar para a placa de madeira que cobria o tanque de sague — tentou até mesmo não pensar nele — e dedicou toda a sua atenção às duas janelas dali.

Nada fora quebrado ou forçado.

Carmen se voltou para a porta que dava para o necrotério. Apesar de não ter admitido para Al ou para quem quer que fosse, ela não gostava de entrar ali. Não achava que o lugar fosse maligno ou algo do tipo; ele apenas a fazia se sentir... desconfortável. Porém, havia três janelas ali e, embora tivesse certeza de que os garotos estavam pregando uma peça nela, supôs que deveria verificar aquelas também.

Com um suspiro, entrou na sala encardida e acendeu a luz. Estava muito mais tolerável desde que Al a pintara, mas, ainda assim...

Verificou a janela do lado oposto ao da porta, depois as duas na parede dos fundos. Ouviu passos atrás dela.

"Michael?", chamou ela. "Não tem como alguém ter..." Ela se virou e a sua voz ficou presa na garganta, e ela congelou no lugar, boquiaberta, quando o ar em volta se tornou frio, como se ela estivesse diante de um freezer aberto. Assim que se virou, sentiu alguém passar por ela, roçando suavemente, e também o movimento do ar frio quando esse alguém passou.

Não havia ninguém ali.

Stephen foi para baixo e encontrou o irmão sentado na beirada da cama, franzindo o rosto enquanto olhava com intensidade através da abertura das portas francesas. A luz no outro quarto estava acesa.

"Onde está a mamãe?", perguntou Stephen.

Michael indicou as portas com um aceno de cabeça. "Ela foi lá para trás. Acho que..."

De repente, eles ouviram uma agitação de movimentos em outra parte do porão, passos, uma série rápida de cliques conforme luzes eram apagadas, portas batendo, e Carmen atravessou depressa o outro quarto, apagou a luz enquanto saía e fechou as portas francesas com força.

Por um momento, Stephen achou que ela fosse gritar. Havia uma expressão esquisita no rosto da mãe, uma que ele nunca vira antes, uma que ele pensou, a princípio, ser de mais puro terror. Então, ela parou diante deles, o queixo erguido, e colocou os punhos no quadril.

"Não havia ninguém aqui esta noite, estão entendendo?", disse ela, a voz baixa mas instável. "Nenhuma janela ou porta foi quebrada. Tudo está trancado. *Ninguém* esteve aqui. Agora, se acharam isso engraçado, estão enganados, e se fizerem algo assim de novo, vão ficar *muito* encrencados."

Ela se afastou deles e subiu a escada pisando forte.

Stephen e Michael se entreolharam em silêncio, depois Stephen chamou: "Mãe? Tinha mesmo...".

"Não quero ouvir nada disso, Stephen", repreendeu ela, virando-se e apontando o dedo para ele. "Eu falei muito tempo atrás para guardar as suas histórias para si, mas você teve que contar para Michael e o deixar todo agitado e agora os dois estão transtornados, que foi exatamente o que eu disse que iria acontecer, lembra? Então, *lembra*?"

Devagar, Stephen assentiu.

Carmen voltou a subir a escada.

Stephen se virou para Michael, soltou um longo suspiro, depois começou a subir devagar a escada atrás da mãe.

"Aonde pensa que está indo?", perguntou ela por cima do ombro.

"Eu... hum, eu ia só subir e assistir um pouco..."

"Você vai para a cama, é isso o que vai fazer! Os dois. E não quero ouvir um pio de vocês, entenderam?"

"Eu posso pelo menos pegar um copo d'água?", perguntou Stephen, bem baixinho.

"Tá, tá, anda logo."

Ele esperou no degrau até ela sumir de vista, depois se virou outra vez para Michael.

"Nossa", sussurrou Michael, "Ela está puta da vida."

"Ou outra coisa", disse Stephen antes de subir.

Carmen foi até a sala e se deixou cair na poltrona. A imagem na tela da televisão desapareceu em um borrão de cores conforme as lágrimas queimavam os seus olhos. Ela sorveu o ar em uma respiração funda, secou os olhos com movimentos rápidos e agarrou o maço de Marlboro em cima da mesinha de centro. As mãos dela tremiam enquanto acendia um cigarro, e ela balançou o fósforo para apagá-lo com mais força do que o normal, como se quisesse expulsar os tremores dos ossos.

Inclinou a cabeça para trás, fechou os olhos e saboreou a raiva. Estava com raiva porque, com aquela história vívida e os olhos arregalados e assustados, os garotos tinham conseguido convencê-la de que estranhos estiveram na casa. Três deles! Ela permitira que a sua imaginação se mesclasse com a dos seus filhos.

"Sim", suspirou ela, pensando, *Foi isso que aconteceu. Apenas minha imaginação e aquela história idiota deles. Certo?*

No entanto, a vozinha da sua consciência, que costumava falar do fundo da sua mente, permaneceu em silêncio.

8

VOLTA ÀS AULAS

"Vamos, rapazes, para fora da cama!", gritou Carmen do topo da escada, batendo palmas com força três vezes.

Stephen segurou o travesseiro em cima da cabeça, mas ouviu um gemido abafado vindo da direção da cama de Michael, depois um som grogue: "Aaah, o verão acabou".

Houve bocejos e suspiros conforme os meninos se mexiam, sentavam-se e olhavam ao redor com olhos inchados.

"Quer tomar banho primeiro?", murmurou Michael.

"Não. Vai você."

"Andem logo ou vão se atrasar!", gritou Carmen.

"Por quê?", retrucou Michael enquanto se arrastava escada acima.

"Porque o meu despertador não tocou, por isso. O café está pronto!"

Stephen se deixou cair de costas, esfregou os olhos, depois fitou o teto.

Ele não iria direto para a escola, como Michael e Stephanie. Em vez disso, ele teria que ir ao hospital para os tratamentos. Na semana anterior, a mãe tinha se encontrado com o diretor do colégio que Stephen frequentaria, assim como com um dos conselheiros. Ela explicara os problemas de aprendizado que ele tivera quando frequentava a escola em Hurleyville e lhes contara sobre a sua doença e que ele chegaria atrasado para as aulas todos os dias durante a primeira semana para que pudesse receber os tratamentos. Ela dissera que eles tinham sido muito compreensivos e asseguraram que iriam fazer todo o possível para que ele se sentisse confortável e que os seus problemas fossem tratados da maneira apropriada.

Stephen não tinha como saber, claro, se eles foram sinceros ou não, mas esperava o melhor. A escola por si só já era difícil o bastante, mas frequentar uma escola nova com completos estranhos dificultava ainda mais as coisas; ele com certeza não precisava de *mais* problemas.

Quando analisava tudo, Stephen não precisava de algo além daqueles tratamentos. Eles já eram problemas suficientes, muito obrigado. Ele os desprezava ainda mais do que desprezava os médicos e as enfermeiras com os quais tinha que lidar todos os dias. Não havia algo de particularmente errado com eles — exceto por administrarem os tratamentos.

A cada dia, Stephen era colocado sob uma geringonça de aparência sinistra que se parecia com uma máquina de raio X, só que maior, mais feia e mais ameaçadora. A pior parte era ser abandonado por todo mundo enquanto era exposto à radiação. Se eles tinham medo dela, por que o deixavam ali dentro?

Ele tivera um pesadelo — diversas vezes, na verdade — no qual todos o deixavam naquela sala branca esterilizada embaixo daquela máquina sinistra... e nunca voltavam.

Oh, bem, apenas mais alguns dias e então... bom, como o dr. Simon dizia: "E então veremos".

Stephen mal podia esperar que os tratamentos acabassem e esperava que nunca mais tivesse que passar por eles outra vez. Ele não conseguia imaginar algo pior.

"Stephen?"

Nada a não ser aquela voz.

Ele se sentou na cama e prestou atenção.

"Stephen? Você está pronto?"

Ele se virou na direção das portas francesas, mas nada viu através das vidraças.

"Você está pronto, Stephen?"

Era a mesma voz masculina, mas agora vinha de outra parte do porão.

"Estou esperando, Stephen."

Cada vez que falava, ela soava mais próxima.

Olhando através das vidraças, Stephen pensou ter visto alguma coisa... apenas um leve indício de movimento... uma sombra, talvez... uma sombra atravessando a porta aberta e caindo no quarto adiante.

Ele disparou da cama e tropeçou pelo quarto, agarrando calças, uma camisa, sapatos, então...

"O tempo está passando, Stephen."

Ele subiu a escada correndo, a sua respiração alta nos ouvidos, deu a volta no balaústre e disparou pelo corredor, as roupas grudadas ao peito.

Carmen saiu da cozinha na frente dele e os dois colidiram.

"Stephen!", vociferou ela, mais frustrada do que brava. "O que você está fazendo?"

Ele começou a falar, depois voltou a fechar a boca com um estalo e apenas a fitou, tentando não tremer.

Ela ergueu um dedo indicador rígido e disse: "Não quero saber disso, Stephen. Nem agora, nem nunca, mas principalmente não agora. Esta manhã já está sendo bastante ruim do jeito que está. Vá tomar o seu café da manhã, está em cima da mesa".

Ela passou depressa por ele e entrou no quarto.

Stephen ficou parado no corredor e ouviu com atenção, mas tudo que escutou foi o chuveiro. Aliviado, mas ainda tenso, ele foi até a sala de jantar.

Carmen não conseguia entender o que acontecera de errado naquela manhã. Ela *sabia* que tinha programado o despertador para às 7h, mas depois de ter finalmente se arrastado para fora de um sono profundo, descobriu que o botão do despertador em cima do relógio ainda estava na posição DESPERTADOR LIGADO, porém o alarme fora programado para o meio dia, e ela estava quarenta minutos atrasada.

Depois de acordar todo mundo com urgência, ela preparou um café da manhã rápido, vestiu algumas roupas — Carmen sempre se sentia mais desperta quando estava vestida —, colocou a bolsa e as chaves em cima da bancada da cozinha para que estivesse pronta para levar Stephen ao hospital e, de alguma forma, conseguiu fazer com que Stephanie e Michael estivessem alimentados e vestidos a tempo de pegarem o ônibus, mas não antes de lhes perguntar: "Algum de vocês mexeu no meu despertador?".

Eles a fitaram com expressões confusas e responderam que não.

"Ok. Só estava curiosa."

Assim que Stephanie e Michael foram embora, ela ficou sozinha com Stephen, que estava ainda mais quieto do que de costume, e Peter, que não parava de falar sobre o dia em que também poderia ir para a escola em um grande ônibus amarelo.

Carmen sentou-se à mesa da sala de jantar diante de Stephen e disse: "Bem, que tal irmos para o hospital e acabar logo com isso para que você possa ir à escola?".

O cabelo dele, molhado do banho, estava penteado para trás e grudado à cabeça, dando um aspecto cadavérico ao rosto magro. "Tenho que ir direto para a escola depois?"

"Claro que não. Pode voltar para cá, se quiser. Descansar. Se recuperar. Depois levo você. Se não quiser ir hoje, tudo bem também. É só durante esta semana, e eles sabem de tudo na escola. Você decide."

Ele assentiu devagar, fitou o tampo da mesa por um longo momento, depois olhou para ela, os lábios entreabertos, como se estivesse prestes a dizer alguma coisa. Então pareceu refletir, fechou a boca e murmurou: "Ok, vamos lá".

Quando todos estavam prontos, Carmen foi até a cozinha para pegar a bolsa e as chaves.

Elas tinham sumido.

A mulher fitou o espaço vazio sobre a bancada onde as colocara enquanto Peter puxava a sua mão e dizia: "Mamãe, vou fingir que você está *me* levando para a escola!".

"Tudo bem, mas onde está a minha bolsa?", perguntou ela. Depois, mais alto: "Stephen, você viu a minha bolsa?".

"Não", respondeu ele da sala de estar.

"Bom, ela estava bem aqui em cima da bancada junto das chaves e agora elas sumiram, então procure por elas, tá bem?"

"Onde você as colocou?"

"Bem *aqui*", vociferou ela.

"Ok, ok, vou procurar."

Eles procuraram. Vasculharam todo o andar superior da casa, mas a bolsa e as chaves não estavam em lugar algum. Carmen estava à beira das lágrimas quando encontrou Stephen na sala de jantar.

"Acha que elas podem estar lá embaixo?", perguntou o filho.

"Não estive lá embaixo hoje de manhã."

"Ok. Só perguntei."

Contudo, aquela pergunta fez Carmen hesitar. Ela franziu o rosto enquanto pensava a respeito. Então, embora não acreditasse que estivesse fazendo aquilo, sabendo que era impossível que os seus pertences estivessem lá embaixo, porque *ela* não estivera lá embaixo, Carmen foi para o andar inferior e, a alguns passos do pé da escada, congelou no lugar.

A bolsa e as chaves do carro estavam em cima da cama de Stephen.

Ela fitou os punhos por um longo tempo antes de os apertar ao lado do corpo e chamar: "Stephen! Stephen, desça aqui agora mesmo!".

Carmen não se virou quando o ouviu descendo a escada, apenas continuou a fitar a bolsa e as chaves em cima da cama. Quando os passos pararam, apontou para a cama e perguntou: "Você as colocou ali?".

"Nã-n-*não*!"

"Então como foram *parar* ali?"

"E-e-eu n-não sei!"

Por fim, ela se virou para ele, fitando-o com um olhar furioso. "Stephen, isso tem que parar", disse, a voz quase um sussurro, trêmula de raiva. "Estou falando sério. Não sei o que você está tentando fazer, mas o que quer que seja, já cansei!"

Ele a encarou, boquiaberto e aterrorizado. "M-mas eu não..."

"Cale a boca!", rosnou ela entredentes. "Não quero falar sobre isso. Trate de fazer com que essa porcaria acabe *agora*, Stephen! Estou falando sério. Se ainda estiver aprontando quando seu pai se mudar, vai se arrepender, porque ele não vai aturar isso. E *eu* também não!"

Ela cruzou o quarto, arrebatou a bolsa e as chaves de cima da cama, e começou a subir a escada, chamando às suas costas: "Anda, vamos logo".

Eles não conversaram por algum tempo; Peter era o único que falava alguma coisa, tagarelando sobre como estava fingindo que a mamãe o levava à escola. Depois de estarem na estrada por algum tempo, Carmen sentiu que começava a relaxar. Outros pensamentos voltaram a ocupar a sua mente, fazendo com que fosse fácil esquecer a respeito da bolsa e das chaves sendo levadas ao andar de baixo. Junto desses pensamentos, veio a culpa.

"Desculpe por ter gritado com você daquele jeito, Stephen", disse ela baixinho. "Mas você me deixou muito brava."

Ele se virou para ela de repente e disse: "Mas eu não...".

Então ele se interrompeu com a mesma rapidez e olhou para a frente. Nada mais disse. Carmen ficou aliviada pelo silêncio. Ficou contente por ele ter pensado melhor sobre negar ter feito aquilo outra vez. Ela realmente não queria ouvir as histórias dele.

Porque a voz calma no fundo da sua mente continuava a sussurrar com insistência que a negação de Stephen poderia muito bem ser verdade.

9
PENSAMENTOS INSONES

Carmen não conseguia dormir; portanto, sentou-se à mesa da sala de jantar — o seu lugar favorito na casa — e fumou enquanto folheava distraída um antigo exemplar da *Vanity Fair* e ouvia com apenas metade da sua atenção ao programa de entrevistas com participação dos ouvintes que tocava baixinho no rádio.

Uma vez que os tratamentos de Stephen tivessem chegado ao fim — por ora, pelo menos —, Carmen esperava que ele mudasse. Para melhor, claro. Ele estivera muito quieto e cismado desde que eles se mudaram para o apartamento, muito diferente do seu antigo eu. Ela disse a si mesma que isso era devido à doença e, talvez ainda mais, aos fatigantes tratamentos diários para tratá-la. Porém, a única mudança que ela notou nele durante as semanas que se seguiram ao tratamento final foi que o seu humor parecia ficar gradual e silenciosamente mais sombrio.

Pelo menos Stephen tinha Jason para animá-lo. Os pais de Jason trabalhavam, e ele ficava bastante tempo sozinho, de forma que começou a passar a maior parte do tempo na casa deles. Carmen não se importava. Ela não gostava de pensar no garoto ficando tanto tempo sozinho, então tentava fazer com que ele se sentisse em casa.

Apesar de ficar feliz por Stephen ter um amigo, Carmen também se preocupava ao ver que o único momento em que Stephen parecia alegre de verdade era quando Jason estava por perto; caso contrário, ele ficava quieto, deprimido e, se ela lhe perguntasse qual era o problema, o filho apenas lhe dava uma resposta vaga e monossilábica.

Ela se preocupava com ele, mas dizia a si mesma que Stephen passara por muita coisa e que talvez ainda tivesse que passar por muito mais;

então, contanto que tivesse um amigo que o deixasse feliz e que estivesse indo bem na escola, ela estava satisfeita.

O único problema era Jason. Nada havia de errado com ele que Carmen pudesse apontar — era um garoto bastante gentil, amigável e educado quando se conversava com ele, mas que, de outro modo, ficava bem quieto —, ele apenas parecia... diferente, como o tipo de menino que pudesse ter dificuldades em fazer amigos. E mesmo assim ele e Stephen se davam muito bem. Oh, ora. Então eles eram amigos. Se não estivessem roubando lojas de bebidas ou tacando fogo em prédios por diversão, qual era o problema?

Você só está agindo como uma mãe, Carmen disse a si mesma. *Está agindo* demais *como uma mãe.*

Ela não era muito dura consigo mesma quando se tratava da ideia de Stephen sobre haver algo maligno na casa. Desde que Michael se juntara a ele, Carmen com frequência encontrava os meninos e Stephanie sussurrando entre si, apenas para ficar em silêncio quando descobriam que não estavam sozinhos. Isso estivera acontecendo por algum tempo entre Stephen e Stephanie, claro, mas desde que Michael voltara para casa, parecia acontecer com mais frequência. Isso lhe dava nos nervos, mas ela guardava esses sentimentos para si.

Durante os fins de semana, Al não parecia notar as crianças sussurrando em segredo. A mente dele estava focada em outras coisas. Dirigir 257 km todo fim de semana o afetava, assim como o estresse de saber que estaria dando um passo para trás e ganharia menos dinheiro assim que a transferência fosse efetivada, fazendo com que a situação financeira deles ficasse ainda mais apertada do que já estava.

Quando Al estava em casa, eles não conversavam sobre algo importante ou muito sério. Ele ia pescar (embora Stephen não parecesse mais interessado em acompanhá-lo) ou passava o tempo assistindo à televisão. Quando faziam amor, ele agia de uma maneira distante, preocupada. E também não parecia estar dormindo bem. Na última vez em que ele estivera em casa, Carmen tinha acordado bem cedo na manhã de sábado para se encontrar sozinha na cama; alguns minutos depois, Al voltou para o quarto e subiu de novo na cama, parecendo preocupado, o rosto contorcido em uma expressão marcada por rugas que pareciam ainda mais profundas sob o brilho fraco da lua do outro lado da janela.

"O que foi?", perguntara Carmen.

A voz dela o assustou, e ele olhou para ela por alguns instantes, aquela expressão franzida agarrada ao seu rosto, depois respondeu: "Hã, nada, nada, volte a dormir".

Portanto, Carmen tinha mais do que a sua cota de coisas com as quais se preocupar: Stephen, a doença dele, e — não importava o quanto tentasse não pensar nisso — a amizade do filho com Jason também; e dinheiro e Al. Entretanto, pela primeira vez desde que conseguia lembrar, ela na verdade sentia-se aliviada por ter essas preocupações. Essas preocupações lhe davam uma desculpa bem-vinda para algumas coisas esquisitas que estivera fazendo... coisas que *achava* que estivera fazendo, de qualquer modo.

Havia, claro, a voz que ouvira naquele dia quando estivera sozinha na casa. Carmen atribuía isso à saudade que sentia de Al.

Então os pratos e os talheres deram a impressão de terem voltado sozinhos para a cozinha no dia em que Michael retornou para casa, a sua bolsa desaparecera e as chaves do carro foram da bancada da cozinha para a cama de Stephen no andar de baixo.

Na semana anterior, ela encontrou a torneira do banheiro aberta e vapor subindo em nuvens devido à água escaldante.

No dia anterior, ela pensou ter comprado duas embalagens com seis refrigerantes cada, até se lembrava de tê-las colocado na geladeira. Naquela tarde, elas desapareceram; nenhuma das crianças as bebera, sequer as tinha visto. Ela tentou encontrar a notinha, *sabendo* que as comprara e querendo provar isso a si mesma, mas não achou.

Ela colocou a culpa de tudo isso na preocupação, dissera a si mesma que tinha apenas cometido alguns erros por distração. Porém, de alguma maneira, isso não deu certo. Então, enterrou tudo ao se preocupar com outras coisas.

Enquanto Carmen acendia outro cigarro, uma ouvinte da rádio disse: "Bom, o meu problema é, tipo, eu não tenho confiança em mim mesma, sabe? Não tenho certeza de quem eu sou. Tipo, sou uma esposa? Sou uma mãe? Sou uma filha? E ninguém parece entender a crise pela qual estou passando, ou o espaço que preciso para resolver tudo isso".

Carmen olhou para o rádio e soprou fumaça enquanto dava risinhos indiferentes.

"Vá arrumar o que fazer, dona." Então voltou a atenção à revista.

Aproximadamente na mesma hora, Al também não conseguia dormir. Estava sentando no seu quarto de hotel bebendo uma cerveja e fumando um cigarro. O cômodo estava escuro, a não ser pela luz vacilante da televisão, que estava com o volume baixo. Al estava assistindo às imagens na tela sem realmente enxergá-las. Em vez disso, estava, como Carmen, perdido em pensamentos... pensamentos sobre a sua última visita à casa. Ele não conseguia tirar aquilo da cabeça. Estivera pensando a esse respeito tanto no trabalho quanto fora dele. Até mesmo a ida casual ao cinema naquela tarde falhou em impedir que ele repassasse a lembrança de maneira constante.

Oh, ele tinha muitas outras coisas com as quais se preocupar, não havia dúvidas quanto a isso. A doença de Stephen, a mudança gradual na personalidade dele, e Al não tinha certeza se gostava da amizade de Stephen com aquele garoto estranho, Jason, embora nada tivesse dito a Carmen e não sabia que ela, às vezes, se sentia da mesma maneira. E, é claro, havia a questão do dinheiro; ele estaria recebendo menos em breve e eles já precisavam se esforçar bastante, do jeito que as coisas estavam, para fazer com que o seu salário atual cobrisse todas as despesas. Porém, apesar de tudo, era o fim de semana anterior que pesava mais sobre os seus ombros.

A primeira coisa tinha acontecido na sexta-feira à noite...

Ele fora acordado de repente pelo barulho de movimento e vozes dentro da casa. Ficou deitado na cama por algum tempo, prestando atenção. As vozes estavam abafadas, os ruídos de movimento, uma combinação de baques surdos e arrastar de pés. E havia música, terrivelmente baixa, quase inaudível, metálica e... velha, como música de uma era passada sendo tocada em um gramofone, as melodias perfurantes saindo de uma corneta acima de uma mesa giratória em alta velocidade. Não soava como algo que as crianças ouvissem, mas, mesmo assim...

Ele desceu da cama, com cuidado para não acordar Carmen, e avançou pelo corredor vestindo apenas uma cueca. Os sons ficaram mais próximos. Parou e ouviu com atenção, e notou que vinham do andar inferior.

Vozes baixas, música suave e fúnebre — era óbvio que havia algum tipo de reunião acontecendo lá embaixo. Al suspeitou que Jason estivesse envolvido de alguma maneira; na verdade, era provável que a ideia de levar furtivamente um bando de jovens para dentro da casa tivesse sido dele desde o início.

Mas por que estavam ouvindo *aquela* música?

Pisando com cuidado no escuro, o homem começou a descer a escada, mas parou na metade do caminho.

Não havia luz vindo lá de baixo, nenhuma fonte de luz. O local estava tão escuro quanto o restante da casa. Al franziu o rosto, ouviu com mais atenção.

Ele ainda podia escutar as vozes e a música, ainda podia ouvir os ruídos de pés se arrastando pelo chão. Desceu os degraus remanescentes com cautela, apesar de não ter certeza do porquê.

No quarto ali embaixo, ouviu a respiração regular e sonolenta dos meninos, e de repente...

Nada mais. Havia apenas a respiração. E a escuridão.

As vozes e a música tinham parado.

Al abriu uma das portas francesas e se inclinou para dentro do cômodo ao lado.

A escuridão vazia estava silenciosa mas fria. Al atravessou as portas e entrou no quarto ao lado, fazendo uma careta de descrença. Estava tão frio naquele lugar que ele teve certeza de que, se não estivesse tão escuro, seria capaz de ver a própria respiração; estava parecendo um frigorífico. Preocupado que uma janela pudesse ter sido deixada aberta, Al deu mais alguns passos para dentro do quarto, então parou, notando que, mesmo que se uma janela estivesse aberta, não estava *tão* frio lá fora.

Então ele de repente percebeu que o frio tinha passado. O quarto voltou a ter uma temperatura normal, mas, mesmo assim, a pele de Al estava toda arrepiada por calafrios.

Ele pensou a respeito por alguns instantes, imaginando como aquilo poderia ter acontecido, então decidiu que não *queria* saber e saiu dali.

Ouviu a respiração dos meninos de novo. Sim, eles estavam dormindo, não havia dúvidas quanto a isso; Stephen até roncara baixinho, mas um ronco genuíno, não um ronco ridículo que uma criança poderia fingir no último instante para evitar ser pega acordada por um dos pais.

Quando voltou para a cama, Al encontrou Carmen acordada. Ela lhe perguntou qual era o problema e ele lhe pediu para voltar a dormir.

Ele, no entanto, não dormiu. Em vez disso, ficou deitado na cama tentando ouvir as vozes e a música outra vez. Nada ouviu, porém.

Na noite seguinte, foi acordado de novo, dessa vez por um movimento. Ele arregalou os olhos de súbito e fitou a escuridão, conforme a cama vibrava.

Ela não estremeceu, não sacudiu, ela *vibrou*.

Devagar, Al fechou os olhos quando decidiu que provavelmente era nada mais do que a geladeira começando a funcionar no apartamento de cima. Carmen tinha comentado com ele que uma família se mudaria para lá. Mas ele voltou a arregalar os olhos quando se deu conta de que eles se mudariam apenas na semana seguinte.

O apartamento do andar de cima estava vazio. Não havia geladeira alguma lá em cima.

Ele fitou o teto enquanto a cama continuava vibrando, o movimento zumbindo através dele, atravessando os músculos e serpenteando em volta dos ossos.

Al se levantou e foi até a sala de estar, acendendo as luzes conforme andava, as mãos trêmulas. Assistiu à televisão por algum tempo, fumou, tomou umas duas cervejas e então, com cautela, voltou para o quarto. Sentou-se na beirada da cama.

A vibração tinha parado.

Embora estivesse exausto devido à noite anterior, a qual passara insone, ele não conseguiu adormecer por algum tempo. Ficou deitado esperando que a vibração continuasse. Não continuou. Por fim, Al pegou no sono e dormiu até tarde na manhã de domingo.

Agora estava desperto de novo, fitando apresentadores sem vozes na televisão, bebendo cerveja e enchendo o quarto escuro de fumaça.

Havia uma grande chance de que ele não teria dado muita importância a qualquer um dos incidentes, se não fosse por Stephen... se não fosse pelas coisas que ele dissera ter visto e ouvido... as coisas que dissera sobre a casa...

Havia mais uma coisa também, uma coisa que Al não pensava a respeito há anos. Na verdade, ele achava que esquecera aquilo por completo, o que por ele teria sido ótimo. Aconteceu alguns anos atrás, quando estivera no exército. Ele viu algo na época que lhe dera pesadelos por muito tempo. Na verdade, ele ainda os tinha de tempos em tempos. Até ter visto... aquela coisa... ele ria do sobrenatural e a sua risada era verdadeira. Desde então, ele continuou rindo, mas era uma risada nervosa e sem a mesma convicção de antes. Ele não contara a quem quer que fosse aquilo que vira na época, nem mesmo para Carmen. Não tinha certeza de que contaria algum dia.

Contudo, o que tinha acontecido em casa na semana anterior trouxera aquilo à tona e o lembrara de que ele já não estava mais fechado ao conceito de coisas misteriosas e desconhecidas.

A sua transferência seria efetivada em breve e ele poderia se mudar para Connecticut para ficar com a família. Ele sentia saudade de Carmen e das crianças, e estava ansioso para passar mais tempo com eles do que apenas as visitas aos fins de semana.

No entanto, Al não tinha certeza de que estava ansioso para se mudar para aquela casa.

10
UM ACORDO

Stephen sabia que os seus pais não aprovariam a música que ele e Jason estavam ouvindo no quarto, mas percebeu que não se importava. Esse não fora sempre o caso. Houve uma época — bem recente, na verdade, embora parecesse ter sido há muito tempo — em que a reprovação deles teria sido o suficiente para fazê-lo pensar duas vezes sobre ficar deitado na cama ouvindo a voz estridente de Ozzy Osbourne.

Agora, porém, Stephen se viu sentindo uma certa carga de ressentimento por Carmen e Al, o bastante para fazer com que não se importasse com o que eles pudessem pensar.

A transferência de Al fora efetivada e ele estivera em casa durante boa parte da semana; portanto, havia duas pessoas que não acreditavam nele por perto o tempo todo, que sequer confiavam nele. Stephen se ressentia dos pais por essa descrença, assim como pela ânsia que ambos tinham em culpá-lo por qualquer coisinha que acontecesse de errado no local; eles o culpavam quando as outras crianças ficavam assustadas e o culpavam sempre que alguma coisa na casa desaparecia ou aparecia no lugar errado. Ele imaginava qual seria o próximo incidente pelo qual receberia a culpa.

Mas Stephen não ligava. Se os pais não se importavam com o que ele achava, não se importaria mais com o que *eles* achavam.

"Então, com quem você iria preferir transar", perguntou Jason, "Madonna ou Joan Jett?" Ele estava deitado na cama de Michael na mesma posição em que Stephen estava deitado na dele: rosto para cima, tornozelos cruzados, mãos juntas atrás da cabeça com os cotovelos despontando um de cada lado.

O dia estava chegando ao fim do lado de fora da casa, e a luz evanescente do anoitecer brilhava através das janelas. Apesar disso, todas as luzes no quarto estavam acesas. Agora Stephen acendia as lâmpadas de todos os lugares para os quais ia dentro da casa; ele não gostava de ficar em qualquer cômodo que não estivesse bem iluminado.

"Não sei", respondeu Stephen, pensativo. "Qual delas tem mais grana?"

"Que diferença *isso* faz? As duas são gostosas."

"É, mas depois de transar com elas, elas vão ficar tão gratas que vão querer me cobrir de presentes caros e um monte de dinheiro, então eu prefiro a que tem mais."

Havia uma risada contida escondida na voz de Stephen.

Jason jogou a cabeça para trás e soltou uma gargalhada, depois disse: "Você fala tanta merda que a sua boca fede!". Então riu mais um pouco antes de acrescentar: "A Madonna tem peitos maiores".

"Você acha?"

"Ah, sim, sim, tenho *certeza*. Vou mostrar para você." Ele se sentou e se debruçou para pegar uma sacola de papel marrom no chão ao lado da cama. Estava cheia de revistas de rock que ele levara consigo e que ele e Stephen ainda não tinham folheado. Jason largou a sacola em cima da cama e começou a procurar a que ele queria na pilha.

Stephen gostava de Jason por diversas razões, dentre elas o fato de, ao contrário das únicas pessoas com as quais ele conseguira passar algum tempo em Hurleyville, ele ser descolado. Quando morava lá, ter que frequentar aquelas malditas aulas de educação especial não permitiu que ele fosse aceito pela garotada popular da escola; ele acabara andando com os burros daquelas aulas enquanto os outros jovens, com os quais Stephen *realmente* queria ter amizade, tinham passado o tempo provocando-o, rindo dele e o xingando.

Bem, talvez Jason não fosse o que *eles* considerassem descolado, mas ele era um bom amigo para Stephen e tinha um monte de coisas legais, como aquelas revistas de rock que ele comprava mensalmente, uma enorme coleção de fitas, um aparelho de som portátil no qual tocá-las e — como alegava — um monte de pornografia (apesar de Stephen ter visto muito pouco, porque, o que era compreensível, Jason precisava ter muito cuidado ao exibi-la por aí). Ele gostava de algumas das músicas que Stephen gostava — música pop, na sua maioria —, mas o tinha apresentado a diversas coisas que Stephen não tinha ouvido antes... porque ele sabia como os seus pais desgostavam daquilo.

Porém, o que Stephen mais gostava era que Jason acreditava nele quando ele falava sobre as coisas que vinham acontecendo. Além de acreditar em Stephen, ele aceitava as histórias como verdadeiras da mesma maneira despreocupada que uma pessoa pode aceitar uma manchete de jornal como verdadeira. Ele não demonstrava qualquer sombra de dúvida.

"Sim, sim, aqui está", disse Jason, mantendo uma das revistas aberta — era uma edição antiga da *Rock Scene* — enquanto se levantava e ia até a cama de Stephen.

Stephen sentou-se e olhou para a imagem que Jason estava indicando: uma foto de Joan Jett no palco em um show vestindo um biquíni preto minúsculo.

"Viu?", exclamou Jason. "Corpo excelente, mas liso como uma tábua."

"É, mas quanto dinheiro ela tem?", perguntou Stephen, e os dois riram, até...

Jason parou de rir como se tivesse se engasgado com a risada.

Stephen levantou a cabeça para ver os olhos de Jason se abrirem mais do que parecia possível conforme encaravam o espaço à direita do amigo. Ele abriu e fechou a boca diversas vezes, mas não emitiu som algum, apenas largou a revista no colo de Stephen enquanto o seu rosto perdia um pouco da cor.

Seguindo a direção do olhar de Jason, os olhos de Stephen caíram sobre as portas francesas e o velho parado além delas.

Stephen chutou as pernas para a frente e para trás, e cambaleou desengonçado para fora da cama até ficar em pé, então girou na direção das portas francesas.

Os dois garotos ficaram congelados nos seus lugares por um longo tempo, olhando.

A pele do homem era branca. Não era um branco de maquiagem de palhaço, nem branco como lençol, nem apenas pálido; era o branco de uma pele que tinha sido drenada de sangue, de vida, um branco doentio, leitoso, manchado. A pele estava enrugada além dos efeitos da idade avançada, enrugada e flácida de um jeito pouco natural, como se nada houvesse entre ela e os ossos embaixo. O que restara do cabelo branco era oleoso e pendia em emaranhados finos de comprimentos variados. Ele usava um terno escuro que parecia velho, tanto em estilo quanto em estado; parecia esfarrapado e andrajoso, até mesmo sujo. As mãos brancas que pendiam das mangas eram retorcidas, e as unhas compridas e grossas se curvavam para baixo por cima das pontas dos dedos.

O velho não se mexeu, apenas ficou parado diante dos garotos. Ele estaria encarando-os caso houvesse alguma coisa além de órbitas vazias, vítreas e brancas nas cavidades oculares.

Jason foi o primeiro a sair correndo, mas Stephen não ficou muito para trás. Eles aceleraram o ritmo quando passaram pelas portas francesas, depois dispararam pela escada com passos pesados, deixando a música tocando no quarto.

Estavam na metade do corredor quando Carmen saiu da sala de jantar e vociferou: "Por que vocês sempre têm que subir *correndo* essa maldita escada! Quantas vezes já disse para...". Ela parou quando deu uma boa olhada nos rostos deles e viu que estavam ofegando mais de medo do que de cansaço.

Stephen apontou para o corredor de onde tinham vindo e disse: "Tinha u-um... a g-gente viu u-u-um *homem*...".

"Oh, meu Deus, Stephen, de novo não." Por um momento, ela soou muito cansada, como se o filho tivesse lhe dito que ela teria que fazer outra corrida de uma série exaustiva de longas corridas morro acima. Então a mulher soou irritada. "Droga, Stephen, isso já está cansando e eu..."

"Não, a gente *viu*!", insistiu Jason. "Tinha um velho lá embaixo, ele tava p-parado lá e encarando a gente!"

Ela apenas olhou para eles, de Stephen para Jason e de volta para Stephen, quieta e austera. Depois disse: "Que bom que Al não está aqui, Stephen".

"Onde ele está?"

"No mercado. Ele já está cansado desse negócio de você ver pessoas no seu quarto. E eu também. Você está correndo o risco de ficar de castigo se continuar..."

"Mas não fui só *eu*!", insistiu ele, frustrado.

"Não, sra. Snedeker, não foi", acrescentou Jason. "Eu também vi o cara. Eu vi o cara *primeiro*!"

Os ombros de Carmen murcharam enquanto ela soltava um longo suspiro. "Ok, vamos lá."

Ela desceu a escada na frente.

Enquanto os garotos a seguiam, Stephen murmurou. "Lá vamos nós de novo. Não tem nada ali... está inventando tudo... pare de mentir..." Então olhou para Jason e revirou os olhos.

Carmen parou diante dos garotos ao pé da escada, incapaz de esconder uma careta por causa dos sons que vinham do aparelho de som portátil de Jason sobre a mesinha de cabeceira entre as camas. "Ok, onde vocês estavam? O que estavam fazendo?"

"A gente estava sentado nas camas", respondeu Stephen.

"E essa, hum... *música* estava tocando?"

Eles assentiram. "A gente estava vendo umas revistas de rock", disse Jason.

Carmen olhou com aversão para a revista sobre a cama, aberta em uma página com uma mulher seminua de aparência raivosa. Ela empurrou a revista para o lado e sentou-se na cama de Stephen.

"Ok", disse ela, "vão lá para cima. Podem ir lá para fora se quiserem, não importa. Apenas subam."

Stephen perguntou: "O que você vai...".

"Só *subam.*" Ela soou irritada o bastante para que eles soubessem que seria uma má ideia ficar por ali fazendo perguntas.

Quando foram embora, Carmen fitou as portas francesas.

"Ok, Carm", sussurrou ela, as palavras quase inaudíveis, "que diabos você está fazendo?"

Embora fosse difícil pensar com aquela barulheira detestável pulsando para fora dos alto-falantes atrás dela, Carmen decidiu chamar o blefe de Stephen. Ela ficaria sentada na cama, observando, esperando para saber o que conseguiria ver. As condições eram exatamente as mesmas nas quais os garotos alegaram ter visto o tal do velho. Ela estava se dando a chance de vê-lo também, só isso.

A sua voz interior se manifestou naquele instante, despedaçando sua sensação de autossatisfação, de autoconfiança.

Está se dando a chance de vê-lo?, sussurrou a voz. *Você não quer dizer que está dando uma chance para que essa coisa finalmente se mostre? Não quer dizer que está procurando o que quer que anda mudando as coisas de lugar... pegando as coisas... falando com você com uma voz conhecida em um cômodo vazio? É claro que é isso que está fazendo... queira admitir ou não...*

Carmen balançou a cabeça com força, como se quisesse se livrar daquela voz atormentadora.

Ela se inclinou para a frente, os cotovelos apoiados nos joelhos, o queixo nos nós dos dedos, e continuou a fitar as portas francesas, esperando.

A música era realmente horrível e, enquanto prestava atenção nas letras, decidiu que teria que conversar com Stephen sobre que tipo de música ele poderia escutar sob aquele teto.

Enquanto esperava, Carmen pensava. Não importava o quanto ela tentava controlar os seus pensamentos errantes, eles voltavam à sua voz interior, às coisas que estiveram acontecendo com ela na casa... e, por um momento, pensou ter ouvido o barulho de movimentos cautelosos vindo de alguma outra parte do porão.

Ela se sentou ereta, as mãos apertadas entre os joelhos enquanto prestava atenção.

Silêncio, exceto por aquela música horrível.

Então a canção — se é que aquilo poderia ser chamado de canção — acabou e, um instante depois, outra começou.

Será que tinha sido mais algum movimento que Carmen ouvira no breve silêncio? Será que estava se aproximando? Ou foi apenas...

A sua imaginação?, murmurou a voz interior.

Ela de repente sentiu como se a sua pele estivesse encolhendo ao redor dos ossos.

O cabelo na sua nuca ficou eriçado.

Embora Carmen tentasse prestar atenção nos ruídos que pensara ter ouvido mais para o interior do porão — tentou ouvir com muita atenção —, ela não conseguiu se forçar a ficar ali por mais um segundo sequer e disparou da cama.

Na metade da escada, tentou diminuir a velocidade dos passos e acalmar a respiração acelerada. Assim que chegou no corredor, tinha voltado ao que esperava ser a sua aparência normal; embora por dentro ainda se sentisse gelada, abalada e com medo... mas com medo de quê?

"Onde você estava?", perguntou Al da cozinha.

A voz dele a assustou. Ela não o ouvira entrar. Sequer sabia ao certo quanto tempo tinha ficado lá embaixo e, como resultado, foi acometida por um sentimento tolo, quase infantil, de culpa, como se tivesse sido pega fazendo algo que não deveria.

"Lá embaixo." Carmen entrou na cozinha e o encontrou guardando na geladeira as coisas que saíra para comprar.

"O que há de errado com Stephen e Jason? Eu os encontrei sentados nos degraus da frente parecendo... não sei, como se estivessem encrencados ou algo do tipo."

"Ah, é mesmo? Bom, eles subiram correndo mais cedo dizendo que tinham visto um fantasma. Outro fantasma, eu diria."

"Ah, merda." Al abriu uma garrafa, fechou a geladeira e tomou alguns goles. Quando olhou para Carmen, o rosto dele estava sério; estava exibindo a expressão meio-bravo-meio-de-saco-cheio. "Bom, já chega", disse, saindo da cozinha. "Essa foi a última vez." Saiu pela porta da frente e disse com firmeza: "Ok, Jason, acho que está na hora de você voltar para casa".

Os garotos levantaram a cabeça de repente e olharam para ele.

Stephen disse: "Mas os pais dele estão...".

"Sinto muito, mas Jason precisa ir para casa."

"Posso pegar as minhas coisas no quarto do Stephen?"

"Claro."

Carmen ficou no topo da escada enquanto Al descia com os garotos e esperava enquanto Jason reunia as suas coisas, se despedia e ia embora. Então Al apontou um dedo para Stephen e disse: "Chega de fantasmas. Está me entendendo? Não aguentamos mais. Chega de vozes, chega de pessoas no seu quarto, já deu isso, *acabou*. Mais uma palavra sobre alguma dessas coisas e você vai se arrepender. E vamos começar com você ficando aqui pelo resto da noite. Nada de TV, nada de música — e chega daquela porcaria que ouvi tocando aqui embaixo um tempo atrás, entendeu? Não quero aquele lixo nesta casa. Você poder ir daqui para o banheiro e voltar. Só isso. Não quero ouvir nem mais um pio vindo de você até amanhã. E apague algumas dessas malditas luzes! Todas as luzes neste quarto estão acesas! Se começar a fazer a conta de luz subir, você vai ter que *pagar*".

Al começou a subir a escada, e Carmen esperou que Stephen dissesse alguma coisa, protestasse, chamasse por ele. No entanto, o quarto lá embaixo estava silencioso. Al tomou outro gole de cerveja enquanto passava por ela.

"Você não acha que isso foi um pouquinho exagerado, Al?"

"Por quê? Você quer dizer que também não está ficando de saco cheio disso? O que mais a gente vai fazer, *encorajar* ele? Da próxima vez, Stephen vai receber coisa pior. Vai ficar de castigo, ou não vai poder assistir à televisão, ou usar o telefone, ou... ou alguma outra coisa. Já cansei dessa merda saída de *Além da Imaginação*."

Então Al foi para a sala de estar e ligou a TV.

Stephanie estava no quintal dos fundos com Peter, e Michael estava na rua brincando com um amigo; era hora de chamá-los para dentro. Mas primeiro ela queria ter uma palavrinha com Stephen. Carmen se sentia um tanto responsável pela bronca que ele recebera porque ela contara para Al sobre o que ele e Jason tinham "visto".

É claro, ela não tinha contado — e nem contaria — para Al sobre o pequeno experimento que fizera depois, sobre como se sentara no quarto esperando para conferir o que *ela* poderia ver.

No andar de baixo, a mãe encontrou Stephen deitado na cama, fitando o teto com as mãos cruzadas atrás da cabeça. Ela se sentou na beirada do colchão dele e disse: "Sinto muito pela bronca, mas acho...".

"Estou cagando e andando para o que você acha!", disse Stephen entredentes sem olhar para ela.

Carmen arquejou e se levantou. "*Nunca* mais fale comigo desse jeito ou vou dar um tapa que vai fazer a sua boca dar a volta pela sua cabeça, meu jovem!"

Muito baixo, os dentes ainda cerrados, ele disse: "Você não se importa com o que eu acho; eu não me importo com o que você acha. Você não quer ouvir o que tenho a dizer, eu não quero ouvir o que você tem a dizer".

A voz de Carmen estremeceu quando ela falou de novo, "Seja qual for o seu problema, é melhor ter passado amanhã pela manhã, Stephen. Estou falando sério, esse tipo de comportamento não funciona por aqui, então é melhor parar de sentir pena de si mesmo, ou seja lá o que for que esteja fazendo, agora mesmo. Você pode ser um adolescente, mas ainda não é velho o bastante para não apanhar na bunda!"

Ela girou nos calcanhares e subiu a escada pisando duro para trazer as outras crianças para dentro.

Depois que a mãe foi embora, Stephen se despiu para ir dormir. Ele ainda não tinha apagado as luzes do quarto. A escuridão do lado de fora da janela era completa agora; nada restara de luz solar. Apagar aquelas luzes permitiria que um pouco daquela escuridão entrasse, e Stephen não queria fazer isso.

Em vez disso, subiu na cama com o quarto todo iluminado; até os abajures ao lado das camas permaneceram acesos.

Virou de lado e tentou relaxar, embora soubesse que não conseguiria adormecer tão cedo. Ele estava muito transtornado, tão transtornado, na verdade, que estava experimentando sentimentos que nunca tivera antes. Ele queria... quebrar alguma coisa, pegar alguma coisa e destruí-la contra a parede com toda a sua força. A frustração era uma congestão viscosa no seu peito que parecia escoar por entre as costelas e pressionar os músculos e a carne.

Ele fechou os olhos com força, bloqueando a luz, e pressionou a cabeça contra o travesseiro.

"Stephen?"

O garoto abriu os olhos de repente. Estava sozinho no quarto.

"Stephen? Você está pronto?", perguntou a voz, muito baixinho.

Ele ficou imóvel por muito tempo, apenas esperando que a voz continuasse. Quando nada aconteceu, Stephen abriu a boca, levando alguns instantes para se perguntar se tinha certeza de que queria fazer aquilo, então respondeu: "Sim".

"Esse é o meu garoto."

"Se... pelo menos você me deixar em paz, eu vou, hum..." Ele se sentou. "...vou fazer o que você quiser apenas se você me deixar em paz. Temos um acordo?"

Uma risada conhecida, como cubos de gelo tilintando contra um copo. "Muito bom. *Muito* bom. Temos um acordo, meu garoto."

"É um acordo? Então... você vai me deixar em paz?"

"Primeiro você vai ter que cumprir a sua parte da barganha. Vai ter que fazer o que eu quiser, como você falou. Então... veremos."

Stephen notou que alguém estava descendo a escada e depressa se deixou cair de volta no colchão.

"Estava conversando com alguém?", perguntou Michael.

"Não." Stephen cobriu metade do rosto com o lençol, com medo de que a mentira transparecesse.

"Achei que tinha ouvido você falando aqui embaixo."

"Eu disse que *não*."

"Ok, ok. A mamãe e o papai disseram que eu deveria me certificar de que as luzes aqui embaixo estivessem apagadas. A maioria, pelo menos."

Stephen pensou a respeito por um momento, imaginou o quarto mais escuro, até mesmo completamente escuro. Pela primeira vez desde a mudança, a noção de escuridão não foi tão assustadora, foi até um pouco reconfortante.

"Tá", disse ele. "Vá em frente. Mas deixe uma acesa."

"Você está bem, Stephen?"

Ele de repente achou Michael irritante. Queria pensar, repassar o que tinha acabado de acontecer, mas o irmão não calava a boca. Enquanto virava para deitar de bruços e puxava ainda mais o lençol, ele resmungou: "Sim, estou bem, que saco, qual é o *seu* problema?".

Quando Michael voltou a falar, ele soou magoado. "N-nada. Só estava perguntando." Os passos dele começaram a subir a escada. "Volto daqui a pouco."

Mas Stephen não respondeu. Ficou deitado na cama, completamente desperto, pensando no que tinha feito, se perguntando que tipo de acordo acabara de fazer... e com quem.

11
MUDANÇAS

As mudanças que aconteceram na família Snedeker ao longo dos meses seguintes foram muito sutis, mas não tão sutis a ponto de passarem despercebidas por Al e Carmen; elas apenas não eram — com exceção das mudanças no comportamento de Stephen — discutidas.

Suas vidas continuaram como sempre, com os costumeiros problemas e os costumeiros pontos altos. Eles iam à igreja todos os domingos, frequentavam eventos da igreja e da escola nas noites durante a semana, alugavam um filme de vez em quando. Se parecia haver algo diferente com eles no exterior, era apenas que enfim estavam se acomodando na casa nova e se sentindo confortáveis, afinal.

As mudanças não foram, porém, externas. Elas não podiam ser vistas por olhos desconhecidos — mal eram visíveis aos olhos conhecidos. Estavam acontecendo sob a pele, crescendo devagar, se espalhando como o câncer que tinha afligido Stephen, mas fazendo isso sem chamar atenção, sem receber qualquer tipo de tratamento.

Sem saber que o outro estava fazendo a mesma coisa, Al e Carmen lutavam sozinhos para se agarrar àquele exterior estável enquanto tentavam ignorar as pequenas coisas que continuavam a acontecer em volta deles, coisas bobas que, consideradas uma de cada vez, seriam, no máximo, insignificantes. Porém, juntas... juntas, essas coisas formavam um padrão do qual o casal não queria ter conhecimento nem ciência; portanto, eles se esforçavam para ignorá-lo e se agarravam ainda mais àquele exterior normal e imaculado que tinham construído para si.

E, o tempo todo, o comportamento e a personalidade de Stephen mudavam. Mais tarde, os pais diriam que isso tinha se dado de maneira instantânea, mas apenas porque as mudanças iniciais foram tão graduais, tão sutis, que, quando a transformação se completou, eles foram pegos totalmente despreparados.

Houve muitas coisas que, ao longo dos meses seguintes, os pegariam despreparados.

"As coisas parecem estar indo bem para vocês", comentou Tanya com Carmen certo dia enquanto trocava uma fralda suja. Carmen estava no sofá bebendo um refrigerante diet e se deliciando com os arrulhos e murmúrios do bebê.

"O que quer dizer?"

"Oh, bom, você disse que Stephen está melhor e..."

"Não, não. Eu falei que o câncer dele parece ter entrado em remissão. Isso não quer dizer que não vai voltar, só significa que ele está bem por enquanto. Mas estamos gratos por isso e colocamos tudo nas mãos de Deus."

"É, mas é melhor do que antes, certo? Então, Stephen está melhor por enquanto, você parece... não sei, parece mais à vontade, acho. Como se não estivesse tão tensa e ansiosa como antes. Claro, suponho que tinha muitos motivos para ficar ansiosa, com a coisa toda da mudança e o câncer. Você só parece... mais feliz, acho. Isso faz sentido?"

"Sim, acho que sim", respondeu Carmen, embora estivesse franzindo o rosto. Isso era, claro, a impressão que estivera tentando passar, ela só não se deu conta de que tinha conseguido.

"Já volto", anunciou Tanya, pegando o bebê nos braços. "Vou colocá-la para dormir um pouco."

Carmen assentiu distraída, depois voltou a atenção aos pensamentos. Ela com certeza não se *sentia* feliz ou à vontade. Na verdade, havia dias em que, se ela se permitisse, questionava a própria sanidade, imaginava se talvez o estresse da doença de Stephen e a súbita mudança tinham causado algum tipo de reação retardada, um colapso nervoso, talvez.

Às vezes, quando estava sozinha na casa, perambulando de um cômodo para o outro, ela vislumbrava algum movimento pelo canto do olho, um lampejo de cinza que dardejava de móvel em móvel. A princípio, pensou que fosse Willy; eles costumavam deixá-lo trancado no andar de baixo, mas, de vez em quando, ele se esgueirava até a sala de estar e ficava correndo por ali, brincando de esconde-esconde com eles. Porém, o furão estava sempre trancado quando ela via esses movimentos turvos à direita ou à esquerda; quando Carmen ia investigar, nada havia no local.

Em duas ocasiões, ela estava na cozinha de costas para a geladeira — lavando a louça, uma vez, e picando legumes, na outra — quando sentiu uma lufada de ar gélido atingir as suas costas, como se a porta do refrigerador tivesse sido aberta. Mas, quando se virou, a geladeira estava fechada. O frio desvaneceu depressa, até que lhe pareceu que a queda na temperatura não tinha acontecido — se é que aconteceu mesmo, na verdade.

Além disso, ela acordara duas vezes para descobrir que a cama estava vibrando, quase como se fosse uma daquelas camas bregas de motel e alguém tivesse colocado uma moeda de 25 centavos na fenda... mas sem qualquer ruído. Ao seu lado, Al dormia profundamente. Ela se levantara nas duas vezes, fumara um cigarro, fora ao banheiro e, quando estava de volta, a vibração tinha parado.

Cada vez que algo acontecia — movimentos, vibrações, o sangramento no chão da cozinha ou uma ou duas vozes que pensou ter ouvido quando sabia que não havia outras pessoas em casa —, Carmen pensava em Stephen. Ela pensava, claro, nas coisas que o filho dissera a respeito daquele lugar, as coisas que ele supostamente vira, mas também pensava sobre o que acontecera com ele desde que tinham se mudado para a casa.

Primeiro, o medo de descer ao andar de baixo; isso fora muito incomum para Stephen, que, apesar do tratamento que estivera recebendo dos seus colegas na escola, conseguira se manter um garoto extrovertido, até mesmo agressivo, que demonstrava medo apenas quando era sensato, não quando não havia o que temer.

No entanto, ultimamente, algo mais parecia estar acontecendo. Não era uma coisa física, nada como o resultado da cobaltoterapia; em vez disso, era uma mudança na sua personalidade. A primeira vez em que foi exposta a essa mudança foi quando Stephen ficou bravo com Carmen quando estava deitado na cama naquela noite.

Estou cagando e andando para o que você acha, ele dissera, e as palavras a tinham cortado como lâminas enferrujadas. Ele nunca falara algo como aquilo a ela antes, e isso a magoara. A mágoa se manifestou como raiva, apesar de ela ter sentido vontade de se agachar em lágrimas ao lado da cama e perguntar: *Por que você falou comigo desse jeito, querido? Por quê?*

Mas aquilo foi apenas o começo. Ele se transformou em uma pessoa quieta depois disso. Parecia ansioso em se distanciar da família por completo. Falava apenas quando as palavras eram arrancadas dele, e mesmo então soava como se estivesse conversando com pessoas que menosprezava ao extremo. Houve três ocasiões nas quais ele dissera coisas rudes e terríveis para Carmen que a faziam se sentir magoada só de se lembrar. E quando disse essas coisas, ele chegou a ficar com uma *aparência* diferente; o seu rosto se contraiu, ficou quase reptiliano.

Ela com frequência imaginava que talvez essas mudanças em Stephen não teriam acontecido caso eles não tivessem ignorado o que o garoto dissera sobre a casa — ou se eles não tivessem se mudado para aquele lugar, para começo de conversa.

"...janta esta noite, Carmen?"

Ela se sentou ereta, assustada, olhos arregalados, e se virou para ver Tanya parada diante dela, as mãos no quadril.

"O quê?", falou Carmen. "Quer dizer, hum, como disse?"

"Eu perguntei o que você está planejando fazer de janta esta noite."

"Hum, bom, hum... não sei direito, na verdade." Ela estava nervosa, inquieta, como se Tanya tivesse espiado os seus pensamentos sem ser notada. "E você?"

"Oh, provavelmente vou descongelar alguma coisa. Benjamin só vai voltar do trabalho bem tarde esta noite."

Carmen sugeriu que, em vez de comerem sozinhas, Tanya e a filha jantassem na casa dela, desde que não se importassem em comer algo simples. A amiga, contente, concordou.

"Sabe", disse ela, "nesse tempo todo, acho que estive na sua casa só uma vez, e por apenas alguns minutos."

Carmen pensou nisso; ela estava certa. Perguntou a si mesma como passou tanto tempo sem convidar Tanya para uma visita. Afinal de contas, ela passava bastante tempo na casa da vizinha.

Sente vergonha da sua casa, talvez?, perguntou a voz interior. *Tem medo do que ela possa ver ou ouvir?*

Carmen desviou o olhar de Tanya, piscou repetidas vezes e descartou depressa aquele pensamento.

Ela já tinha começado a preparar o jantar quando a campainha tocou. Tanya segurava o bebê nos braços enquanto entrava, sorrindo.

Contudo, o seu sorriso vacilou um pouco e ela franziu o rosto quando olhou ao redor.

"Que cheiro bom", comentou, recuperando depressa o sorriso.

Carmen percebeu, embora tenha escolhido não pedir uma explicação.

"Carne assada, batatas e legumes. Como eu disse, algo simples. Quer beber alguma coisa?"

Tanya escolheu uma cerveja, Carmen, um refrigerante diet, e as duas se sentaram à mesa da sala de jantar, Tanya segurando no colo o bebê — que arrulhava contente, olhando em volta com os olhos arregalados.

"Onde estão as crianças?", perguntou Tanya.

"Lá fora. Exceto Stephen. Ele está lá embaixo."

"Achei que ele não gostava lá de baixo."

"Não mais. Ele anda passando bastante tempo lá. Até comentou alguma coisa sobre voltar para o antigo quarto. Não sei, Stephen parece..." Ela deu de ombros, mas não continuou.

Tanya estava franzindo o rosto de novo e olhava para a sua esquerda, como se tivesse visto alguém ou alguma coisa.

"Há algo errado?"

Tanya piscou surpresa para ela.

"Hum... nada. É só que eu, hum... não sei."

"Talvez Al tenha estacionado o carro. Ele deve chegar a qualquer momento."

Olhando para a esquerda de novo, Tanya murmurou: "Não, não acho que... oh, bem". Ela sorriu para Carmen e perguntou com uma animação forçada: "Posso ajudar com alguma coisa?".

"Não, só relaxe."

Elas conversaram. À medida que o papo progredia, Tanya parecia cada vez mais incomodada, como se a cadeira na qual estava sentava fosse desconfortável. Tiques nervosos ganharam vida no seu rosto, e os olhos dardejavam atentos conforme ela puxava o bebê para mais perto de si.

"Tem alguma coisa errada, Tanya?", perguntou Carmen, baixinho.

"O quê? Hum, não. Quero dizer..." Os olhos dardejaram outra vez, então ela abriu um sorriso nervoso. "Desculpe." Ela olhou para baixo, tomou um gole de cerveja e beijou a cabeça do bebê.

"Desculpar você pelo quê?"

Tanya não levantou o olhar por um longo tempo, depois perguntou: "Você se importaria se a gente não ficasse para jantar, Carmen?".

Carmen hesitou. "Bem, eu pensei..."

"Não estou com muita fome e costumo colocá-la para dormir bem cedo e, hum..." Ela se levantou. "Podemos deixar para outro dia? Ou que tal se você e Al fossem lá em casa no fim de semana para um churrasco?"

Carmen também se levantou. "Espere um pouco, Tanya, espere aí." Ela seguiu a amiga pelo corredor. A pele na sua nuca parecia arrepiada e Carmen sentiu que tinha alguma coisa muito errada ali. "Tem alguma coisa errada. O que é?"

Tanya evitava olhar Carmen nos olhos enquanto estendia a mão para a maçaneta. "Hum, Carmen, eu, hum..." Ela riu de novo, um som sussurrante em *staccato* que se elevou da sua garganta. Ela abriu a porta alguns centímetros, se virou com timidez e perguntou:

"Promete que não vai rir de mim?"

"Bom, é claro que não, Tanya. Qual é o problema?"

"É só que eu... não estou me sentindo confortável aqui."

"O quê? O que quer dizer, não..."

"É esta casa. Ela é... tem alguma coisa, hum..." Tanya balançou a cabeça e se virou para a porta outra vez. Carmen segurou o cotovelo dela, um pouco mais forte do que pretendia, e apertou com firmeza. Seu coração batia frenético no peito, chegava até a pulsar na garganta, e ela temia fazer a pergunta que precisava fazer. "O que tem a casa, Tanya?"

A amiga respondeu depois de uma longa pausa, sussurrando metade do que disse. "Não tenho certeza. Mas tem alguma coisa, hum, alguma coisa errada aqui. Não é só a casa... é a *atmosfera*. Sinto isso, não importa o que eu faça. É como se eu estivesse presa em um quarto minúsculo que parece estar ficando cada vez menor, sabe? Uma sensação claustrofóbica."

"Mas você já esteve aqui antes e nunca notou nada..."

"Só por alguns minutos, nunca por tanto tempo assim. Acho que não tive tempo de ver alguma coisa. E não..."

"*Ver* alguma coisa? O que você viu?" A boca de Carmen estava seca e pastosa, as palmas estavam suadas. Ela soltou o cotovelo de Tanya e esfregou as mãos no quadril para secá-las. "Você não disse nada sobre *ver* alguma coisa."

Outra risada nervosa. "Não é nada, Carmen, é só..."

"O que você *viu*?"

"Não sei direito. Fiquei vendo... bom, parecia que alguma coisa estava se movendo pelo corredor. Se movendo depressa. Uma coisa pequena. Tenho certeza de que foi só a minha imaginação. Foi sim, é claro, foi só isso", outra risada, "e eu não vou ser uma companhia muito boa, só isso. Olha só, vejo você depois, ok?" Ela abriu a porta. "Me liga esta noite, vamos fazer planos para o fim de semana." Ela saiu para a varanda. "Um churrasco. Lá em casa. Até mais."

Em seguida, ela atravessou depressa o gramando na direção da própria casa.

Carmen ficou parada na soleira da porta por algum tempo depois de Tanya ter ido embora, então fechou a porta com força e se recostou contra ela, os olhos fechados.

Os pensamentos disparavam pela sua mente, e ela tentou fazer com que desacelerassem. *Talvez tenham sido todas as coisas que contei a ela sobre Stephen, sobre o que ele tinha dito, sobre o que as crianças alegaram ter visto e ouvido*, pensou.

Ela sentiu o cheiro do jantar, lembrou que tinha um assado no forno e correu para a cozinha para preparar o restante da refeição, tentando ignorar a tremedeira nas mãos.

Al estivera tentando ignorar um bocado de coisas também.

Como a música e as vozes que vinham do andar de baixo, por exemplo. Ele as ouvira diversas vezes. Vezes suficientes, na verdade, para que já não saísse mais da cama e apenas ficasse deitado fitando a escuridão, ouvindo.

Às vezes, a cama vibrava também, do modo como vibrou naquela primeira noite. É claro, a família do andar de cima tinha se mudado — Terrence e Linda Vanowen com o filho e a filha, pessoas legais e amigáveis —; portanto, Al pôde usar a teoria da geladeira no andar de cima para descartar a vibração; foi preciso muita persistência, mas ele conseguiu se convencer, e algumas cervejas a mais antes de ir para a cama o ajudavam a pegar no sono apesar dos pensamentos perturbadores que tentava enterrar.

Mesmo quando dormia tão bem quanto de costume, contudo, Al sentia como se não tivesse, como se estivesse passando as noites virando de um lado para o outro entre lençóis ensopados de suor. Conseguia trabalhar com a ajuda de muito café e começava a se preparar para dormir assim que chegava em casa, ao abrir a primeira garrafa de cerveja.

Ele ficou deitado na cama certa noite, desperto, mas de olhos fechados. Então se perguntou se estava bebendo demais, se talvez isso pudesse estar por trás das coisas que estivera ouvindo, sentindo e pensando; talvez, apenas *talvez*, Stephen estivesse certo a respeito da casa. Mas então disse a si mesmo que estivera bebendo mais *por causa* de todas aquelas coisas, e não conseguia imaginar ficar sem beber, não sem enlouquecer, não sem confessar tudo para Carmen e, no mínimo, *parecer* louco.

Depois de algum tempo, com o som estável e calmante do relógio-despertador sobre a mesinha de cabeceira, Al adormeceu...

Ele acordou brusca e repentinamente para se descobrir sacudindo, e o seu primeiro pensamento foi: *Oh, Deus, oh, meu Deus, ela está sacudindo agora, não vibrando*, sacudindo!

Era Carmen. Ela agarrava o seu ombro, sacudindo com força e exclamando entredentes: "Al. Al! Acorda, Al, é a cama! A cama!".

"O q-quê?" Ele se sentou, forçando a vista apesar da escuridão e piscando com muita força, como se houvesse alguma coisa nos olhos.

"A cama, Al, a *cama*!"

Assim que emergiu da espessa névoa do sono, ele se deu conta de que estava acontecendo de novo. A cama estava vibrando. O zumbido silencioso atravessava o corpo dele, enrolando-se em volta dos ossos como barbante.

Ele pensou rápido e tomou uma decisão: se funcionava com ele, também funcionaria com Carmen.

"Qual é o problema com ela?", perguntou, tentando não aparentar estar com pressa conforme afastava as cobertas e saía da cama. Ele ficou ali parado, esfregando os olhos e passando os dedos pelo cabelo com movimentos bruscos.

"Não está sentindo?", perguntou Carmen, falando mais alto agora. Ela ficou em pé do outro lado, vestida com a sua camisola longa com o desenho de Opus, o Pinguim, estampado na frente. "Ela está *vibrando*, esse é o problema. Coloque a mão."

"O quê?"

"Coloque a mão logo!"

Al tentou não recuar enquanto colocava a mão na cama e experimentava a sensação conhecida, de algum modo maligna, se infiltrar até a metade do seu braço. Depois de alguns instantes, afastou a mão, assentiu para Carmen e disse: "Sim, e daí?".

"E daí? *E daí?* A cama está vibrando, Al. O que é isso? Por que ela está fazendo isso?"

"Está vindo lá de cima", disse ele em voz baixa, calma, a voz impassível e carregada com a indiferença da sonolência.

"De onde?"

"Da geladeira lá de cima. Só isso. Ela começa a funcionar e vibrar, depois desce até aqui e nós sentimos na cama. Volte a dormir. Vai parar daqui a pouco."

Ela o encarou, a boca entreaberta, conforme ele se virava e seguia para o banheiro.

Uma vez no banheiro, Al acendeu a luz e trancou a porta. Ele não precisava usar o banheiro, mas aquele foi o único lugar em que conseguiu pensar para ir no meio da noite sem ter que dar a Carmen algum tipo de explicação.

Ele abaixou a tampa do vaso e se sentou sobre ela, os cotovelos apoiados nos joelhos, o rosto enfiado nas mãos, e soltou o ar devagar. Esperava que a vibração tivesse parado e que Carmen tivesse voltado a dormir. Até chegou a rezar por isso em silêncio. Depois de algum tempo, fez o sinal da cruz, se levantou e então parou quando ouviu um ruído alto vindo de algum lugar fora da casa. O barulho se repetiu diversas vezes, parou um instante, depois continuou.

Al saiu do banheiro com o rosto franzido, murmurando: "*O que foi agora?*".

Era um cão latindo. Ele quase o ignorou e voltou para o quarto, mas estava tão perto que achou melhor verificar.

Foi até a janela da frente na sala de jantar, a que parecia estar mais próxima do latido, e separou as folhas da veneziana com dois dedos.

A lua brilhante lançava uma luz fraca no chão como uma equimose luminescente. Um cão enorme estava parado na beirada do jardim da frente — com a luz fraca era difícil identificar qual era a raça do cachorro — latindo para o canto da casa. Estava latindo para a casa do mesmo modo que um cão pode latir para alertar o dono sobre um intruso ou da maneira como pode latir para uma pessoa que o ataca: latidos furiosos e rápidos pontuados por rosnados e rugidos.

Ele nunca vira aquele cachorro antes e não conseguia ver se ele estava usando uma coleira ou não. Al ficou imóvel por algum tempo, apenas observando o cachorro enquanto ele latia com persistência. Ficou esperando que o animal parasse e fosse embora, mas isso não aconteceu. Pelo contrário, os latidos apenas se tornaram mais bravos e ameaçadores, mais desesperadamente violentos.

Al sentiu uma gota de suor escorrer pela têmpora e passou as costas da mão livre pela testa. Estava transpirando. O coração dele estava acelerado.

Esta casa, pensou. *Ele está latindo para a casa porque... porque a casa o assusta.*

Afastando a mão da veneziana, Al recuou um passo e ficou ali parado, fitando as cortinas fechadas enquanto o cão latia... e latia... e latia...

Segredos cresceram como tumores no lar dos Snedeker.

Carmen nada contou para Al quando ela ouviu alguém rindo na cozinha, embora estivesse sozinha na casa.

Al nada disse para Carmen quando ele ouviu passos seguindo-o pela casa em um fim de semana, embora não houvesse mais ninguém ali.

E Stephen só falava com os pais quando se dirigiam a ele. Quando não estava na escola, passava a maior parte do tempo no quarto, geralmente com Jason, que levava fitas para os dois ouvirem, os lançamentos mais recentes das bandas de heavy metal mais pesadas, com letras que falavam apenas de sexo e morte, violência e suicídio, tortura e necrofilia. Ele não passava mais muito tempo com Michael, em especial porque o seu irmão queria fazer outras coisas, tinha interesse em assuntos que não apresentavam qualquer atrativo para Stephen. Como resultado, ele estava considerando a ideia de se mudar para o quarto que desde o início fora dele.

A ideia de ter um quarto só para ele era, mais uma vez, atrativa.

Então não haveria nada para interromper as vozes...

Certa noite, Stephen estava acordado na cama ouvindo o barulho de um cão latindo do lado de fora da casa. Ele o tinha ouvido antes, mas não dera qualquer importância até seu pai reclamar disso uma manhã enquanto tomava o café antes de ir para o trabalho. Al dissera que precisavam descobrir quem era o dono do cão e ligar para ele; o bicho ficara sentado do lado de fora da casa latindo diversas noites seguidas.

Curioso, Stephen saiu da cama e foi para o andar de cima, sentindo-se confortável ao se deslocar no escuro. Ele foi até a janela da sala de jantar e viu o cachorro lá fora sob o luar, latindo e rosnando para o canto da casa. Mais nada — nada de esquilo, nada de gato —, apenas a casa.

Apesar de Stephen não ter percebido, um canto da sua boca se levantou.

Ele não estava totalmente sozinho, afinal. O cão, de alguma maneira, sabia que a casa continha alguma coisa incomum. O cão, de alguma maneira, sabia que ela era ocupada por alguma coisa além de uma mãe, um pai e quatro crianças.

O cão sabia...

12
FANTASMAS DO NATAL PRESENTE

Perto do Natal, Stephen tinha arranjado uma velha jaqueta de couro esfarrapada, nas costas da qual colocou um crânio e ossos cruzados e a logo de alguma banda de heavy metal que combinava uma cruz de ponta cabeça e uma adaga ensanguentada.

Ele a estava usando certo dia quando chegou da escola. Era o último dia letivo antes do começo das férias de Natal; do lado de fora, tudo estava coberto pela neve, e Stephen espanou flocos de neve do cachecol e da jaqueta antes de passar pela porta da frente. Enquanto atravessava a casa, Carmen o parou.

"Stephen? Pode vir aqui um segundo?", chamou ela, sentada à mesa da sala de jantar.

Ela não estava ansiosa pela conversa que começaria a ter com ele — ou *tentaria* ter —, porque tinha uma boa ideia de como ela terminaria.

Carmen e Al conversaram muito com Stephen nos últimos tempos — juntos e separados — sobre coisas que iam da linguagem abominável que ele estivera usando pela casa à higiene pessoal, a qual, por razões que os dois não conseguiam entender, tinha despencado ladeira abaixo ao longo das últimas semanas.

Havia muitas coisas que eles não entediam a respeito de Stephen naqueles últimos tempos.

Agora havia a jaqueta. Era algo que ele nunca teria considerado usar antes da mudança. Stephen sempre fora um garoto asseado, que se vestia bem, muito educado e polido.

Não mais.

"Sente-se, filho", pediu Carmen em voz baixa, sorrindo.

Com um suspiro irritado, ele puxou uma cadeira e se deixou cair nela, batendo os cotovelos na mesa, repousando o queixo nos punhos.

Apesar do fato de o câncer ter entrado em remissão, Stephen ainda parecia pálido e magro e, embora não estivessem tão nítidas, olheiras amarelo-acinzentadas ainda escureciam a carne um pouco inchada sob os seus olhos.

"Onde você conseguiu essa jaqueta?", perguntou Carmen.

"Uma pessoa me deu."

"Jaquetas de couro não são baratas."

Ele deu de ombros. "É velha. A pessoa não queria mais. Me deu."

"Bom... não é uma jaqueta feia, na verdade. Então, por que você colocou essas coisas nas costas?"

Outro dar de ombros, uma piscadela longa e demorada, depois o garoto disse: "Porque eu gosto".

Ela se inclinou para perto dele. "Stephen, você sabe que não queremos que use coisas assim."

"Assim como?"

"Essa *cruz* que você tem nas costas, que está de cabeça para baixo."

"E daí?"

"Ah, não se faça de idiota comigo, Stephen, você sabe do que estou falando." Ela já estava ficando frustrada e zangada, e isso aparecia na sua voz. "É um sacrilégio e... bem, se você quer saber... foi *você* que ficou falando sobre o mal alguns meses atrás e, bom, até onde eu saiba, isso é mal, isso que está nas suas costas. Nós cedemos quanto à música, então basicamente você pode ouvir qualquer porcaria que quiser contanto que faça isso sozinho, mas *essa cruz* já é demais!"

"Bom, qual é a diferença? Não entendo. Isso faz parte da música, do que a música representa, é..."

"Eu sei, é por isso que o seu pai e eu não gostamos da música. Essa cruz que você está usando nas costas é um símbolo muito importante. Cristo morreu na cruz para que nós pudéssemos..."

Stephen revirou os olhos. "Tá, tá, eu sei. Aprendi tudo isso na escola dominical."

"Então como pode usar uma coisa dessas?"

"Você está tão preocupada com o mal, sente tanto medo dele, mas tem o mal à sua volta e não o vê, apenas o ignora. Estou falando, essa casa é maligna!"

"Isso de novo. Eu só... Stephen, não entendo. Não entendo o que há de errado com você."

Nesse momento, o menino fez uma coisa que deixou Carmen chocada e magoada, de queixo caído e sem ar.

Ele gargalhou, balançou a cabeça e disse: "Você não entende muita coisa, não é?". Ele se levantou da mesa e foi para o quarto. A mãe apenas ficou encarando o lugar no qual ele estivera sentado, a boca ainda aberta, os olhos arregalados cheios de dor.

Por fim, ela acendeu um cigarro e soltou a fumaça, exausta. O passo seguinte, claro, seria conversar com Al sobre aquilo, mas ela também não estava muito ansiosa para isso.

O marido parecia muito irritadiço nos últimos tempos, principalmente quando o assunto era Stephen. Ele não tolerava nem um pouco as mudanças que estiveram acontecendo com o garoto; Carmen tinha que admitir que se sentia quase da mesma maneira, mas pelo menos ela tentava ser justa e civilizada, dava o seu melhor para ver o lado de Stephen (algo que ficava cada vez mais difícil, já que ele não parecia disposto a compartilhar o lado dele). Carmen temia que, mais cedo ou mais tarde, contasse para Al algo que Stephen tivesse feito ou estivesse fazendo, e ele perdesse o controle que estivera demonstrando e caísse em cima do garoto com raiva, *muita* raiva, com algo além dos costumeiros castigos ou suspensão dos privilégios telefônicos — como uma severa punição física, por exemplo. Apesar de entender o desejo de fazer isso — Stephen tinha levado a sua tolerância ao limite também, principalmente com a resposta à sua reclamação sobre a jaqueta —, só de pensar nisso, ela já se encolhia.

Mas as costas da jaqueta de Stephen também a faziam se encolher.

Ela conversaria com Al. Se ele nada fizesse, ela teria que tomar medidas mais severas...

Apesar de ter aguardado até depois do jantar daquela noite, esperando que ele estivesse relaxado, Al ficou furioso. Desceu ao andar de baixo e, da sala de estar, Carmen pôde ouvi-lo gritar com Stephen. Ela até ouviu o que pareceu ser alguma coisa sendo jogada contra a parede.

Peter estava cochilando ao lado dela no sofá; Stephanie e Michael estavam sentados no chão assistindo à televisão, as costas rígidas, os olhos fixos na tela enquanto se esforçavam para ignorar o barulho.

Então, depois de um breve silêncio, ela ouviu os passos de Al pisando forte na escada e a sua voz vociferando alta: "Chega, desisto! Se quiser andar por aí parecendo um tipo de punk satanista, tudo bem, só não diga a ninguém que mora aqui! Um merdinha mimado é o que você é! Não sei de onde isso veio, mas não foi da gente!".

Conforme avançava pelo corredor, o ataque ainda em progresso, Carmen podia ouvir o fraco som das risadas de Stephen vindo do andar de baixo. Ela andou até o corredor para encontrar Al.

"Não sei que diabos tem de errado com ele", rosnou o seu marido, entrando na cozinha e pegando uma cerveja na geladeira. "Se ele quer ficar com aquela porra de jaqueta..."

"Al", ralhou ela, fazendo uma careta.

"...pode ficar, não estou nem aí. Se quer andar por aí parecendo um bandido, como um maldito criminoso ou algum tipo de, sei lá, algum tipo de membro de um culto, então tudo bem." Ele se encostou na beirada da bancada e inclinou a cabeça para trás enquanto bebia.

"Bom, tem *alguma coisa* errada, eu só não sei o quê."

"Ele é um maldito de um pirralho mimado, é isso que tem de errado."

"Ah, então a culpa é minha, é o que está dizendo? A culpa é *minha* por ele estar se comportando desse jeito?"

"Ei", ele abriu os braços e levantou as sobrancelhas, "*você* disse isso, não eu."

Carmen se virou, estendeu os braços e se encostou na geladeira com os cotovelos travados. Fechou os olhos por um momento, lábios pressionados com força. Ela sabia que aquilo poderia se transformar em uma briga feia se insistisse em discutir mais uma acusação pouco velada. Decidiu não fazer isso, respirou fundo e voltou a se virar.

"Acho que eu devia levá-lo para ver o padre Wheatley."

Al tomou outro gole de cerveja e suspirou. "Acha que vai adiantar alguma coisa?"

"Não custa nada, não é?"

Ele pensou a respeito por um tempo, franziu o rosto, ficou um tanto distante. Depois disse baixinho, como se falasse consigo mesmo: "Isso vem acontecendo desde que nos mudamos para cá... para esta casa...".

Carmen foi pega de surpresa por aquelas palavras — será que era possível que ele estivesse considerando as mesmas ideias que a estavam assombrando? —, mas escondeu depressa a surpresa.

"Você acha que isso tem algo a ver com o comportamento dele?", perguntou ela.

"Hum? Oh, não. Claro que não. Foi só... uma observação, só isso. Ele mudou muito em pouco tempo."

"É por isso que acho que ele devia conversar com o padre Wheatley."

"Sim. Sim, não custa nada."

Ela ligou para o padre Wheatley no dia seguinte e explicou o problema, e ele concordou em falar com Stephen. Contra os protestos do garoto, Carmen levou Stephen à igreja e o deixou lá enquanto ia ao mercado. Quando acabou de fazer as compras, ela voltou, buscou Stephen e seguiu para casa, resistindo ao impulso de entrar e perguntar ao padre como tinha sido e o que havia de errado com o seu filho. Em vez disso, tentou começar uma conversa com Stephen.

"Então, sobre o que você e o padre conversaram?", perguntou ela.

Olhando pela janela do passageiro, ele deu de ombros. "Sei lá. Nada de especial. Só... conversamos, acho."

E isso foi tudo que conseguiu arrancar dele. Carmen poderia apenas esperar e rezar para que o padre Wheatley pudesse fazer alguma coisa para ajudar.

Porém, isso não bastou para ela. Quando chegou em casa, ligou para o padre do telefone no seu quarto.

"Como foi, padre?", perguntou ela.

"Bem, Carmen, se você não se importar, eu gostaria de não falar sobre isso em detalhes. Mas vou dizer o seguinte: você fez a coisa certa em trazê-lo até mim. Eu gostaria de vê-lo de novo. Amanhã, na verdade. Se estiver tudo bem..."

"É claro que está tudo bem. Estou tão feliz. Quero dizer, eu estava preocupada que... bem, Al e eu estávamos preocupados que..." Ela não terminou a frase, com medo de que a voz vacilasse e as lágrimas começassem.

"Ouça, Carmen", disse o padre Wheatley baixinho, "estou aqui para ajudá-la também. Acho que Stephen precisa dessas conversas agora mesmo e suponho que podemos fazer algum progresso. Mas se precisar de alguém com quem conversar, não hesite."

"Obrigada, padre", sussurrou ela.

"Na mesma hora amanhã?"

"Na mesma hora."

No entanto, Carmen não pôde levar Stephen para ver o padre Wheatley no dia seguinte.

Naquele fim de tarde, ela recebeu uma ligação do seu irmão Everett, no Alabama. No instante em que ouviu a voz dele do outro lado da linha, ela ficou tensa; ele apenas ligava quando precisava de alguma coisa — ou quando havia algum problema. Como o pai deles, Everett era um alcoólatra que não tinha qualquer intenção de tratar o problema;

o coração de Carmen se compadecia por ele, e o irmão estava sempre nas suas orações, mas ela finalmente se dera conta muito anos atrás de que havia um limite para o que podia fazer por Everett. Se algum dia ele quisesse ser salvo, teria que dar o primeiro passo por conta própria.

"C-Carmen? Você, hum, você precisa vir para casa. Agora mesmo." A voz dele estava chorosa e trêmula.

"Qual é o problema, Everett?"

"O pai. Ele, hum, ele morreu, Carmen. Alguém o matou. Ele foi assassinado. Você precisa vir."

Carmen ficou tão aturdida que caiu em um silêncio gélido por algum tempo. Quando conseguiu falar de novo, disse a Everett que estava nevando em Connecticut, mas que pegaria o próximo voo disponível e chegaria assim que possível.

Depois de desligar o telefone, ela se largou no sofá e fitou o vazio enquanto pensava no pai. Os seus pais tinham se divorciado quando Carmen tinha 12 anos e ela nunca fora próxima do pai, mal o conheceu, na verdade, diferentemente do irmão, que permanecera em contato constante com ele. Apesar desse fato, Everett sempre menosprezara o estilo de vida do pai — a bebedeira constante, a falta de cuidado consigo mesmo, a vida sempre no limite da pobreza —, mas não o bastante, aparentemente, para evitar que seguisse o mesmo padrão. A presença desse padrão na família manteve Carmen longe do álcool e era responsável pela preocupação constante que ela sentia sobre a ligação de Al com a cerveja, algo que ainda não tivera coragem de mencionar a ele.

Ela ligou para o aeroporto. Carmen conseguiu encontrar um voo que partiria naquela noite. Al teve que se desdobrar para fazer arranjos no trabalho para que pudesse cuidar das crianças enquanto Carmen estivesse fora. Ele se encolheu diante da ideia de ter que fazer algo assim tão pouco tempo depois de ter começado na pedreira, mas foi uma daquelas crises imprevisíveis e inevitáveis que aconteciam com todo mundo de tempos em tempos, e o seu chefe teria que lidar com aquilo.

Depois de levar Carmen ao aeroporto, Al, Stephanie e Peter pararam para comprar uma pizza no caminho para casa; Al nunca fora capaz de cozinhar e não tinha qualquer intenção de tentar agora, então, até que Carmen voltasse, eles iriam viver de comida congelada e para viagem.

Naquela noite, assim que a pizza acabou, Stephen se recolheu, como sempre, para o quarto. Ele passou a maior parte da noite lá, de qualquer maneira, levando o jantar para baixo com ele. A tensão estava crescendo entre Al e Stephen; o cômodo ficava mais quieto quando estavam juntos, a atmosfera ficava mais densa de algum modo. Conversavam apenas quando necessário, o que estava se tornando menos frequente conforme o tempo passava. Para Al tudo bem, ele não queria ter muito contato com o garoto até que ele se endireitasse. Talvez isso fosse rigoroso, mas era o melhor que podia fazer. Não havia qualquer justificativa para o comportamento recente do garoto, e agir como se não houvesse algo errado não era muito diferente para Al do que dizer a ele que estava tudo bem.

Al e Michael assistiram a uma partida de futebol americano na televisão enquanto Stephanie e Peter faziam colagens e pinturas à mesa da sala de jantar. Não haveria aulas no dia seguinte, portanto Al não estava preocupado com o quão tarde eles iriam dormir. Contudo, as crianças tinham se acostumado a ir para a cama cedo e não demorou muito até que todos ficassem sonolentos o bastante para se retirarem para os seus quartos.

Al ficou sozinho depois do jogo, assistindo a reprises de seriados. E pensando.

Ele não estava com muita vontade de ir para cama. Não sozinho. Sozinho, ele poderia ficar deitado acordado... esperando... a música... as vozes... a vibração...

Três horas depois, os seus olhos estavam pesados e a sua cabeça ficava tombando para a frente enquanto assistia à televisão. Depois de algum tempo, ele desistiu, desligou a televisão, apagou as luzes e foi para a cama.

Assim que se enfiou embaixo das cobertas, o cansaço desapareceu e, como tinha suspeitado, ficou acordado, virando de um lado para o outro tentando encontrar um lugar confortável, uma posição calmante.

Em algum momento, Al conseguiu. Os olhos se fecharam por conta própria, ele sentiu o peso do sono cair sobre o seu corpo, ficou ciente da respiração ficando mais devagar, sentiu-se pegando no sono, até...

Ele ouviu a música, e os olhos se abriram de repente. Sentou-se. Era a mesma música que sempre ouvia: velha e metálica, evocando imagens em preto e branco de cômodos cheios de teias de aranha, fotografias antigas em molduras ornamentadas e móveis clássicos.

Al voltou a deitar, pressionando as palmas das mãos contra os olhos e gemendo.

Vozes fracas riam. A música continuava. E havia outra coisa.

Latidos. O cão estava latindo lá fora outra vez.

Vou ignorar tudo, pensou. *Tudo isso. Posso não dormir, mas não vou sair da cama.*

A música seguiu tocando. As vozes continuaram conversando e rindo em tons festivos. Os latidos do cachorro se tornaram mais intensos.

Al virou de bruços e pressionou a cabeça contra o colchão, cobrindo as orelhas com o travesseiro.

Mas ainda conseguia ouvir. A festa fantasma, os latidos persistentes...

E então a vibração conhecida atravessou o seu corpo, os seus ossos. Ela enrolou os dedos longos e ossudos em volta dos cotovelos e joelhos dele, por cima dos ombros e do topo do crânio, aumentando a pressão, vibrando cada vez mais.

Al virou de costas e começou a dar chutes frenéticos nas cobertas, a respiração silvando por entre dentes cerrados conforme ele rolava para fora da cama e despencava no chão, para, em seguida, engatinhar alguns metros para longe da cama antes de se levantar com dificuldade. Andando de costas, ele se chocou contra a cômoda, ficou ali e fitou a cama.

Nada conseguiu ver. Não havia qualquer sinal aparente de que a cama estivesse dominada por algum tipo de movimento sinistro. Al tateou às costas e acendeu o pequeno abajur sobre a cômoda, mas ainda assim não havia nada para ver.

Havia, porém, muito para ouvir.

Música tocava em algum lugar no andar inferior da casa e vozes abafadas e risos suaves se misturavam a ela.

Do lado de fora, o cão latia como se estivesse pronto para atacar e matar.

Al acendeu a luz do teto, vestiu as calças e entrou no curto corredor do lado de fora do quarto, acendendo as lâmpadas enquanto passava pelos interruptores, os gestos rápidos e bruscos.

A música continuava.

As vozes seguiam murmurando.

Mais uma vez, havia apenas escuridão no andar de baixo.

Al estava na metade da escada quando os sons pararam.

Silêncio.

Ele sentiu uma dor aguda na mão e percebeu que estava apertando o balaústre com muita força.

Fora da casa, o cão continuava a latir tão alto que estava começando a ficar rouco.

O homem girou nos calcanhares, voltou a subir a escada, entrou na sala de estar — acendeu dois abajures ali —, atravessou o corredor até a sala de jantar, onde congelou no lugar.

Havia alguém em pé diante da janela da frente, olhando a noite lá fora; as venezianas estavam levantadas, e a figura era uma silhueta contra o luar opaco refletido na neve.

Al permaneceu perfeitamente imóvel na soleira da porta, exceto pela mão, que se arrastava pela parede, tateando à procura do interruptor conforme a figura se virava e o encarava.

Al acionou o interruptor, enchendo a sala de jantar de luz enquanto suspirava de alívio. "Stephen."

"O cachorro de alguém está", ele deu risadinhas, "um pouco empolgado lá fora."

"Você estava escutando música agora há pouco?"

O menino massageou a nuca e começou a andar devagar para fora da sala de jantar. "Música? Não, *eu* não estava escutando música nenhuma."

Al segurou o braço dele com gentileza quando o garoto atravessou a soleira. "Você não estava com ninguém aqui? Não trouxe nenhum amigo escondido para dentro de casa?"

"Por quê? A casa já está cheia o bastante do jeito que está."

Al soltou o aperto e o garoto atravessou o corredor... desceu a escada... Mais tarde, Al pensaria nas palavras de Stephen e na maneira como ele as pronunciara; elas o deixariam incomodado, iriam até mesmo lhe dar um calafrio assim que as recordasse. Contudo, naquele instante, ele as interpretou ao pé da letra. Quando Stephen se foi, o pai andou até a janela e olhou para o cão lá fora.

Parecia ser um labrador e estava mais perto da casa agora, mas parecia tenso, pronto para fugir se necessário. Na verdade, se estivesse mais perto, estaria mordendo a quina da casa.

Depois de abaixar as venezianas, Al voltou para o quarto, se vestiu e saiu. Ele correu ao longo da frente da casa na direção do cachorro, agitando os braços e gritando: "Sai daqui! Passa! Anda! Cai fora!". Então jogou, chegou até a chutar, neve no cachorro, mas, para a sua surpresa, foi difícil desviar a atenção do animal para longe da casa. Quando afinal conseguiu, o cão saiu correndo, parou e se virou, ganiu um pouco, deu alguns latidos insistentes para Al, depois foi embora.

Quando voltou para dentro, o homem se despiu, depois fitou a cama por alguns instantes, perguntando-se se era seguro voltar a se deitar. Ele se deu conta de que isso não importava, porque estava completamente desperto. De roupão, ele foi até a cozinha e abriu a porta da geladeira.

"Droga, é mesmo", sussurrou. "Não tem cerveja."

Ele ainda estava fitando a luz ofuscante da geladeira quando o latido recomeçou.

Al bateu a porta do eletrodoméstico. Vidro tilintou e latas chacoalharam lá dentro. Ele apertou os punhos ao lado do corpo quando os latidos ficaram mais próximos, mais altos, mais ferozes. De olhos fechados, respirando ruidosamente pelo nariz, Al pensou: *Ah, minha nossa... uma cerveja cairia bem.*

Na sala de estar, ele se acomodou na poltrona reclinável. O seu polegar tremia enquanto usava o controle remoto para ligar a televisão.

"Vou ter que falar com alguém sobre esse maldito cachorro", sussurrou enquanto passava pelos canais.

Os latidos eram implacáveis.

Ele se decidiu por um velho faroeste e colocou o controle em cima da mesa de centro, onde viu um rosário. Carmen os deixava espalhados por toda a casa. Ele o pegou com um movimento casual da mão trêmula, em silêncio, dizendo a si mesmo que aquilo não era necessário, que ele não estava perturbado, não estava assustado, só estava agitado, só isso.

O cão continuou latindo e latindo...

Al sussurrou: "Ave Maria, cheia de graça...".

...Latindo... latindo...

No fundo da sua mente, ele pensou — mas não teve muita certeza, porque estava baixo, muito baixo — ter ouvido o som metálico de música...

Carmen voltou três dias depois.

O pai dela foi encontrado no seu trailer pequeno e detonado. Não constavam buracos de bala e havia uma quantidade mínima de sangue no trailer; portanto, presumiu-se que ele foi assassinado em outro lugar com a própria pistola calibre .22 e levado de volta ao trailer. Embora nada tivesse dito, a polícia parecia pensar que encontrar os assassinos tinha pouca importância — afinal de contas, a vítima fora um velho bêbado que mal conseguia se manter e que se relacionava com indivíduos suspeitos, o tipo de pessoa que estava mais propenso a fazer uma coisa assim de maneira casual.

Carmen e o irmão cuidaram dos preparativos para o enterro e, porque queria voltar para casa assim que possível, ela deixou Everett como executor dos bens do pai — o que quer que houvesse.

Ela ficou feliz em voltar para casa, e Al ficou feliz em tê-la de volta. Tudo tinha corrido bem durante sua ausência, ele lhe disse, mas tinham sentido saudade.

Todos pareciam bem, inclusive Al. Porém, de algum modo, Carmen sentiu que havia alguma coisa errada. Ela não conseguia dizer o que era... não era algo visível... nada que alguém tivesse dito...

É só a minha imaginação, disse a si mesma. *Depois dos últimos dias, tudo parece bastante sombrio.*

Eles deram início às costumeiras atividades natalinas. Al trouxe uma árvore para casa, e Carmen e as crianças — exceto Stephen — a decoraram.

Al levara Stephen para ver o padre Wheatley todos os dias enquanto Carmen esteve fora, e ela continuou a fazer isso depois de voltar. A mãe resistiu à tentação de perguntar a Stephen sobre as suas visitas ao padre, dizendo a si mesma que os resultados apareceriam em breve. Mas não apareceram. O garoto ainda agia de modo rude e profano quando falava e quieto e introspectivo quando não falava.

Se as conversas com o padre Wheatley não dessem certo, ela esperava que as suas orações dessem. Ela queria o filho de volta.

Carmen colocou uma guirlanda na porta, um pouco de azevinho e festões aqui e ali dentro de casa, e pegou os discos e as fitas de músicas natalinas que eles tinham colecionado ao longo dos anos. Ela tocava as músicas com frequência, e sempre tinha gemada na geladeira.

Michael, Stephanie e Peter fizeram um boneco de neve no jardim da frente e Carmen lhes deu uma vassoura, um cachecol velho e um chapéu para colocarem nele.

Eles assistiram a *Um Conto de Natal* e *A Felicidade Não Se Compra* de novo, como faziam todos os anos.

Eles fizeram todas as coisas que faziam em todos os Natais, todas as coisas que os faziam se sentir bem, que os deixavam no espírito natalino e transformavam aquela época do ano em algo diferente de qualquer outra. Entretanto, naquele ano, conforme o Natal se aproximava e passava, nenhuma daquelas ações funcionou muito bem. Não foi a mesma coisa. Havia algo faltando, algo além da costumeira participação solícita e animada de Stephen.

Carmen não sabia como os outros se sentiam. Mas não importava o quanto ela se esforçava, o espírito natalino simplesmente não estava ali. Ela não se sentia do jeito que o Natal sempre a fazia se sentir.

Não importava o quanto soava bobo, Carmen simplesmente não se sentia segura.

Nem mesmo dentro da própria casa.

Principalmente dentro da própria casa, talvez.

13
ANO-NOVO

As decorações de Natal desapareceram das vitrines e logo foram substituídas por corações e caixas de chocolates para o Dia dos Namorados.[1] Fios de lâmpadas coloridas e festões reluzentes foram encaixotados e devolvidos aos armazéns. Discos e fitas de Natal foram devolvidos às estantes, onde ficariam até o próximo dezembro. Árvores foram retiradas, e as agulhas secas dos pinheiros foram aspiradas dos carpetes.

Por toda a cidade, árvores de Natal caídas e desnudas aguardavam que os lixeiros as levassem embora; fios de ouropel e pedaços de festões pendiam dos seus galhos quebradiços, sendo soprados pela neve e pelo gelo de tempos em tempos.

O céu permaneceu um cinza-chumbo escuro, e o ar era uma lâmina afiada o bastante para cortar a carne. Os galhos desfolhados das árvores apontavam para o céu como garras artríticas. Os flocos de neve acabaram se transformando em gotas de chuva, e a neve no chão virou uma lama espessa e gélida...

"Estamos nos encontrando já há algum tempo, mesmo assim não sinto como se tivesse aprendido muita coisa sobre você. Por quê?"

"Sei lá. Talvez porque eu não tenha contado muita coisa sobre mim, não acha?"

"Sim, suponho que sim. Por quê?"

"Hum. Não gosto de falar sobre mim mesmo, acho."

"Entendo. Bem, seria mais fácil se eu lhe fizesse perguntas?"

1 O Valentine's Day, ou o Dia dos Namorados, é comemorado em 14 de fevereiro nos EUA. [NT]

"Tudo o que vem fazendo é perguntar coisas."

"Sim, você tem razão. Bem, então... acho que estou perdido. Sabe, a sua mãe me pediu para conversar com você, ah, alguns meses atrás, acho, porque ela estava notando o que acreditava ser algumas mudanças desagradáveis em você. Então eu concordei. Por algum tempo foram cinco vezes por semana, depois, duas vezes, até chegarmos a uma vez. Durante todo esse tempo, fiquei pensando que, se lhe desse uma chance, você me contaria o que o estava aborrecendo, o que havia de errado. Agora estou começando a pensar que talvez eu esteja errado. Talvez sua mãe também estivesse errada. Então, me diga, Stephen: estamos errados?"

O menino se sentava no lugar de sempre no escritório do padre Wheatley, na mesma posição: no sofá de couro marrom, o pé direito balançando em cima do joelho esquerdo, as mãos juntas atrás da cabeça, os cotovelos apontando para a frente de cada lado da cabeça, como pequenas asas.

O padre Wheatley sentava-se na cadeira de encosto reto do outro lado da mesinha de centro diante do sofá, de frente para Stephen. Ele estava inclinado para a frente, os cotovelos apoiados nos joelhos, as mãos magras juntas em um aperto frouxo. Estava na casa dos 50 anos, careca em cima com uma coroa de cabelo branco em volta da cabeça. Tinha óculos com armação de tartaruga marrom e lentes grossas; tinha o hábito de apertar a ponte do nariz entre o polegar e o indicador.

Stephen perguntou: "Estão errados sobre o quê?".

O padre Wheatley repetiu o movimento — tirou os óculos, apertou a ponte do nariz — enquanto soltava um suspiro suave.

"Ah, não sei muito bem. Estamos errados sobre, hum... sobre haver alguma coisa errada com você? Me diga, Stephen, alguma coisa o aborreceu recentemente?"

"Recentemente quando?"

"Bem... qualquer coisa..."

"Sim. O câncer. Isso me aborreceu." A voz dele não soou sarcástica; ela permaneceu baixa, nivelada e inexpressiva.

"É claro que sim. Isso é perfeitamente compreensível. Mas as nossas preces foram atendidas. O seu câncer está em remissão, e você parece estar muito bem. Fisicamente, quer dizer. Estou falando sobre algo que possa ter ferido os seus sentimentos, algo que possa tê-lo deixado bravo ou... ou até mesmo assustado. Aconteceu algo assim?"

Stephen moveu o lábio inferior para dentro da boca até prendê-lo entre os dentes, o mordeu de leve enquanto os olhos se moviam com movimentos graduais ao redor da sala, focando afinal, mais uma vez, no padre Wheatley.

"Não", respondeu ele. "Não, nada do tipo. Estou bem."

"Você não acha que anda se comportando de um jeito diferente?"

Ele deu de ombros. "Sei lá. Diferente do quê?"

"Diferente do... normal?"

"Não. Não que eu saiba."

"E sobre o jeito que você se veste? As suas roupas?"

"O que tem?" Um leve toque defensivo apareceu na sua voz.

"Bem, elas não são o tipo de roupa que você costuma usar. São? Quer dizer, a jaqueta, por exemplo. As camisetas que você usa quando está em casa."

"Camisetas? Que foi, você andou conversando com a minha mãe?"

"É claro. Ela me contou que você usa camisetas com grupos de rock e slogans estampados na frente que são... bem, ofensivos. Até mesmo blasfemos. Como a sua jaqueta de couro."

"E daí? O que há de errado com elas? Um monte de adolescentes usa camisetas assim."

"Mas a sua mãe me contou que você não *costumava* usar coisas assim, ou ouvir essas músicas."

Ele deu ombros. "Agora eu ouço."

"Sim, mas parece que ela acha que essa súbita mudança foi causada por... bem, por alguma coisa. Isso é verdade? Alguma coisa aconteceu que..."

"Não. O meu amigo Jason me mostrou as fitas dele um dia. Eu gostei da música. Ele me deu umas camisetas velhas, essa jaqueta velha. Eles só não gostam, só isso. Da música, das roupas. Então estão agindo como se houvesse alguma coisa *errada* comigo por causa disso."

"Bem, preciso admitir, Stephen, a jaqueta é blasfema. A cruz nas costas é..."

"Mas não tem nada errado *comigo*. Se é por isso que estou vindo aqui, então", outro dar de ombros, "estou desperdiçando o seu tempo. Sinto muito."

O padre Wheatley olhou para o garoto por um longo tempo, estudou o rosto dele através de olhos semicerrados e pensativos. Depois perguntou: "Você gostaria que eu contasse isso para a sua mãe?".

"Sei lá. O que acha que deve contar para ela? Você é o padre."

"Bem, suponho que se acha que essas visitas são perda de tempo... então elas são. Se elas pararem, me prometeria uma coisa, Stephen?"

Ele deu de ombros.

"Se algum dia você precisar conversar com alguém sobre alguma coisa que... bem, que talvez não queira discutir com os seus pais ou um amigo da escola... você virá até mim? Eu ficaria feliz em me sentar e conversar com você a qualquer momento."

"Sim. Claro." Stephen sorriu.

"Tenho que admitir, Carmen, o seu garoto está passando pelas atribulações da adolescência."

"O que quer dizer? Como assim?"

"Bem, ele é um rebelde. Gosta de fazer coisas que chocam, que ofendem. É por isso que os astros do rock conseguem ganhar tanto dinheiro sem serem talentosos." Ele deu uma risadinha. "Porque os jovens sabem que os pais não gostam deles."

"Mas é mais do que isso, padre." Carmen apertou o fone com mais força, pressionando-o com mais intensidade contra a orelha. "Ele está... mudado. A personalidade, o comportamento... é como se Stephen não quisesse ter mais nenhum contato com a gente. Ele fica lá embaixo no quarto dele quase o tempo todo. Só sobe para ir ao banheiro ou comer. Fica lá sentado no canto e resmunga coisas para si mesmo enquanto ouve aquela música horrível com fones de ouvido. Usa aquelas camisetas, aquela jaqueta, anéis com pequenas caveiras neles, toda aquela parafernália heavy metal. Eu nem sei onde ele arruma essas coisas, embora suspeite que tenha alguma coisa a ver com aquele garoto com quem ele anda ultimamente. Stephen não é o mesmo, padre."

"Sim, parece que eles chegam a uma idade onde não lembram mais a criança que costumavam ser. Só que alguns passam por mudanças mais drásticas. Parece que é esse o caso aqui."

"Sim, é o que parece." Ela fechou os olhos e abriu um pequeno sorriso, aliviada por ele ter afinal começado a entender.

"Infelizmente, eu não vi nada disso durante as minhas conversas com Stephen. Oh, ele ficava rabugento de vez em quando, um pouco impaciente. Mas era bem comportado. Ah, sim, eu notei a jaqueta e os anéis. Acho que as suas suspeitas sobre as amizades de Stephen estão corretas. Ele mencionou um garoto chamado Jason que o apresentou à música. Ele me parece ser uma má influência."

"Me diga, padre. Ele chegou a falar alguma coisa sobre... a nossa casa? A casa na qual moramos agora?"

"Não, não me lembro de ele mencioná-la. Por que pergunta?"

"Ah, por nada. Então, você acha... quero dizer, você não pode fazer mais nada."

Ele riu. "Carmen, querida, sou apenas um padre. Se você quiser, posso recomentar um terapeuta, porém."

"Terapeuta?"

"Sim. Um bom terapeuta católico especializado em situações como esta. Ele trabalha bem com adolescentes."

Carmen franziu o rosto. "Um terapeuta?"

"Isso é tão ruim? Acho que seria uma decisão sábia."

"Você acha que Stephen sofre... bem, sabe, de alguma doença mental?"

"É claro que não, querida. Só acho que ele está perturbado. Na verdade, suspeito que um garoto nessa idade que *não se encontre* perturbado esteja provavelmente sofrendo de uma doença mental. Crescer é um projeto difícil, e Stephen está passando por uma das épocas mais complicadas agora. Na verdade, ele teve o fardo extra da doença, algo com o qual a maioria dos adolescentes não precisa lidar. Não, Carmen, hospitais psiquiátricos não são para os doentes mentais. Terapeutas são para as pessoas que tiveram coisas demais jogadas sobre elas de uma vez só. São para pessoas que estão tendo dificuldades para lidar com os problemas que a vida entrega a todos nós vez ou outra. Terapeutas são para *todos*. A minha sugestão de terapia não quer dizer que eu ache que o seu filho esteja sofrendo de alguma doença mental. De jeito nenhum."

Carmen não conseguiu pensar em algo para dizer. Ela não concordava com o padre Wheatley e isso a incomodava ainda mais do que a sua situação. Portanto, apenas deu um leve suspiro ao telefone.

"Você tem uma caneta, Carmen? Deixe-me lhe dar o nome e o número de telefone dele. Você liga, explica o problema e marca um horário para Stephen. Se quiser, pode marcar um horário para toda a família. A decisão é sua."

O padre Wheatley recitou o nome e o número.

Carmen não os anotou.

Stephen decidiu se mudar para o quarto que seria dele desde o início, mas não contou a quem quer que fosse, exceto a Michael. Primeiro, ele levou todas as suas coisas para o quarto, depois, com a ajuda do irmão, levou a cama.

"Tem certeza de que quer se mudar para cá?", perguntou Michael.

"Sim. Por quê?"

"Achei que você não gostava deste quarto."

"Oh, não é tão ruim."

Michael franziu o rosto. "Você nem gostava do *nosso* quarto no começo."

"É, bom, acho que foi idiotice minha."

Michael continuou franzindo o rosto. Com as mãos no quadril e os olhos semicerrados, ele fitou o irmão com preocupação.

"Não era tanta idiotice pouco tempo atrás. Por que essa mudança de repente?"

"Quero um quarto só meu. Isso é tão ruim?"

"Tem certeza de que está bem, Stephen?"

Ele riu. "Por quê?"

"Por que você anda... bom, meio esquisito ultimamente."

Outra risada. "Você está começando a soar como eles", disse apontando um polegar para cima, na direção dos pais no andar superior.

"É, mas... eu quase não vejo mais você. Você está sempre com Jason, sempre com essas camisetas e anéis estranhos, ouvindo aquela música e..."

"Ah, você ainda é novo demais. Também vai ouvir aquela música. Vai usar essas camisetas, porque vai gostar das bandas. Você vai ver."

As rugas na testa de Michael foram desaparecendo aos poucos. A sua boca se curvou em um meio sorriso. "Você acha?", perguntou ele.

"Claro."

"Oh, ok." Michael deu de ombros.

"Encare as coisas desse jeito. Você vai ter um quarto só seu de novo."

"É, mas... eu meio que gostava quando era o *nosso* quarto."

"Você vai superar", falou Stephen, rindo.

As contas do mês estavam espalhadas diante de Carmen na mesa da sala de jantar, mas a atenção dela estava direcionada a uma em particular. Carmen percebeu que Al — ele estava sentado na ponta da mesa, à sua esquerda — estava olhando para a conta de luz, que ela já tinha visto; Carmen observou a boca dele se transformar em uma linha apertada e reta, os olhos ficarem cada vez mais arregalados, os ombros murcharem de surpresa, até ele finalmente explodir.

"Puta merda, você *viu* isso?"

Carmen conseguiu apenas assentir.

"Isso é... quero dizer, filho da *puta*, isso é ridículo, o que a gente andou fazendo, acendendo toda a vizinhança?"

Ele olhou para ela, boquiaberto, segurando a conta diante de si, esperando uma resposta.

"Hum, acho", disse ela hesitante, "que pode ser por causa das luzes que ficam acesas a noite toda lá embaixo."

"Eles ainda estão fazendo isso?", perguntou, a voz tão baixa que a esposa quase não conseguiu ouvi-lo.

"Acho que sim."

Ele se levantou e bateu o punho com força na mesa. Carmen podia ouvir os dentes dele rangendo. Ele se virou e saiu da sala de jantar, dobrou à esquerda no corredor e começou a descer a escada.

Carmen ficou de pé e o seguiu, andando depressa, esperando que a sua presença o impedisse de ficar alterado demais.

"Stephen", chamou ele enquanto descia a escada. "Stephen, onde... o que diabos está acontecendo aqui embaixo?"

Carmen chegou no porão a tempo de ouvir Stephen explicar que Michael o estava ajudando a se mudar para o seu quarto original.

"Então, se você não tem medo de se mudar para o próprio quarto, por que ainda deixa as luzes acesas aqui embaixo?", berrou Al.

Stephen e Michael o encararam em silêncio.

Al mostrou a conta. "Olhem isso aqui. A conta de luz. Vocês querem contar todos os números nessa caixinha na parte inferior? Vocês sabem por que eles estão ali? Porque vocês andam deixando todas as malditas luzes acesas a noite toda, por isso!"

Os garotos nada disseram.

Al puxou a conta para trás, batendo-a contra a coxa. "Então sabem o que vou fazer? Vou *mostrar* o que vou fazer!"

Movendo-se como se estivesse com uma tremenda pressa, Al passou primeiro pelo quarto de Michael, depois pelo de Stephen, retirando todas as lâmpadas de todos os soquetes. Ele as colocou em uma caixa de papelão vazia que encontrou no canto do quarto de Stephen.

"Por favor, não faça isso", pediu Michael baixinho.

"Não, tarde demais para isso. Vocês deveriam ter pensado nisso quando estavam deixando as luzes acesas todas as noites, fazendo a conta de energia subir pelos ares. Era *aí* que deveriam ter pensado nisso."

"Mas como vamos fazer a nossa lição de casa?", perguntou Michael.

"Façam lá em cima. Venham para cá quando estiverem prontos para dormir." Segurando a caixa embaixo do braço, Al parou no pé da escada e encarou os garotos. "Nada de gastar dinheiro ou mesadas por um bom tempo. Elas vão servir para pagar essa maldita conta." Então subiu a escada batendo os pés.

"Bom, garotos", disse Carmen, cruzando os braços sobre o peito, "não sei o que dizer a vocês. Acho que a lei acabou de ser decretada."

Michael suspirou e abaixo a cabeça.

Stephen apenas a encarou. Ele nada dissera até então, apenas manteve o olhar fixo e inexpressivo, o rosto sem demonstrar nada.

Carmen deu de ombros e disse em voz baixa: "Vocês deveriam ter ouvido o seu pai desde o começo".

"Ele não é o nosso pai", disse Stephen. A voz estava baixa e inexpressiva; os lábios quase não tinham se movido quando ele falou.

Carmen girou a cabeça na direção dele, chocada. Stephen nunca falou algo assim antes. Ele sempre chamara Al de "pai", sempre apresentara Al aos amigos como "o meu pai".

"Você não fala muita coisa", sussurrou Carmen, "mas quando fala, com certeza sabe dizer coisas desagradáveis, não é?"

"Bom," Stephen deu de ombros, "ele não é."

"Acho que você já falou o bastante", disse Carmen. Ela se virou para voltar a subir a escada, mas parou e ficou diante de Stephen de novo. "Se ele não é o seu pai, eu gostaria de saber quem é. Quem fez tudo que você precisou ao longo dos anos? Quem sempre o levou para pescar? Quem quis largar *tudo* para que pudesse ficar ao seu lado enquanto você esteve doente? E quem foi..."

"Isso não faz dele o meu pai", interrompeu Stephen. A voz foi um sussurro, mas ele não poderia tê-la atingido com mais força se a tivesse golpeado com a mão. Carmen pensara, por um momento, que talvez estivesse conseguindo se comunicar com ele, que afinal talvez estivesse dizendo alguma coisa que fosse dar certo, que o atingiria, que o faria pensar.

Ela se deu conta, enquanto olhava para o rosto entediado e inexpressivo dele, que estivera errada.

Carmen girou nos calcanhares e se apressou a subir a escada, esperando que os garotos não tivessem percebido que estava chorando.

"Você não precisava dizer aquilo!", exclamou Michael com raiva depois que a mãe foi embora. Ele estava parado no pé da escada observando Stephen, que estava em pé no próprio quarto.

"O quê?"

"Sobre o papai. Foi uma coisa de merda para dizer."

"Mas é verdade, não é? Quero dizer, mesmo que a gente *chame* ele de pai, isso não *faz* dele o nosso pai, faz?"

Michael inclinou a cabeça para um lado e estreitou os olhos enquanto encarava o irmão; ele repuxou um canto da boca em uma expressão de repulsa e balançou a cabeça devagar. "O que tem de errado com você? Qual é o seu problema, Stephen?"

O outro inclinou um pouco a cabeça para trás e riu. "Sei lá. Qual é o *seu* problema?"

Ainda rindo, Stephen estendeu os braços e fechou as portas francesas. Michael ouviu as risadas abafadas do irmão continuarem enquanto olhava através dos vidros e observava Stephen se jogar na cama.

Al dormia um sono calmo e sem sonhos — uma raridade nos últimos tempos — quando foi acordado de repente com uma sacudida. A princípio, ele pensou que fosse a cama outra vez, mas estava errado.

Ele se sentou para ver Michael parado ao lado da cama no escuro.

"Desculpa", sussurrou Michael.

"Qual é o problema?"

"A minha luz está acesa. No quarto. Ela me acordou."

"Bom, nossa, Mike, é só apagar." Al se deitou de novo, começou a virar de lado, a ficar confortável e voltar a dormir.

"Mas, pai, você tirou todas as lâmpadas."

O pai congelou. Ele ficou alerta de repente quando se deu conta de que tinha, de fato, tirado todas as lâmpadas do andar de baixo mais cedo naquela noite.

Encarando o filho de novo, Al sussurrou: "Como assim, está acesa?".

"Está... acesa. Está brilhando."

"Você colocou uma lâmpada?"

"Não."

"Então Stephen deve ter..."

"Não. Não tem nenhuma lâmpada."

Al se virou para Carmen quando ela se mexeu e emitiu um som ofegante enquanto dormia. Quando teve certeza de que ela não acordaria, afastou as cobertas, saiu da cama e vestiu o roupão. Seguiu Michael para fora do quarto e entrou no corredor.

Ele tinha certeza de que Michael estivera sonhando. Tinha certeza de que não era nada além disso. Falou a si mesmo que não era nada além disso repetidas vezes enquanto seguia o menino.

Conforme Al começou a descer a escada, ele percebeu que *havia* uma luz acesa lá embaixo.

"Ok, vamos lá, Michael, o que você fez, pegou uma das lâmpadas na gaveta da cozinha?"

"Não!", respondeu ele entredentes. "Não tem nenhuma *lâmpada*!"

Al parou na metade da escada. Teve calafrios na nuca e sentiu o estômago se contrair, sentiu os testículos encolherem para dentro do corpo.

O filho continuou descendo até perceber que Al não o estava seguindo. Ele parou e olhou para trás.

"Vai descer?"

A voz de Al estava seca e rouca quando ele finalmente falou: "Sim, sim, estou... estou descendo".

Ele voltou a descer a escada, mas bem devagar agora, a mão apertando o balaústre conforme avançava. Assim que chegou ao pé da escada, ficou parado por algum tempo em um círculo de luz que brilhava à sua esquerda antes de se virar e seguir Michael para dentro do quarto.

"Viu?", disse o menino, a voz grogue. "Viu o que quero dizer?"

Al se virou.

A respiração dele ficou presa na garganta como se fosse pedra.

Um soquete vazio brilhava com uma luz intensa esbranquiçada que fez Al semicerrar os olhos. Não era uma luz normal, porém. Havia alguma coisa esquisita nela, alguma coisa anormal.

Al fitou a luz, boquiaberto, mexendo um pouco a boca, como se estivesse prestes a falar, mas nada disse, apenas fitou a malevolência ofuscante da luz esbranquiçada.

A luz desapareceu e os deixou no escuro.

Al pressionou os lábios e sorveu o ar em uma respiração longa e profunda, depois exalou devagar.

"Viu o que quero dizer?", sussurrou Michael.

O pai não falou por algum tempo. Ele sabia que a sua voz o entregaria. Esperava que Michael não tivesse olhado para o seu rosto quando ele entrou no quarto.

"Viu o quê?", vociferou ele.

"A luz. Ela estava..."

"Está escuro feito breu aqui, droga, que luz?"

O luar suave que entrava pela janela reluziu nos olhos arregalados e descrentes de Michael. Ele nada disse.

"Qual é o seu problema, diabos? Você me acorda no meio da noite para... vo-vo-volte para a cama, droga, volte para a cama *agora* mesmo."

Al se virou e se afastou de Michael, e disparou escada acima, apertando os punhos para que as mãos não tremessem.

No quarto, ele tirou o roupão e se sentou na beirada do colchão, e então, de repente, se levantou de um pulo, virando-se para olhar para a cama.

Estava vibrando.

Sem perceber, Al começou a fazer pequenos ruídos na garganta. Olhou para Carmen e esperou, rezou, que ela não acordasse enquanto ele se afastava da cama, se abaixava para pegar o roupão e corria para fora do quarto.

Na cozinha, acendeu a luz e abriu uma cerveja. Já tinha bebido metade quando percebeu que havia lágrimas nas suas bochechas e que estava chorando baixinho.

"Você tinha razão, sabe", sussurrou a voz.

Stephen estava deitado no escuro, sozinho no quarto, completamente desperto.

"Ele *não* é o seu pai. É?"

Stephen balançou a cabeça devagar em cima do travesseiro.

"Ele não acredita em nada do que você diz. Não tem nenhuma fé em você. Nenhum respeito por você. Tem, Stephen?"

O menino balançou a cabeça mais uma vez.

"Tem?"

"Não", sussurrou Stephen.

"Ele nunca vai fazer nada de bom para você. Vai?"

"Não."

"Ele só vai impedir que você cresça. Não estou certo?"

"Sim."

"Ele só vai impedir que você se transforme no que prometi que você pode se tornar. Certo?"

"Sim."

"Você não quer isso, quer?"

"Não."

"E por quê?"

"Porque... foi o que você disse."

"E quem eu sou, Stephen? Quem eu sou para que tivesse dito isso?"

"Meu pai. Você é o meu pai."

"Quem eu sou, Stephen?"

"Você... é Deus."

"Isso mesmo, Stephen, meu filho. Isso mesmo..."

14
DO INVERNO PARA A PRIMAVERA

Conforme a temperatura fora da casa dos Snedeker subia de maneira gradual e o cinza invernal dava lugar de maneira relutante a pontos verdejantes aqui e ali, a temperatura dentro da casa caía a uma velocidade estável, e o humor ficava mais indolente.

Estava se tornando cada vez mais comum que a maior parte das conversas que aconteciam na casa viesse da televisão, que ficava ligada o tempo todo. Nenhum deles falava muito. Eles comiam ao redor da mesa da sala de jantar apenas aos fins de semana, e, às vezes, em vez disso, colocavam os pratos no colo ou em bandejas para comerem diante da televisão.

Não era como se estivessem bravos uns com os outros; esse não era o caso, de modo algum. Era mais como se estivessem preocupados com os próprios pensamentos particulares e silenciosos, como se estivessem ocupados demais repassando repetidas vezes as coisas que os perturbavam, examinando-as nas suas mentes, remoendo-as.

Stephanie e Peter eram as únicas duas pessoas na casa que continuavam sendo os mesmos brincalhões de sempre, mas até mesmo eles pareciam notar a mudança e demonstravam estar um pouco incomodados com ela. Eles também pareciam entender que era melhor não perguntar o que havia de errado e, assim, passavam a maior parte dos seus dias juntos, brincando e conversando.

Michael ficava o maior tempo possível com amigos fora de casa. Ele costumava ficar bastante dentro de casa na companhia de Stephen, mas agora era raro ver os dois juntos.

Stephen era a sua própria companhia. Ele ficava no andar de baixo quando estava em casa, os guinchos elétricos da sua música de heavy metal abafados pelas portas francesas fechadas e trancadas. Às vezes, ele podia ser ouvido, sozinho no quarto, rindo...

Como isso aconteceu?, perguntou-se Carmen certo dia. *Quando começou? Quando foi que ficamos assim?*

Ela estava sentada à mesa do solário fumando um cigarro, tentando identificar o ponto no qual a sua família tinha mudado. Foi uma mudança sutil, sim, mas também definitiva. Um abatimento recaíra sobre a sua casa, sobre a sua família, e ela era incapaz de fazer qualquer coisa a respeito. Isso a deixava tão impotente quanto se sentira quando descobrira que Stephen tinha câncer.

Stephen...

Na verdade, às vezes, ela se via sentindo *saudade* dele, como se o filho estivesse longe em uma viagem, ou algo assim. Era como se ele tivesse ido embora e sido substituído por um estranho que perambulava pela casa ignorando todo mundo, sorrindo sem motivo, de vez em quando murmurando consigo mesmo, rindo e usando aquelas camisetas terríveis com estampas de caveiras, demônios e símbolos religiosos profanados. Ele até se *parecia* com um estranho; o cabelo ficava cada vez mais comprido e ele aparentava despreocupação com a aparência, e, embora Carmen não pudesse apontar a mudança específica que tinha ocorrido neles, até os olhos dele já não pareciam familiares.

"Al, você não acha que a gente devia fazer alguma coisa a respeito do Stephen?", perguntara ela algumas noites antes enquanto se preparavam para dormir.

"Fazer o quê? Quero dizer, o que vamos fazer? Ele tem idade suficiente para saber como está se comportando, sabe o que está fazendo, então o que vamos fazer?"

Al também tinha mudado; se tornara mais quieto do que o normal nos últimos tempos, mas, quando falava, soava como se estivesse à beira de perder a paciência, atropelando as palavras em um jorro como se tentasse expulsá-las antes que explodissem dentro dele. Estava bebendo mais, também, e o seu hálito tinha um cheiro forte de cerveja naquela noite.

"Bom, o que quero dizer", dissera ela, "é que talvez ele *não* saiba o que está fazendo."

"Ele ficou esquisito, mas não ficou burro."

"Não, quero dizer... bem, o padre Wheatley sugeriu que talvez, hum... talvez Stephen devesse fazer terapia."

Al deu algumas risadas estridentes e insensíveis. "Terapia? Você sabe quanto isso custa? Por *hora*?"

"Mas, se tem alguma coisa errada, pode ser que valha a pena."

"Se tem alguma coisa errada, é aquele maldito garoto com quem Stephen anda, mas *você* acha que ele deve ter amigos, *você* acha que isso vai ajudar. Não. Não acredito em pagar para alguém fazer o que uma família deveria ser capaz de fazer por conta própria."

"Bom, até agora ninguém foi capaz de fazer nada por conta própria."

"Oh, ok, então você acha que isso é culpa minha ou algo assim?"

"Eu não disse isso. Só estou preocupada com ele. Tem alguma coisa errada com o meu filho e fico pensando se existe algo que a gente deveria estar fazendo. A minha mãe diz que ele está passando por uma fase, mas nesses últimos tempos ela não tem ficado tanto tempo com ele como a gente. E como isso pode ser uma fase... Ele está agindo de um jeito muito esquisito, nem é mais a mesma pessoa e não acho..."

"Bom, espero que seja uma fase", interrompeu Al, virando de lado e ficando de costas para ela. "E, se for, é melhor ele passar por ela depressa ou vou fazer ele atravessá-la com chutes na bunda."

Carmen ficou acordada por muito tempo naquela noite, preocupando-se com Stephen.

E agora estava se preocupando com ele mais uma vez.

Porém, Stephen não era a sua única preocupação...

Havia as vozes.

Elas nunca eram altas o bastante para que Carmen tivesse certeza de que as tinha ouvido e não imaginado. Também nunca eram muito identificáveis, embora sempre soassem conhecidas.

Às vezes, elas sussurravam o seu nome. Às vezes, riam dela. Outras vezes, ela achava que podia ouvir uma criancinha chamando-a de algum lugar dentro da casa quando estava sozinha. Em outras ocasiões, os seus murmúrios soavam irritados, ameaçadores. Ela também achava ter visto coisas de vez em quando, coisas que passavam depressa por ela, mas desapareciam no instante em que se virava para elas; certa vez, ela correu até o quarto para pegar alguma coisa na cômoda e, por um breve momento, pôde jurar que tinha visto uma figura — parecia ser um homem, mas era impossível ter certeza — sentada no pé da cama, mas que tinha sumido quando ela parou e se virou.

Contudo, por outro lado, poderia ter sido Willy correndo pela casa, ou um esquilo guinchando no quintal dos fundos, ou crianças brincando na vizinhança, ou até mesmo a sua própria imaginação perturbada, que estava fazendo hora extra pensando na possibilidade de que

Stephen precisasse *mesmo* de terapia, que talvez ele *sofresse* de alguma doença mental, que talvez o seu relacionamento com Al nunca fosse melhorar, que o marido fosse continuar bebendo até isso se tornar um problema grave e ele se transformar em um estranho para ela, como Stephen tinha se transformado.

E, no centro de todas as suas preocupações, ela continuava a se lembrar das palavras de Stephen no primeiro dia deles na casa:

Mãe, a gente precisa embora desta casa. Tem alguma coisa maligna aqui... alguma coisa maligna... alguma coisa maligna... maligna...

Carmen tinha que conversar com alguém. Ela tentara conversar com Al, mas isso não dera certo. Ela costumava ser capaz de conversar com Stephen sobre quase qualquer assunto, mas esses dias pareciam ter chegado ao fim. Claro, sempre havia Tanya — *se* Carmen conseguisse fazer com que ela ficasse parada tempo suficiente para que pudessem ter uma conversa.

Desde que fora embora com tanta pressa naquela noite alguns meses antes, Tanya mantivera-se ocupada o bastante para que não pudesse conversar com Carmen por mais do que apenas alguns minutos. Durante algum tempo, Carmen se sentira magoada. Então começou a ficar brava, imaginando por que de repente estava recebendo um gelo da amiga. Parte disso era culpa sua, porém, por não encostar Tanya contra a parede e conversar com ela. Mas não fizera isso porque tinha medo de conversar com a vizinha. Pouco antes de ir embora, Tanya dissera algo sobre ter visto coisas na casa, sobre a casa deixá-la desconfortável. Carmen sentia saudade das horas que costumavam passar juntas, das conversas que costumavam ter... mas não queria ouvir a explicação de Tanya para o que a própria dissera.

Ela se levantou da mesa e foi para a sala de estar. Peter estava tirando um cochilo no quarto, os outros ainda estavam na escola. Ela ficou parada na sala por um momento, fitando a casa de Tanya pela janela.

Será que seria tão ruim assim?, perguntou-se. *O que ela poderia dizer de tão terrível?*

Depois de se certificar de que Peter ainda estava dormindo profundamente, foi até a casa de Tanya.

Assim que a vizinha abriu a porta, Carmen disse: "Ok, vamos sentar e conversar".

"Oh, oi, Carm. Nossa, você me pegou em uma hora ruim. Eu estava prestes a..."

"Sério, Tanya. Precisamos conversar. *Eu* preciso. Por favor?"

Tanya ficou parada na soleira, roendo a unha do polegar. "Tem alguma coisa errada?"

"É isso que eu gostaria de saber. Um dia você sai correndo da minha casa como se o local estivesse pegando fogo e, desde então, a gente quase não se falou. Então... qual é o problema? O que aconteceu?"

Tanya suspirou e abriu um sorriso triste para Carmen. "É, acho que precisamos conversar. Entre."

Elas se sentaram à mesinha da cozinha e Tanya serviu café. O bebê estava dormindo na sala de estar, e um programa de entrevistas passava baixinho no pequeno rádio AM em cima da mesa.

Durante alguns minutos, conversaram nervosas sobre futilidades, então Carmen perguntou-lhe o que exatamente aconteceu naquele dia no qual ela foi embora tão de repente.

"Eu não disse nada porque... bom, sei que isso soaria bobo", disse Tanya, hesitante.

"Não disse nada sobre o quê? Se isso explicar por que você saiu correndo naquele dia sem dar nenhuma explicação, não me importo *o quão* bobo vai soar, mas quero saber."

"Bem, a sua casa... eu me senti muito desconfortável lá dentro. Não quis dizer nada porque... bom, por causa das coisas que as crianças estiveram contando para você há tanto tempo, e sabia o quanto isso a tinha chateado e..."

"Você disse que ficava vendo coisas."

"É. Pelo canto do olho, como se alguém ou alguma coisa estivesse passando correndo para outra parte do cômodo ou da casa. Mas não tinha ninguém lá. E senti... não me senti bem."

"Então você acha que a casa é mesmo..."

"De jeito nenhum, e é exatamente por isso que não quis dizer nada. Sabia que você iria pensar que eu achava que a casa era assombrada, e não acho, ok? Acho... bom, só acho que..."

Quando Tanya ficou em silêncio por algum tempo, Carmen perguntou: "O que você *acha*, Tanya?".

Ela deu uma risada nervosa. "Bem, não tenho certeza. Provavelmente foi, sabe, o que você me contou sobre o que as crianças disseram e a história da casa... sabendo o que ela costumava ser... só isso, tenho *certeza* de que foi só isso."

Carmen pensou a respeito por algum tempo, bebericou o café, acendeu um cigarro.

"Se foi só isso", disse ela, "então por que nunca mais foi me fazer uma visita? Por que andou me evitando?"

"Bom, como eu disse, estava envergonhada. E não quero incomodar você com o bebê e..."

"Você sabe que não é incômodo nenhum."

"É que a casa me deixa desconfortável, Carmen", suspirou ela. "Só isso. Sei que é bobagem. Que é infantil. Mas sei também o que ela costumava ser e penso no que costumava acontecer lá... e isso me deixa desconfortável."

"Você tem medo da minha casa."

O riso súbito de Tanya soou um tanto forçado quando ela levou a xícara de café até a pia e a passou na água.

"Tem, sim", disse Carmen, indo atrás. "Você tem medo dela."

"Carmen, por favor, pare com isso."

"Bom, e seu eu dissesse que, às vezes, me sinto da mesma maneira? E se eu dissesse que, às vezes, vejo coisas? Que, às vezes, ouço vozes? Ou que eu..."

Tanya se virou de repente e a interrompeu: "Você está brincando, não está?".

"Nem um pouco. De vez em quando, acho que estou enlouquecendo naquele lugar. E Stephen... bem, você diz que ele está passando por uma fase, mas é uma fase que começou logo depois de nos mudarmos para aquela casa."

Os olhos de Tanya se estreitaram e ela sussurrou: "Você ouve vozes mesmo?".

Carmen aquiesceu.

"Então *você* acha que a casa é... sabe, assombrada?"

"Não me permiti usar essa palavra ainda e não sei ao certo se quero me ouvir usando-a. Mas estaria mentindo se dissesse que isso não passou pela minha cabeça."

"E Al?"

Carmen deu de ombros. "Não conversamos sobre isso. Não sei o que Al acha — se é que ele tem alguma opinião sobre isso. Tenho medo de que ele vá achar que sou louca. E nós já conversamos sobre arrumar um terapeuta para Stephen, então... um louco na família é o suficiente, obrigada."

Tanya se encostou na bancada que separava a cozinha da sala de jantar. "Então, o que você vai fazer?"

"O que *posso* fazer? Não posso conversar com Al e a última coisa que as crianças precisam é ouvir a mãe delas dizendo que a casa é assombrada. Eles já ouviram isso muitas vezes do Stephen. Mas precisava contar para alguém. É por isso que vim aqui. É uma sensação boa... bem, abrir o coração."

"Fez eu me sentir um pouco melhor também", disse Tanya. "Pelo menos eu não estava imaginando coisas."

Carmen acendeu outro cigarro. "Não sei. Talvez *seja* só imaginação. As coisas não andam muito boas para nenhum de nós por lá, isso é certo. Acho que todos estão um pouco tensos. Sei que eu estou. E, como você disse, a casa tem um passado tão estranho. Só isso já é assustador."

Elas ficaram em silêncio por algum tempo. Vozes zumbiam através da estática fantasma do rádio.

De repente, Tanya tamborilou os dedos em cima da mesa com decisão. "Você já ouviu esse programa?", perguntou ela, acenando com a cabeça na direção do rádio.

Carmen balançou a cabeça. "Acho que não."

"Gosto mais desse do que a maioria dos programas de entrevistas porque, na maior parte do tempo, eles recebem os convidados mais interessantes. Convidados realmente *bizarros*, sabe? E alguns dias atrás, eles receberam um casal que pode ser capaz de ajudar você."

"O quê?" Carmen gargalhou. "Por que eles seriam capazes me ajudar?"

"Eles são casados, sabe, os Warren. E eles são, bem, caça-fantasmas, acho. Só que de verdade, nada daquela coisa com Bill Murray", falou ela, rindo.

"Você está brincando, certo?"

"Não, não, é sério. Também não foi a primeira vez que ouvi falar deles. Eu li um artigo que..." Ela estalou os dedos e se levantou. "Na verdade..."

Tanya saiu da cozinha e Carmen a ouviu perambulando pela sala de estar. Quando voltou, a amiga folheava uma revista com rapidez. Assim que se sentou, encontrou o que queria, dobrou a revista na página aberta e a bateu na mesa.

"São esses aí", disse ela, apontando para uma foto.

Carmen pegou a revista e estudou o homem e a mulher na foto, metade da boca se levantando em uma descrença divertida.

"Essas pessoas? Você quer dizer que essas pessoas são", ela riu, "caça-fantasmas? Mas eles parecem normais."

"Eles *são* normais. Você devia ouvi-los. São perfeitamente normais. Agradáveis, inteligentes, muito *não* loucos."

O homem e a mulher na foto exibiam largos sorrisos. Ambos na casa dos 60 anos; o homem, atarracado e de peito largo, tinha cabelo que ia ficando grisalho e usava óculos de armação de metal, e a mulher tinha olhos brilhantes e cabelo escuro preso atrás em um coque. Eles pareciam ser agradáveis, amigáveis, como os avós favoritos de alguém. A legenda dizia: "Demonologistas Ed e Lorraine Warren residem em Connecticut, mas viajam extensivamente para palestrar e dar continuidade à sua pesquisa".

"Pode ficar com a revista, se quiser", disse Tanya. "É um artigo muito interessante. Eles falam sobre todos os sinais de uma assombração, como mudanças drásticas na temperatura, coisas mudando de lugar sozinhas ou desaparecendo, luzes piscando — 'luzes fantasmas', eles as chamam — e todo tipo de coisa. Eles dizem que crianças e animais costumam ser os primeiros a notar porque são muito sensitivos a coisas assim. Contam histórias sobre alguns dos casos nos quais eles trabalharam, também, e eles..."

"Crianças e animais?", perguntou Carmen depressa.

"Hein? Ah, é. Eles sentem essas coisas muito mais do que os adultos."

Carmen franziu o rosto e fitou a mão que estava sobre a mesa.

"Crianças e animais."

Ela pensou em Stephen insistindo desde o começo que havia alguma coisa errada com a casa e no...

"Aquele cachorro", sussurrou consigo mesma.

"Hein? Que cachorro?"

"Oh, hum, é só... você se lembra daquele cachorro que ficava latindo do lado de fora quase todas as noites durante um tempo?"

"Você o ouviu também, hein? É, achei que ia enlouquecer. Por quê?"

"Um dia, algumas semanas atrás, Al finalmente deu uma volta pela vizinhança até descobrir quem era o dono e pedir que o bicho fosse trancado à noite. Mas ele latia do lado de fora da nossa casa. Todas as noites. Ficava de frente para o canto frontal deste lado e latia como se estivesse prestes a atacar a parede."

Tanya inclinou a cabeça e franziu o rosto. "Sério?"

"É. Ele só me acordou algumas vezes — quase sempre consigo dormir com qualquer barulho —, então o vi apenas em duas noites. Mas Al — o animal o acordava sempre, acho. Ele disse que o cachorro ficava bem ali, latindo... para a casa."

Tanya exibia uma expressão preocupada enquanto olhava pensativa para Carmen por algum tempo. Então bateu com um dedo na foto dos Warren e disse: "Acho que você deve ligar para eles".

"Ligar para eles? Por quê? Quero dizer, o que eu diria? Eu só estava", ela riu, "fazendo uma observação, só isso."

"Que mal faria? Eles vivem logo ali em Monroe. Eles têm um museu na casa deles, fazem palestras e dão aulas lá sobre demonologia e — bem, está tudo aí no artigo. Fique com ele e leia. Você poderia pelo menos perguntar o que acham da sua situação."

Outra risada. "Sabe o que Al faria se soubesse que eu liguei para uma dupla de caça-fantasmas para dizer a eles que a nossa casa pode ser assombrada? Ele teria um chilique."

"Ele não precisa saber, precisa?"

Ela esquadrinhou uma coluna do artigo, pensando. "Não, acho que não. Tenho certeza de que isso é só... bem, ando tão estressada ultimamente e... sou só eu, Tanya, só a gente. As coisas andam bem tensas entre a gente nesses últimos dias, só isso."

"Alguma coisa errada?"

"Oh, nada sério. Pelo menos eu acho que não."

"Bom, leve a revista com você e leia o artigo."

"Sim, claro. Parece interessante."

Carmen levou a revista para casa, mas, em vez de ler o artigo, largou a revista em cima de uma pilha de outras revistas embaixo de um aparador na sala de estar.

Mas ela não se esqueceu dela. Não por completo...

Ela não era a única que estivera pensando bastante no que Stephen dissera naquele primeiro dia na casa.

Al fora assombrado pelas palavras do garoto, assombrado da maneira como o fantasma de uma vítima de assassinato pode assombrar o seu assassino: com persistência cruel e obstinada.

Portanto, passou a beber mais. Ele estava ciente disso, e não gostava, mas não sabia o que mais poderia fazer. O sono não vinha fácil à noite, nem o despertar de manhã. Era difícil manter a mente focada no trabalho durante o dia, e, quando chegava em casa no fim da tarde, estava aborrecido e exausto demais para ter a mais simples das conversas. Dessa forma, algumas cervejas pareciam ser a melhor solução.

Tudo por causa de uma música fantasma à noite, dos latidos de um maldito cachorro (até algumas semanas atrás, de qualquer modo), das vibrações na cama e da afirmação de Stephen de que a casa era maligna — combinados com o que a casa costumava ser.

E, é claro, havia as mudanças perturbadoras no garoto. Al nem sequer gostava mais de encará-lo nos olhos; eram os olhos frios de um estranho ameaçador e faziam os pelos na nuca de Al ficarem arrepiados.

Contudo, não eram só os olhos. O som da sua risada subindo a escada quando ele estava sozinho no quarto era enervante, assim como os resmungos baixos conforme andava pelo corredor. Ele sequer passava tanto tempo com Jason quanto costumava, e os dois tinham sido inseparáveis. O vizinho ainda aparecia por lá, eles ainda iam juntos para o andar de baixo e ouviam aquela música. Às vezes, Al os pegava trocando olhares ou sussurrando um com o outro de uma maneira que o fazia pensar que estavam compartilhando algum segredo mórbido.

Certa noite, toda a família estava assistindo à televisão na sala de estar quando Stephen os surpreendeu ao entrar e se juntar a eles. O garoto se sentou no chão em um canto atrás de todo mundo e cruzou os joelhos junto ao peito.

Ninguém disse uma palavra sequer a ele, apenas trocaram olhares rápidos e surpresos, depois voltaram a atenção à televisão.

Então Stephen começou a murmurar consigo mesmo.

A princípio, eles o ignoraram — embora Al tivesse achado isso muito difícil —, mas ele continuou.

As palavras eram indistinguíveis; a voz, um zumbido baixo e gutural, pontuada por ocasionais risinhos baixos. Os olhos distantes permaneceram grudados na tela da televisão o tempo todo.

A mão direita de Al começou a apertar a garrafa de cerveja com cada vez mais força até...

"Será que dá para parar com esses malditos resmungos?", berrou Al. "Diabos, qual é o seu *problema*? Você está agindo como um louco, como um doente! Agora, cale essa a maldita boca ou vá para a porcaria do seu quarto!"

Todos os outros na sala ficaram tensos durante os gritos de Al. Stephen ficou sentado por mais alguns instantes, fitando a televisão, e continuou murmurando consigo mesmo. Então, ele se levantou e disse baixinho: "Ok". Saiu da sala sem olhar para os outros, os lábios se contorcendo em um sorrisinho gélido enquanto passava por Al.

Eles ouviram os seus passos conforme ele descia a escada... os seus passos e sua risada baixa.

Al odiou aquilo — os resmungos de Stephen, os próprios berros —, mas não sabia o que fazer a respeito e não tinha ideia de onde aquilo viera. Era tão estranho. Sua família era tão tranquila e contente antes.

Ele continuava tendo esperanças de que isso fosse passar, de que isso iria simplesmente acabar e as coisas voltariam a ser como sempre foram.

Até esse dia, ele daria o seu melhor para ignorar tudo.

No dia em que Carmen conversara com Tanya sobre a casa, Al voltou do trabalho sentindo-se como sempre se sentia: exausto. Estava ansioso para comer um bom jantar e tomar algumas cervejas relaxantes.

Não era isso que o esperava.

Assim que passou pela porta, ele ouviu Carmen chorando. Entrou na sala de jantar para encontrá-la sentada em uma das cadeiras do conjunto de jantar; a cadeira estava posicionada diante da porta da cozinha. Ela estava inclinada para a frente; os cotovelos, apoiados nas coxas; o queixo, repousando nas palmas; e as mãos, cobrindo as bochechas, enquanto fitava o interior da cozinha e soluçava.

"Carm?"

Ela se endireitou de um pulo e gritou de surpresa.

"Qual é o problema?", perguntou Al, incapaz de esconder a irritação.

Tentando recuperar o fôlego, ela secou os olhos, depois apontou para dentro da cozinha. Tentou falar, mas apenas soluçou de novo.

Al andou até o vão da porta e olhou para dentro da cozinha. Cacos brancos de louça estavam espalhados pelo chão no meio de uma poça de um suco seco amarronzado de aparência grudenta e pedaços espessos de alguma substância não identificável que pareciam ter escorrido pelo linóleo.

"O que aconteceu?", perguntou Al.

"Willy. Ele estava solto e e-eu não vi. Ele s-subiu no balcão e derrubou a jarra de suco e a minha caçarola."

Al suspirou e passou os braços em volta dela. "Bom, por que você está tão chateada? Não é grande coisa, é? Quer dizer, é só... bom, é só sujeira, certo? Pode ser limpada."

Ela levantou o olhar para ele devagar. A sua boca estava curvada para baixo, os lábios, pressionados com força.

"Ok, então *você* limpa!", gritou ela. "*Você* passa o esfregão nessa porra de chão! Vai ver o que ele vai fazer com *você*!"

Al deu um passo para trás, boquiaberto. "O q-quê?"

"Esse chão! Vá em frente e veja o que — não, não! Eu mesma vou mostrar!" Ela ficou de pé. "Olha só, olha só!" Ela disparou da cadeira e saiu da sala de jantar.

Al ficou ao lado da cadeira com uma expressão confusa. Será que a loucura de Stephen era contagiosa? O que estava *acontecendo* com a sua família?

Em poucos minutos, Carmen voltou com o esfregão e um balde cheio de água. Ela tirou os sapatos aos chutes e se abaixou para enrolar as barras das calças.

"Agora, olha só", disse ela.

Ainda com a expressão de alguém que foi esbofeteado no rosto sem motivo, Al observou enquanto Carmen começava a passar o esfregão pelo chão de tijolos vermelhos da cozinha.

Michael, que ouvira os gritos da mãe, se juntou a ele.

Assim como Stephanie e Peter.

Eles observavam enquanto Carmen passava o esfregão. Observavam conforme o esfregão ficava de uma cor escura. Observavam conforme os pés descalços dela começavam a chapinhar em um líquido marrom-avermelhado que se formava depressa sobre o linóleo.

E sentiram o cheiro de cobre.

Carmen ainda estava chorando, parando de vez em quando para secar as lágrimas com a palma da mão. Depois de algum tempo, ela se virou para Al, ignorando as crianças.

"Está vendo isto?", gritou ela. "Isto bem aqui, é com *isto* que tenho que lidar toda vez que passo o esfregão neste maldito chão! É por esse motivo que estou tão chateada! Explica isso para mim! O que diabos é?"

Al olhou boquiaberto para a sujeira avermelhada por alguns instantes, depois deu um passo à frente e colocou uma das mãos no ombro de Carmen.

"Vou arrancar esse linóleo", disse ele. "Vamos trocá-lo. O senhorio vai arcar com os gastos. É velho, só isso. Solta tinta quando fica molhado. Vamos trocá-lo e esse negócio não vai mais acontecer."

Ele apertou o ombro dela e deu um sorriso forçado.

Carmen olhou para ele como se estivesse surpresa.

"Sério?", perguntou ela.

"É, claro, sem problemas. Vamos simplesmente nos livrar do maldito linóleo. É velho, só isso. Quero dizer, pense bem. Quantos anos tem essa casa?"

Ele lhe deu outro sorriso e quase acreditou nesse segundo.

"Vamos ligar para Lawson e contar para ele, então vou fazer isso este fim de semana", disse ele. "É só isso, querida. Sério."

Ela o encarou. "Está falando sério?"

"Sim, claro."

Os ombros dela cederam de alívio. Ela se inclinou na direção dele, e Al a abraçou.

"Qual é o problema com o chão, mamãe?", perguntou Stephanie.

Al respondeu. "Ele só é velho, querida. Então, quando é lavado, a cor sai na água. Quase se parece..."

"Com sangue", disse Michael, com pavor na voz.

"É", riu Al. "Quase se parece com sangue."

"Mas e esse cheiro?", perguntou Carmen.

Al deu de ombros. "É o linóleo, só isso." Ele se virou para Carmen. "Quer que eu limpe essa bagunça? Eu limpo."

"Você faria isso?"

"Claro. Mas preciso ir no banheiro primeiro." Ele beijou o topo da cabeça dela e saiu da sala de jantar, desceu o corredor, prendendo a respiração o tempo todo, e entrou no banheiro, onde fechou a porta, trancou-a e levou a mão trêmula à testa. De repente, sua cabeça estava doendo, *latejando*, e seu coração batia na garganta.

A calma dele se fora. A segurança que demonstrara diante de Carmen não apenas se foi com, ela sequer tinha existido, para começo de conversa.

Ele tateou de modo desesperado à procura da explicação que dera a Carmen para o chão e, para a sua surpresa, tinha funcionado. O único problema era que ele próprio não acreditava.

"Santo Deus", sussurrou ele com a voz trêmula enquanto deslizava com as costas contra a porta até ficar sentado no chão, "o que está acontecendo?".

15
HÓSPEDES

Foi em uma tarde de sábado, em junho, algumas semanas depois do fim do ano letivo, que Carmen recebeu a ligação da sua irmã Meagan, do Alabama.

Michael e Stephanie estavam brincando no lado de fora e Peter estava no quintal dos fundos com Al, que tentava acender a churrasqueira para preparar hambúrgueres.

Stephen, claro, estava no quarto, no andar de baixo.

Meagan tinha diabetes e estivera muito doente nos últimos tempos. Para piorar as coisas, ela e o marido estavam passando por uma separação difícil, o pacote completo com gritarias, ameaças e antigas ofensas sendo desenterradas, que deveriam ser resolvidas em particular e em tons baixos — e não na frente das duas filhas. Ela estava ligando para perguntar se Carmen se importaria de hospedar as meninas, Mary e Laura, até a situação melhorar.

"Bom, eu, hum, claro, não seria... posso ligar de volta daqui a pouco? Preciso conversar com Al primeiro. Prometo ligar de volta rapidinho, ok?"

Quando Carmen desligou, a porta da frente foi aberta e Michael entrou parecendo suado e esbaforido. Ele lhe deu um aceno enquanto passava pela soleira da porta e descia a escada.

Carmen saiu para o quintal dos fundos e contou a Al sobre a conversa com Meagan.

"É mesmo?", disse ele quando a esposa terminou. "Bom, se ela precisa de ajuda com as meninas, claro. Por mim tudo bem. Por quanto tempo seria?"

"Meagan não disse."

"Bom", ele deu de ombros, "tudo bem. Sim, vá em frente e diga a ela para mandar as filhas."

"Obrigada, querido." Carmen voltou para dentro da casa, pegou o telefone e começou a discar o número da irmã quando ouviu...

"*Maaaeee!*"

O grito de Michael foi tão penetrante que Carmen largou o fone.

"Vem aqui, mãe, vem aqui *agora*!"

Ela atravessou depressa o corredor até a escada. "O quê?", chamou enquanto começava a descer. "O que foi?"

O filho estava parado ao pé da escada, apontando para o seu quarto, a boca escancarada enquanto ele dava pulinhos; o outro braço gesticulava para que Carmen descesse rápido.

"Depressa, *depressa*!", berrou ele.

Assim que chegou lá embaixo, ela parou ao lado do garoto, olhou para dentro do quarto e viu...

Nada.

Ela olhou fixamente, esperando ver alguma coisa, qualquer coisa que pudesse explicar o comportamento de Michael. Nada aconteceu.

"Michael, qual é o seu *problema*?", ralhou ela.

"Ele estava ali um segundo atrás! Correu por todo o quarto em cima da estante!"

"Quem estava ali? *Quem* correu pelo quarto?"

"E-ele estava... tinha u-um..." Enquanto gaguejava, Michael apontava para o quarto, a mão tremendo de ansiedade.

"Ok, filho, fique calmo, o que foi?" A voz de Carmen vacilou. Ela se deu conta de que o comportamento de Michael a estava deixando apreensiva.

"Era um menino, mãe! Um menininho! Ele era, e-ele era negro e-e estava usando pijama, um pijama do Superman, vermelho e azul, e correu por todo o quarto, daquela ponta da estante até *aquela* ponta e depois... sumiu."

"Sumiu para onde?"

O corpo dele relaxou então, como se de repente a agitação estivesse sendo drenada para fora. Michael se virou para ela devagar e abaixou a cabeça, sentindo-se envergonhado de repente.

"Para... para dentro da parede", murmurou.

Carmen olhou em volta do quarto em silêncio por alguns instantes. Ela não sabia o que dizer ou fazer. Como poderia explicar esse tipo de coisa para Mary e Laura? O que diria a elas? Pior ainda, o que elas contariam para a mãe quando voltassem para casa?

Ela foi arrancada dos seus pensamentos pelo som de risadas abafadas vindo de trás deles. Carmen se virou para ver Stephen parado do outro lado das portas francesas, que estavam abertas por uma fresta. Ele usava apenas uma cueca que parecia precisar de uma lavagem e um par de fones de ouvidos com um fio que se estendia até o pequeno aparelho de som ao lado da cama. Pelo visto, o garoto tinha desenhado algo no peito: algum tipo de estrela com um círculo em volta.

Stephen estava rindo deles.

"Você fez alguma coisa para assustar o seu irmão, Stephen?", perguntou Carmen com raiva.

Ele riu de novo. "*Eu* não fiz nada."

"Você viu ele?", perguntou Michael, esperançoso.

Stephen levantou as mãos, palmas para fora, e recuou alguns passos, dando risadinhas. "Ei, de jeito nenhum, não vou violar as regras. Não podemos falar sobre isso, lembra? Nada de fantasmas, nada de vozes. Senão eles gritam com a gente."

"Bom, se viu alguma coisa, *quero* que me conte, Stephen", insistiu Carmen.

Ele deu outra risada enquanto balançava a cabeça. "Nem fodendo." Ele estendeu os braços e fechou as portas, depois se virou e andou até a cama.

Carmen se afastou da porta, passando uma das mãos pelo cabelo enquanto sibilava: "*Droga!*". Para Michael, ela disse: "Desculpe, querido, não tenho tempo para isso agora, preciso ligar para a sua tia Meagan". Ela seguiu para o andar de cima, tentando ignorar o suspiro pesado e triste de Michael.

Os seus pensamentos voltaram depressa para as sobrinhas. As meninas iriam pensar que todos eles eram loucos. Será que devia alertá-las primeiro? Se elas soubessem sobre o que as crianças insistiam estar vendo, se soubessem sobre a história da casa, será que viriam... ou decidiriam ficar com outra pessoa por algum tempo?

Não é com isso que está preocupada e você sabe disso, murmurou a sua voz interior. *Não está preocupada que elas achem que vocês são loucos ou sobre o que vão contar para a mãe delas, não é? Não, é claro que não. Então com o que está preocupada, Carmen? Com o quê?*

Quando pegou o telefone, ela soube exatamente o que a preocupava.

Ela estava preocupada que as meninas não fossem se sentir seguras na casa.

Michael entrou no quarto do irmão e ficou parado ao lado da cama, onde Stephen estava deitado ouvindo música, olhos fechados, a cabeça repousando no ninho dos seus dedos cruzados. Para Michael, a música abafada que saía dos fones soava como um enxame de insetos minúsculos.

Ele abaixou a mão e sacudiu o pé de Stephen.

O garoto abriu os olhos e encarou Michael, mas não removeu os fones a princípio.

"Você viu, não foi?", perguntou ele.

Irritado, Stephen deslizou os fones para trás das orelhas. "O quê?"

"Eu disse: você viu, não foi? O fantasma. O menininho negro com pijama do Superman."

"Como sabe que era um fantasma?", perguntou Stephen com um sorriso astuto.

"Você não acha que era?" Ele estudou o rosto do irmão, a expressão provocadora e esperta que o garoto exibia. "Você *sabe* o que era, não sabe? Você sabe tudo sobre isso. *Não* sabe?"

Stephen riu e voltou a colocar os fones, fechou os olhos e começou a balançar o pé no ritmo da música.

Michael se afastou da cama devagar e saiu do quarto, fechando as portas francesas. De súbito, começou a se sentir mal e subiu a escada devagar, tentando não pensar no irmão, no que quer que Stephen não estivesse contando, no que quer que Stephen soubesse...

Mary e Laura chegaram três dias depois. Al foi ao aeroporto, pegou-as e as levou para casa para uma das refeições festivas de Carmen.

Mary tinha 12 anos, uma garota quieta de cabelos dourados e um rosto adorável e bonito. Ela estava com 7 anos da última vez que Carmen a vira e quase não reconheceu a menina.

Mudanças ainda mais surpreendentes, contudo, aconteceram com Laura, de 17 anos. Ela se transformara em uma jovem alta e bonita, com um corpo esbelto e curvilíneo e cabelo volumoso loiro-escuro que caía até os ombros.

As garotas guardaram as malas no quarto de Stephanie. Durante a estadia delas, a menina dormiria no quarto de Peter, e ele dividiria o quarto com Michael.

Eles conversaram enquanto comiam o enorme almoço que Carmen tinha preparado. Mary estava quieta e tímida, já Laura raras vezes parou de falar. Ela estava animada e cheia de energia, e a casa ressoava com as suas risadas.

Os risos não iriam durar muito tempo.

Enquanto todos comiam e conversavam no andar de cima, Stephen estava sentado na cama, as pernas cruzadas no estilo indígena, vestindo shorts jeans cortados, com um caderno de desenho grande aberto no colo. Heavy metal tocava nos fones de ouvido enquanto ele desenhava no caderno com uma caneta hidrográfica preta.

A música estava terrivelmente alta, alta demais até para Stephen, mas era assim que ele gostava... assim que ele precisava. O garoto a escutava assim tão alta por uma razão.

A voz estivera falando com ele com uma frequência cada vez maior ao longo dos meses. Ela costumava deixá-lo assustado; agora, no máximo, apenas o atormentava um pouco. Às vezes, enquanto a voz falava, imagens surgiam na mente dele: imagens feias, violentas, que o assombravam, o atormentavam até que ele as colocasse no papel, fizesse esboços grosseiros das imagens fracas que passavam de um lado a outro por trás dos seus olhos. Os desenhos eram tão feios quanto as coisas que a voz dizia a ele... coisas ruins, malignas.

Ele estivera tocando a música nos fones em um volume ensurdecedor esperando que isso pudesse abafar a voz — apesar de que, agora, ele não se importava mais. Apenas de vez em quando sentia um calafrio quando a ouvia, ouvia as coisas que ela queria que ele fizesse.

Afinal de contas, o que havia para temer? Como ela mesma dissera a Stephen no início, e muitas vezes desde então, o garoto estava ouvindo a voz do próprio Deus...

Enquanto a caneta riscava o papel, a música o deixava alheio às vozes risonhas do andar de cima, até...

"Stephen."

Foi tão de repente e inesperado, tão nítido através da música estridente, que a mão do menino deu um pulo, arrastando a caneta pelo papel em linhas tortas enquanto ele levantava a cabeça.

"Stephen, elas chegaram", disse a voz.

Quem?, perguntou silencioso, na sua mente. Ele aprendera que era desnecessário falar com a voz em volume alto. Ela podia ouvir os seus pensamentos.

"As suas primas. As suas adoráveis primas. Faz um tempinho que você não as vê, então não sabe como as duas estão adoráveis, mas... elas estão, Stephen. Tão jovens e com peles tão macias. O toque delas deve ser tãooo bom... o gosto delas deve ser tãooo bom..."

Enquanto o vocalista berrava nos fones de ouvido, apoiado por guitarras estridentes e bateria trovejante, Stephen ouviu a voz rir de mansinho, aquela risada fria, gélida, que soava como pedras de gelo batendo umas nas outras.

"Eu acho que você devia subir para ver as suas primas, Stephen", disse a voz.

Ok.

Ele colocou o caderno de desenho e a caneta de lado, removeu os fones e se levantou depressa. Não hesitava mais quando a voz lhe mandava fazer alguma coisa.

"Não, não. Agora não, Stephen."

Ele voltou a sentar na cama, devagar. Aguardando.

A música estridente que saía dos fones ao seu lado soava como a gravação de um massacre.

"Mais tarde", disse a voz. "Vou avisar quando. Talvez em alguma hora durante a noite. Se não esta noite, em uma outra noite."

"Stephen?"

A voz da sua mãe o assustou; ele sequer a tinha ouvido descer a escada ou abrir as portas francesas. Ele levantou a cabeça na direção dela com um movimento brusco.

"O que está fazendo?"

"Só... desenhando."

"As garotas chegaram. Estamos almoçando. Só estava me perguntando se você não quer subir para vê-las e almoçar com a gente." Ela soava cautelosa. Ela soava muito cautelosa perto dele nos últimos dias.

"Oh. Não. Não mesmo." Ele se deitou na cama, juntou as mãos atrás da cabeça e a encarou.

"Não está com fome?"

"Não."

Com o rosto franzido, ela se aproximou da cama e se ajoelhou.

"Stephen, preste atenção", disse baixinho. Hesitante, quase como se estivesse com medo, ela esticou o braço e colocou a mão de leve na dele. "Não sei direito qual é... o seu problema. Você não anda agindo como você mesmo e acho que sabe disso tão bem quanto eu. Fico esperando que... bom, que, se alguma coisa estiver chateando você, você vai me procurar para conversar sobre isso. Mas estou preocupada que... bom, fico pensando que talvez, hum... talvez a sua doença..."

"Tenha voltado?", incitou ele, começando a sorrir.

Ela aquiesceu.

Stephen riu. "Não se preocupe com isso. Não vai acontecer." Depois, riu de novo.

"Como assim?"

"Os meus amigos não vão deixar isso acontecer."

Os olhos dela se arregalaram um pouco quando as sobrancelhas se juntaram acima deles.

"Que amigos? Quem?"

"Os meus amigos aqui da casa. Oh, é verdade", ele tapou a boca com a mão e soltou risinhos abafados pela palma, "você não quer que eu fale sobre eles. Você não acredita neles. Mas tudo bem, mãe. Eles acreditam em mim. E não vão deixar que eu fique doente de novo."

Carmen ficou de pé devagar, os músculos da mandíbula flexionando enquanto ela trincava os dentes. Ela encarou Stephen como se, diante dos seus olhos, ele tivesse sido substituído por alguém que a mãe nunca vira antes. Por um instante, ela pareceu prestes a falar, mas então os seus olhos recaíram no caderno de desenho aberto, no desenho que Stephen estivera fazendo.

Os olhos de Stephen seguiram os dela até a figura no papel.

Era um homem de bigode e cabelo escuro, vestindo uma camisa xadrez, um homem não muito diferente do padrasto de Stephen, Al. Jatos de sangue preto jorravam do anzol gigante que perfurava o pescoço do homem.

Stephen sorriu para a mãe quando ela se virou para o filho devagar, um olhar frio de choque estampado no rosto.

Algum tempo depois, Carmen virou e saiu do quarto.

Stephen riu enquanto a ouvia subir a escada, e ouviu a voz rir com ele.

16
LAURA

Carmen estivera imaginando quando algo iria acontecer. Parecia acontecer com todo mundo, então por que não com as garotas? Ela só não sabia que seria tão cedo.

Era a primeira manhã após a chegada delas. Al fora trabalhar algumas horas antes, todos tinham tomado o café da manhã e Laura ajudara Carmen a lavar a louça. Mary se acomodou diante da televisão — estava assistindo a uma novela que ela nunca perdia —, e as crianças estavam no lado de fora. Carmen e Laura se sentaram à mesa da sala de jantar com grandes copos de chá gelado.

Elas tinham batido papo enquanto trabalhavam na cozinha, mas Laura estivera incomumente quieta. No dia anterior, Carmen pensara que era impossível que a garota fosse se aquietar. Contudo, ela já *tinha* se aquietado, estava até com o rosto um pouco franzido, como se algo a estivesse preocupando.

"Então, dormiu bem?", perguntou Carmen.

"Ah..." Laura deu de ombros.

"Sei que é difícil dormir em um lugar estranho, às vezes. Demora um pouco para se acostumar com uma cama diferente."

Laura assentiu.

Depois de algum tempo: "Você não dormiu bem, dormiu?".

As feições de Laura se contraíram enquanto ela pensava por alguns instantes.

"Tia Carmen, alguma coisa..." Ela respirou fundo e suspirou.

"O que foi?"

"Não gosto dessa casa."

Foi a vez de Carmen suspirar. Menos de 24 horas tinham se passado e já...

"O que não gosta nela?"

"Bom, mamãe me contou que ela costumava ser uma..."

"Gostaria que ela não tivesse feito isso."

"Oh, isso não me incomoda, sério. É outra coisa. A forma como eu me senti na cama ontem à noite, como se, hum... bom, como se não estivesse sozinha no quarto."

"Mary estava com você."

"Não, não é isso que quero dizer. Senti como se houvesse mais alguém lá. Alguém... andando no local, talvez. No escuro."

"E?"

"Bem, não tinha ninguém, claro. Mas *parecia* que tinha."

Carmen pensou antes de falar. Ela poderia dizer a Laura a mesma coisa que dissera a Tanya, mas por que abrir aquela caixa de Pandora? Nem mesmo *ela* acreditava muito naquilo.

"Querida, sinto dizer que você entrou em um lar muito estranho", disse Carmen. "Pelo menos está estranho no momento. Você sabe sobre a doença de Stephen, mas... bem, as coisas andam tensas por aqui desde então." Ela fez um resumo para a sobrinha sobre as mudanças que tinham acontecido em Stephen desde a doença, as suas teorias sobre a causa — a doença, os tratamentos e a medicação, a mudança e talvez, em partes, a sua amizade com Jason — e o estresse que a mudança dele tinha causado na família inteira. Contou a Laura sobre os sentimentos de Stephen em relação à casa — que ela era maligna, assombrada, possuída por alguém ou alguma coisa — e como isso tinha afetado as outras crianças e frustrado Carmen e Al a ponto de ficarem furiosos.

Entretanto, não contou a Laura sobre as próprias experiências na casa. Sobretudo porque ela mesma estava tentando esquecê-las.

"Suspeito que o que você está captando", disse Carmen, "é a tensão na casa. Só isso."

"Então Stephen também acha que a casa é assombrada, hein?"

Carmen não conseguiu suprimir uma careta. "É isso o que *você* acha?"

Laura deu de ombros. "Bom, não tenho certeza. Mas sei que senti alguma coisa estranha ontem à noite. E *não foi* tensão, tia Carmen. Foi... bom, foi uma sensação ruim. Sombria. É difícil de explicar. Mas, para ser honesta, não estou me sentindo muito confortável aqui nesse momento."

Carmen fechou os olhos por um instante e considerou a resposta que daria. Uma súbita onda de pavor a atravessou. Ter outra pessoa na casa que insistia que ela era assombrada apenas pioraria as coisas.

"Espero, Laura, que você guarde os seus sentimentos sobre a casa para si. Por favor? Não diga nada para as crianças. E *principalmente* não diga nada para Al. Ele já está de saco cheio disso. Ele iria subir pelas paredes."

Laura concordou em não dizer nada.

"Mas isso ainda me deixa meio nervosa... estar aqui, quer dizer."

"É o ambiente novo, só isso. Você vai se acostumar." Carmen forçou um sorriso que ela não sentiu ser — nem pareceu — muito convincente.

17

DO VERÃO PARA O OUTONO II

Algum tempo depois, as garotas passaram a se comportar como se estivessem morando na casa. Ao final da segunda semana da estadia, elas estavam confortáveis o suficiente para andar por aí em roupas desleixadas ou ir até a geladeira e pegar alguma coisa sempre que quisessem. Elas se tornaram membros regulares da família com tanta facilidade que todos os outros se esqueceram depressa de que, na verdade, elas eram hóspedes.

Porém, por mais confortáveis que as duas estivessem, Laura nunca conseguiu relaxar de verdade. Ela sempre sentia como se algo dentro dela a estivesse aborrecendo, deixando-a tensa e ansiosa, nervosa e, às vezes, até mesmo um pouco enjoada. Mas *não era* algo dentro dela. Laura sabia exatamente o que a fazia se sentir daquele jeito.

A casa.

A pior coisa era que ela não conseguia identificar com precisão o que a aborrecia. Era apenas uma sensação.

De vez em quando, era uma sensação fria, um calafrio que a gelava até os ossos e que a dominava, a *atravessava*, então desaparecia em um piscar de olhos enquanto ela andava pelo corredor ou passava pelo vão de uma porta. Outras vezes, era a sensação de estar sendo observada enquanto se despia ou tomava banho; houve alguns casos, na verdade, em que ela interrompeu o banho devido à sensação esmagadora, quase sufocante, de que havia alguém no banheiro com ela que estava prestes a afastar a cortina do chuveiro e rir — embora tudo o que tivesse que fazer era olhar ao redor para ver que estava sozinha.

Às vezes, ela sentia que estava sendo seguida pela casa ou — e isso era o pior — alguém roçar nela enquanto passava por uma porta ou atravessava o corredor. No entanto, nunca havia qualquer evidência de que essas sensações tinham mérito. Nunca havia alguém por perto para fazê-la se sentir assim e, independentemente do quanto olhasse, Laura nunca via — nem mesmo ouvia — algo que explicasse essas sensações. Pelo menos, ainda não...

À medida que os dias e as semanas passavam, Laura começou a ouvir alguns ruídos estranhos. Al tinha levado uma cama dobrável para o quarto de Stephanie e as garotas tinham jogado uma moeda para decidir quem ficaria com a cama; Laura ganhara. De vez em quando, à noite, enquanto Mary dormia profundamente, ela pensava estar ouvindo passos caminhando devagar em volta da sua cama no escuro. Eram passos leves, cautelosos, que mal tocavam o chão de madeira conforme se moviam por um lado da cama, davam a volta pelo pé do móvel, depois avançavam pelo outro lado e em seguida refaziam o trajeto.

Na segunda noite em que isso aconteceu, Laura acordou a irmã.

"Mary. Mary! Acorda, Mary!"

Depois de algum tempo: "Hein? Hummm? O quê? Qual é o problema?".

"Ouça!", sibilou Laura.

"O quê?"

"Só *ouça*!"

Silêncio.

"Ouvir o quê?", perguntou Mary, grogue.

"Não está ouvindo nada?"

"Não."

"Não está ouvindo passos?"

"Ah, por favor, se liga, Laura, eu estava dormindo." Ela virou de lado de novo e ignorou a irmã.

Outra vezes, ela achava que podia ouvir alguém perambulando do lado de fora da casa. Embora não fizesse sentido — ela *sabia* que era impossível —, Laura achava que podia ouvir alguém dando a volta pela casa repetidas vezes durante toda a noite.

Às vezes, quando estava sentada sozinha em um cômodo — lendo no sofá da sala de estar, por exemplo —, Laura achava que conseguia ouvir uma voz sussurrando para ela algo ininteligível de um canto escuro do cômodo.

Depois da reação da tia Carmen diante do seus primeiros comentários sobre a casa, ela sentia medo de dizer mais alguma coisa a ela. E, depois do que a tia Carmen dissera sobre o tio Al, ela com certeza ficou com medo de mencionar alguma coisa para ele.

Portanto, Laura guardou tudo para si. Continuou a dizer a si mesma que era apenas a sua imaginação... apesar de que, bem lá no fundo, ela sabia que não era.

Não demoraria muito até Laura perceber que estava, de fato, certa.

Muito tarde, certa noite, enquanto Stephen dormia um raro sono profundo e sereno, a voz disse a ele em um tom ríspido: “Stephen! Está na hora de levantar! Agora!”.

Os olhos do garoto se arregalaram e ele se sentou ereto na cama; as costas, rígidas; os punhos, apertados. Apesar da profundidade do seu sono, apesar do fato de que já fazia um tempinho desde que ele dormira tão bem, ele acordou de imediato.

“Levante-se, Stephen”, ordenou a voz. “Está na hora de fazer uma visita.”

Ele soube no mesmo instante o que aquilo significava. Afastou as cobertas e desceu da cama, saiu do quarto e atravessou o de Michael, tomando muito cuidado para não acordar nenhum dos irmãos. Assim que chegou no andar de cima, passou pela sala de estar, desceu o corredor e, com muito, muito cuidado, abriu a porta do quarto de Stephanie. Assim que conseguiu enfiar a cabeça dentro do quarto, esperou por algum sinal de que tivesse perturbado o sono de Laura ou de Mary. Quando não ouviu nada, entrou e fechou a porta às costas, em silêncio.

O luar pálido e opaco iluminava o quarto através da janela do outro lado, e Stephen o usou para se movimentar entre a cama e a cama dobrável.

Por muito tempo, ele as observou dormindo. Ele se virava de uma para a outra devagar; os olhos acariciando os seus rostos indefesos, observando-as enquanto sonhavam.

Um desejo surgiu devagar dentro dele enquanto olhava para elas, um desejo que não poderia ser ignorado por muito mais tempo. Por fim, parado na escuridão iluminada pelo luar, ele cedeu.

Fitando Laura, que estava deitada de costas, inclinada para o outro lado da cama, ele abaixou o braço e, com muito cuidado, pousou a mão no ombro dela para ver como ela reagiria.

Nada.

Ele deslizou a mão até a parte superior do braço.

Nada ainda. A respiração lenta e rítmica prosseguiu.

Ele moveu a mão até o seio dela.

“É uma sensação boa, não é?”, perguntou a voz baixinho.

Maravilhosa, pensou Stephen, sonhador. Uma sensação maravilhosa.

“Você gostaria de sentir mais, não gostaria? Gostaria de *fazer* mais?”

Sim, gostaria.

“Mas ela é muito grande. Ela se defenderia. Ela só arrumaria problemas para você. Você precisa de alguém menor. Alguém mais jovem.”

Você tem razão. Não preciso desse tipo de problema.

“Vire-se.” A voz riu.

Stephen se virou como ordenado. Ele olhou para Mary.

Menor. Mais jovem. Com certeza incapaz de se defender.

Stephen sorriu, abaixando a mão até o ombro da garota. Depois até o braço.

“Muito melhor”, sussurrou a voz...

Passados dois dias, Carmen chegou em casa com o banco traseiro do carro cheio de mantimentos e encontrou Laura e Mary na varanda da frente. A atenção dela estava focada em Mary em particular; ela soluçava de modo descontrolado.

Carmen estacionou na entrada para carros, desligou o motor e correu até a varanda.

“O que há de errado, qual é o problema?”, perguntou; ela não vira as garotas daquele jeito desde que tinham vindo para Connecticut, e a sua voz soou frenética.

Laura passou um braço em volta de Mary. “Tia Carm, algo terrível aconteceu. Você pode não acreditar, e se não acreditar, não sei o que vou fazer comigo mesma.”

Carmen se sentou ao lado de Laura e disse: “Só me conte, por favor, vou acreditar em você”.

Demorou um pouco para Laura conseguir falar, mas, por fim, ela disse: “Stephen, hum... ele molestou Mary”.

Carmen conseguiu apenas encará-las em um choque entorpecido. Ela soube no seu coração, no instante em que Laura contou, que era verdade. Não era sequer surpreendente. Aquele parecia ser um caminho natural que o filho dela por fim tomaria, levando em conta o seu comportamento ao longo dos últimos meses.

“Quando?”, perguntou ela.

Laura respondeu: “Hoje à tarde. Enquanto você esteve fora. Ele não, hum... foi muito longe, se entende o que quero dizer. Eu o peguei antes”.

“Ok”, sussurrou Carmen, notando que, de repente, por alguma razão, estava sem fôlego. “Ok, ok, eu vou, hum, cuidar disso. Agora mesmo. Onde ele está?”

“No quarto dele”, respondeu Laura.

É claro, pensou Carmen enquanto se levantava e entrava na casa. Ela desceu até o andar de baixo para encontrar Stephen, como sempre, sentado na cama usando os fones de ouvido e desenhando no caderno.

Carmen esticou o braço e arrancou os fones fora.

"O que diabos achou que estava fazendo?", perguntou ela, zangada.

"Fazendo quando?"

"Hoje. Com Mary. Você *sabe* do que estou falando!"

Ele nada disse. A boca dele se curvou para cima em um sorriso e ele riu.

"Ok, já chega, quero dizer que já chega mesmo. Nós tentamos, Deus sabe que tentamos, mas parece que nada faz diferença. Você não muda. Só piora. E essa foi a última coisa que você aprontou, Stephen." Ela girou nos calcanhares e saiu do quarto, foi para o andar de cima direto para o telefone.

E ligou para a polícia.

Stephen foi levado pela polícia naquela tarde. Ele foi interrogado, momento em que confessou que estivera acariciando as garotas enquanto elas dormiam e que tentara, sem sucesso, ter relações sexuais com a prima de 12 anos. Depois, foi levado ao centro de detenção juvenil, onde mais tarde foi entrevistado por um psiquiatra.

Enquanto isso, Carmen estava em casa, corroída pela culpa. Al chegaria em breve e ela se preocupava que o marido fosse ficar furioso; ao mesmo tempo, suspeitava que ele fosse ficar muito feliz — e isso a faria se sentir ainda pior. Mas ela fez o que achara melhor.

Eles tinham lidado com as mudanças desagradáveis em Stephen por tempo suficiente. Ficou óbvio que essas mudanças tinham ido longe demais, e algo precisava ser feito. Assim, pelo menos, ele poderia conseguir alguma ajuda.

Quando Al chegou em casa, ele não ficou furioso, mas também não ficou feliz; apenas achou que Carmen tinha feito a coisa certa. Disse a ela que talvez isso fosse para o melhor, que talvez esse fosse o empurrão de que o filho deles precisava.

Entretanto, Stephen precisava de muito mais do que isso. O psiquiatra que conversara com ele ligou para Al e Carmen e lhes contou que era da opinião de que o garoto era esquizofrênico — em outras palavras, drasticamente desconectado da realidade — e precisava de um período de observação de pelo menos sessenta dias em um hospital psiquiátrico apropriado. Ele sugeriu o Spring Haven. Recomendou, entretanto, que ele passasse a noite no centro de detenção juvenil. Não achava que a família estaria segura se passasse a noite com o garoto.

Eles ficaram desolados. O filho deles sofria, de fato, como tinham suspeitado, de uma doença mental. Onde tinham errado? Todos os pais cometem erros na criação dos filhos, mas quais erros eles cometeram que tivessem levado o filho àquele ponto?

Eles se perguntaram como puderam ter sido tão indiferentes. Todo aquele tempo ele estivera contando aos pais que estava ouvindo vozes e vendo coisas, e eles tinham apenas se irritado com o filho — quando o problema verdadeiro era uma grave doença mental que ele não podia evitar nem compreender.

A culpa e a tristeza pesavam nos seus ombros quando, no dia seguinte, eles pegaram Stephen, levaram-no ao Spring Haven Psychiatric Hospital e o internaram.

Era um prédio atraente, cercado por grama verdejante sombreada por um grande número de carvalhos enormes. Uma cerca alta e sólida corria por toda a extensão dos amplos terrenos, e pacientes e atendentes caminhavam tranquilos pelo gramado.

Stephen nada disse a eles o tempo todo. Ele ignorou os pedidos de desculpa, as ofertas de ajuda, as súplicas para que falasse com eles. Ficou em silêncio até o momento em que o deixaram no hospital. Então olhou para eles, abriu um sorriso sombrio com olhos inexpressivos e disse, baixinho: “Agora que ele não vai poder conversar comigo, ele vai atrás de vocês. De todos vocês”.

Al e Carmen foram embora, entristecidos pelo comentário, pensando que aquilo não era algo além de outro dos muitos sintomas da doença.

Infelizmente para eles, para as crianças e para as duas sobrinhas de Carmen, eles estavam enganados.

18
OS CAÇA-FANTASMAS

Em uma casa pequena e modesta em Litchfield, Connecticut, por volta da mesma hora em que Al e Carmen Snedeker deixavam o filho mais velho no Spring Haven Psychiatric Hospital, uma mulher de 42 anos chamada Florence Mack flutuava alguns centímetros acima da cadeira na qual tinha sido posicionada com firmeza poucos instantes antes. O corpo dela, ainda em uma posição sentada, estava rígido, e o seu rosto estava pálido de terror enquanto fitava os outros à sua volta.

Os outros eram o marido de 48 anos, Dale, e a filha de 21, Sophie. Com eles estavam uma mulher alta, de aparência régia, em pé ao lado de um homem corpulento e de peito largo, ambos na casa dos 60 anos: Lorraine e Ed Warren.

Por um momento, todos os quatro observaram em choque e horror, então Ed deu um passo à frente, gesticulou para Dale e disse: "Afaste-a de lá". Quando ele avançou na direção da esposa para afastá-la da cadeira, Ed levantou a mão direita e, com uma voz estrondosa que ecoou nas paredes da casa como o golpe de um martelo, vociferou: "Em nome de Jesus Cristo, eu ordeno que deixe essas pessoas e volte para o lugar de onde veio!".

Uma fotografia emoldurada caiu no chão.

Duas fileiras de bricabraques de porcelana foram varridas de uma estante pequena por mãos invisíveis e jogadas contra a parede oposta, os pedaços estilhaçados espalhando-se pelo chão e sobre a pequena mesa de jantar.

Dale Mack abraçou a esposa e a segurou junto a si enquanto a carregava através do cômodo.

Um armário de carvalho com porta de vidro e prateleiras com louças no interior estremeceu como se a terra estivesse se movendo sob ele.

De repente, as quatro cadeiras em volta da mesa de jantar deslizaram para longe dela ao mesmo tempo em que a vidraça de uma janela ali perto chacoalhava de modo descontrolado.

Ed se virou, observando cada evento à medida que aconteciam. Lorraine segurava um pequeno gravador na mão direita; estava gravando os sons de tudo que acontecia em volta deles.

Conforme o caos se desenrolava, Ed levantou a mão direita outra vez e repetiu com a mesma voz estrondosa, mas ainda mais alta e firme dessa vez: "Em nome de Jesus Cristo, eu ordeno que deixe essas pessoas e volte para o lugar de onde veio!".

As sacudidas e os tremores continuaram por alguns segundos, então...

A casa ficou em silêncio.

Todos permaneceram congelados nos seus lugares por algum tempo, então Ed se virou, deu um sorriso cauteloso, mas reconfortante, para os Mack e disse: "Acho que parou".

"Por enquanto", disse o sr. Mack, cansado, o braço ainda firme em volta dos ombros da esposa. "Hum, sr. e sra. Warren, quando conversamos ao telefone, era exatamente sobre isso que falávamos. Isso vem acontecendo o tempo todo."

Ed se voltou para Lorraine e perguntou: "Conseguiu captar algo?".

Ela pousou a mão sobre o peito e soltou um suspiro pesado. "É definitivamente um espírito maligno, Ed. Não é um poltergeist, como pensamos a princípio quando ouvimos a história deles. É um espírito maligno e as suas intenções são perversas e decididas."

Ele acenou com a cabeça na direção do gravador. "Está gravando isso?"

A mulher assentiu. "Ainda está ligado."

Ed se aproximou dos Mack, sorrindo para a filha deles, que estava tão horrorizada pelo que tinha visto que ainda mantinha — agora ao lado dos pais e longe da área de atividade — as costas rígidas, ambas as mãos apertadas contra a boca e olhos arregalados.

"Gostaria de fazer algumas perguntas", disse ele em voz baixa. " Por que não vamos para a sala de estar, nos sentamos e tentamos relaxar?"

Lorraine os seguiu enquanto entravam no cômodo ao lado e todos se sentaram. Ela se acomodou ao lado de Ed no sofá e posicionou o gravador sobre a mesinha de centro.

"Acredito que a primeira coisa que precisamos saber é o seguinte", disse Ed, juntando as suas grandes mãos, "a maior parte da atividade é centrada em você, sra. Mack?"

Ela abriu a boca, mas não conseguiu falar. Apenas fez que sim com a cabeça.

O marido respondeu: "Sim, com certeza. Sempre, na verdade. Ela está sempre envolvida, de algum modo. Nunca foi ferida". Eles estavam sentados juntos em um sofá de dois lugares e ele pousou a mão com gentileza no joelho dela, olhou-a e perguntou: "Já foi? Quer dizer, não que eu tivesse ficado sabendo".

Ela balançou a cabeça e por fim disse, com a voz rouca:

"Não. Nunca. Só... aterrorizada. Isso me deixa aterrorizada."

"É claro", disse Ed. "E *deveria*. Mas, se não a feriu, estamos em vantagem. Eu só queria saber se a atenção está mais focada em você do que em qualquer outra pessoa. Hum... me diga, alguém da família se envolve com o oculto? Algum tabuleiro Ouija, cartas de tarô, demonologia, esse tipo de coisa?"

A sra. Mack balançou a cabeça. "Nunca. Nunca em todos esses anos."

Sophie também estava balançando a cabeça e Ed se voltou para ela com um olhar questionador. "Não. Eu não moro mais aqui, mas, quero dizer, sou filha única, então posso afirmar. Nunca brinquei com nenhuma dessas coisas e, até onde sei, nem meus pais. Quer dizer, por que fariam isso? Sempre fomos uma família cristã e simplesmente não acreditamos em nos envolver com esse tipo de coisa."

"Ok", disse Ed, aquiescendo, "isso é bom. Aqui vai outra pergunta e, por favor, não se sintam insultados. É apenas algo que *precisamos* perguntar no nosso trabalho, apenas como precaução, e espero que vocês respondam com honestidade. Algum de vocês usa drogas ou consome muita bebida?"

"Ah, não, com certeza não", respondeu Dale.

Sophie acrescentou: "Mesmo quando era mais nova, nunca fiz nada disso".

Ed assentiu pensativo, depois voltou a olhar para Dale e Florence. "Vocês são os únicos moradores desta casa há... quanto tempo?"

"Quase três anos."

Ele assentiu de novo. Virou-se para Lorraine e perguntou: "Quer dar uma olhada pela casa?".

"Bom, eu poderia, mas é uma casa bem pequena. Não acho que preciso. Já vimos o bastante."

"É, vimos, com certeza. Sr. e sra. Mack, vamos trazer alguns pesquisadores agora mesmo para passar algum tempo com vocês. Se não for nenhum incômodo, eles passarão dia e noite gravando tudo o que acontece na casa. Voltaremos dentro de dois dias com uma câmera para gravar uma extensa entrevista com vocês e obter todos os fatos desde o comecinho. Quero dizer, vamos gravar o que já nos contaram e mais. Queremos tudo, e quero dizer *tudo*, na gravação."

"Não será incômodo nenhum", disse Dale.

"Ótimo. O próximo passo seria trazer um membro do clero. Vocês são pessoas religiosas?"

"Bem, sempre fomos católicos, mas... não somos católicos praticantes há muitos anos."

"Mas não seriam contra trazermos um padre?"

"De jeito nenhum."

"Pois desconfio de que precisaremos fazer um exorcismo."

"Você pode me dizer uma coisa?", perguntou Dale. "Pode me dizer por que isso está atrás da minha esposa? Ela parece ser o centro de tudo. Sempre acontece alguma coisa em volta dela. Essa não foi a primeira vez que flutuou daquele jeito. Não entendemos."

"Sinceramente não sei. Mas desconfio de que, depois de mais algumas perguntas, poderemos ter alguma ideia do porquê de isso estar acontecendo."

Ed estava sendo diplomático. Ele sabia por experiência que, quando alguma coisa assim acontecia, costumava ser por alguma razão. Ele suspeitava de que, apesar do que tinham dito, eles tivessem se envolvido em algum tipo de atividade oculta. Talvez a sra. Mack, sozinha e sem o conhecimento do marido, estivesse consultando um tabuleiro Ouija ou uma vidente, ou estivesse frequentando sessões espíritas para contatar algum parente ou amigo falecido. Porém, ele não quis dizer isso naquele momento, porque sabia por experiência que tais acusações tinham a tendência de irritar as pessoas, mesmo se fossem verdadeiras — às vezes, *principalmente* se fossem verdadeiras.

Eles se despediram dos Mack com sorrisos e apertos de mão (embora a sra. Mack ainda estivesse tão abalada que permaneceu no sofá da sala de estar, gelada e calada) e foram a uma cafetaria nas redondezas para discutir o que tinham descoberto.

Era uma cafeteria agitada, com muito barulho em volta deles, e eles tiveram que conversar mais alto do que o normal para se fazerem ouvir.

"Penso que Mike seria a melhor escolha", disse Lorraine. "Acho que devíamos enviá-lo. Ele teve experiência com situações assim antes e acredito que ele pode dar conta."

"Sim, é provavelmente uma boa ideia." Ele bebericou o café. "Então, você acha que é um espírito maligno, hein?"

"Afirmativo. E acho que está lá por alguma razão."

"Você quer dizer que eles o atraíram?"

Ela assentiu. "De alguma maneira. Já que está focado na esposa, desconfio que deve ser alguma coisa que ela está fazendo. Mas é assim que costuma acontecer, certo? Apesar de eles não se darem conta disso."

Ed assentiu, soltando um suspiro pesado e cansado. Ambos tiveram um dia longo — uma semana longa — e estavam exaustos.

"Quer comer alguma coisa?", perguntou Ed.

"Claro, estou com fome. Mas lembre-se de que não pode comer carne vermelha. Você vai diminuir a quantidade, certo?"

"Tá, tá, tá. E você vai me matar, é isso o que vai fazer", resmungou ele.

Eles pegaram o cardápio e o examinaram no silêncio confortável de um casal que estava junto há muitos anos.

Quando Ed tinha 5 anos, a sua família se mudou para o andar superior de uma casa de apartamentos contíguos na Jane Street, em Bridgeport, Connecticut. Ela ficava diante da St. John's Church, a igreja que os avós de Ed frequentavam e que a família começou a frequentar a partir de então.

A casa na Jane Street foi para Ed o ponto de partida de um interesse que iria durar toda a sua vida, um interesse ardente que o levaria a alguns lugares bem estranhos e que lhe mostraria algumas coisas assustadoras. Ainda muito jovem, aquela casa mudaria Ed para sempre.

Aquela casa era assombrada.

Em inúmeras ocasiões, cada membro da família — Ed, a sua irmã gêmea, o seu irmão e os seus pais — testemunhou a aparição de uma velha que sempre tinha cara de poucos amigos.

O pai de Ed era um policial e homem severo, mas sensato. Sem querer que os filhos ficassem assustados, ele tentou dizer a eles que deveria haver uma explicação lógica para o que estavam vendo. Contudo, todos eles sabiam a verdade.

Todos os domingos, os avós de Ed se juntavam a eles para o café da manhã, e o som do avô subindo a escada se tornou familiar: os passos laboriosos, a batida da bengala, a respiração pesada e dificultosa.

Quando o avô afinal morreu, alguns anos depois, a avó ficou, como era compreensível, desolada, e a mãe de Ed com frequência a visitava para se certificar de que ela estava bem. Certo dia, a mãe demorou mais tempo do que o normal, e foi apenas mais tarde naquela noite, quando as crianças estavam prontas para ir para a cama, que eles ouviram a porta abrir no andar de baixo. Achando que era a mãe chegando, Ed saiu do quarto e acendeu a luz para que ela não caísse na escada. Quando começou a voltar para o quarto, ele se deu conta de que não era a mãe subindo. Ele ouviu os passos arrastados, as batidas de uma bengala, a respiração dificultosa...

Era o avô subindo aqueles degraus, o avô que estava morto já há um tempo. Ed o ouviu entrar na cozinha e andar em círculos por alguns instantes.

Por volta da mesma época, Lorraine frequentava uma escola católica e tentava esconder das freiras uma habilidade que tinha descoberto que possuía pouco tempo antes, aos 9 anos.

Ela conseguia ver luzes coloridas ao redor das pessoas. As cores seguiam o contorno dos seus corpos. Elas eram muito bonitas, mas Lorraine não sabia o que significavam — se é que significavam alguma coisa.

As irmãs a desencorajavam o tempo todo a mencionar as cores em conversas. Disseram que tinha uma imaginação vívida, só isso. Lorraine aprendeu depressa a guardar as cores para si, o que não impedia que as visse.

Não havia ninguém no mundo de Lorraine para responder às suas perguntas sobre as cores. Foi apenas mais tarde que ela notou que estava vendo a aura humana e que, sendo clarividente, era capaz de ver e sentir muitas outras coisas que a maioria das pessoas não podiam.

Eles se conheceram quando tinham 16 anos. Foram atraídos um para o outro. Lorraine dizia com orgulho aos amigos: "Ed é o único homem com quem namorei".

Depois de se casarem, Ed se formou na escola de arte e, em um Chevy 1933 que tinha comprado por quinze dólares, eles caíram na estrada vendendo os seus quadros aqui e ali. Mas, sempre que ficavam sabendo de uma casa assombrada pelo jornal ou através do boca a boca, eles viajam para lá e Ed pintava um quadro da casa. Então Lorraine ia até a porta com o quadro e dizia: "O meu marido meio que criou o hábito de pintar casas assombradas e pintou a sua. Gostaríamos que vocês ficassem com o quadro". Isso quase sempre fazia com que fossem convidados a entrar e pudessem questionar as pessoas que moravam lá, perguntar sobre a assombração e obter a história direto da fonte.

Ao longo dos anos, com base na sua pesquisa — que se tornava cada vez mais extensa à medida que os anos passavam —, Ed e Lorraine começaram a desenvolver teorias sobre como as assombrações agiam, por que aconteciam, o que as causava. Eles leram incontáveis livros sobre o assunto, mas, como Lorraine disse enquanto pesquisavam: "Parece que todos esses caras estão lendo os mesmos livros que *nós* estamos lendo!". Portanto, eles não se apoiaram nos trabalhos regurgitados e incestuosos que leram para desenvolver o que viria a se tornar a New England Society for Psychic Research [Sociedade para Pesquisas

Psíquicas da Nova Inglaterra]; eles se apoiaram apenas nas próprias experiências, nas coisas que testemunharam.

À medida que os anos foram passando, livros foram escritos sobre eles. Mais tarde, filmes foram feitos sobre eles. Os dois começaram a lecionar sobre o que tinham aprendido, transformando alunos em pesquisadores. Eles viajavam o país e davam palestras em faculdades a respeito das suas experiências e sobre o que aprenderam com elas.

Ed transformara uma experiência em uma casa assombrada quando criança no trabalho de uma vida, e Lorraine se juntara a ele para usar um talento que, quando criança, não fora levado a sério por quem quer que fosse.

E agora estavam em uma cafeteria barulhenta e movimentada em Litchfield, Connecticut, esperando os seus pedidos. Em algum lugar da cafeteria, um telefone emitiu o seu chilreio eletrônico.

Lorraine se afastou da mesa e se levantou.

Ed riu e perguntou: "Ei, ei, o que você está fazendo?".

Lorraine parou, abriu a boca e pressionou uma das mãos no peito. "Oh, minha nossa. Estava me levantando para ir atender o telefone." Ela levou a mão à boca e voltou para a mesa.

Ed soltou uma risada profunda e ressonante, o corpo todo sacudindo enquanto balançava a cabeça. "Oh, nossa, Lorraine, que incrível, essa foi ótima."

Ela riu também e disse: "Bem, o telefone de casa não para de tocar e parece que, toda as vezes que me viro, estou me levantando para atendê-lo".

"Sim, sim", riu ele, "mas uma *cafeteria*. Sabe o que isso me diz, Lorraine, sabe o que isso me mostra? Precisamos de férias. Precisamos muito de férias, porque estamos trabalhando demais."

"Bem, acabamos de pegar outro caso."

"Algo me diz que ele não vai ser muito demorado. Quero dizer, provavelmente não vai demorar muito para conseguir que a Igreja sancione um exorcismo. O que está acontecendo lá é bem óbvio. Mas, assim que este acabar, vamos tirar umas pequenas férias. Precisamos de um descanso."

Meses passariam antes que aquele caso chegasse ao fim e o exorcismo esgotante sancionado pela Igreja fosse realizado, libertando, desse modo, os Mack dos demônios que os atormentavam no seu lar.

Mas é claro que Ed e Lorraine não estavam cientes dos Snedeker e das coisas que estiveram acontecendo na casa deles.

As férias de que Ed dissera estarem precisando tanto não aconteceriam tão cedo.

19
A ESCURIDÃO FECHA O CERCO

Al e Carmen Snedeker estavam entristecidos pelo que Stephen fizera à sua prima e pela sua hospitalização, mas presumiram que, já que ele se fora, o clima na casa melhoraria. A atmosfera estivera tão tensa e carregada de hostilidade por tanto tempo que eles esperavam ter alívio, uma volta a algum tipo de normalidade. Presumiram que as crianças mais novas se sentiriam mais calmas sem as histórias de fantasmas e aparições de Stephen, que Laura e Mary perceberiam isso e, como resultado, também ficariam mais relaxadas.

Eles estavam enganados.

Ao longo das semanas seguintes, as coisas pequenas e estranhas que estiveram acontecendo de vez em quando na casa — os ruídos, os vislumbres fugidios de alguma coisa dardejando aqui e ali ao redor de um cômodo, as mudanças súbitas na temperatura e a sensação inexplicável de estar sendo observado, ou de sentir um pavor simples e paralisante — passariam a ficar mais intensas, cresceriam em gravidade e frequência, até esses acontecimentos já não serem mais pequenos.

Na verdade, antes de Stephen deixar a casa, os problemas deles mal tinham começado.

Qualquer que fosse a presença que espreitava a casa dos Snedeker, ela não perdeu tempo em se fazer conhecida pelo restante da família.

Na noite após a partida de Stephen, Al estava assistindo à televisão e tomando uma cerveja enquanto Peter e Stephanie estavam sentados no chão se revezando para usar o Traço Mágico. Michael fazia a lição de casa no quarto, e as garotas, Laura e Mary, limpavam a cozinha com Carmen.

Desde o incidente com Stephen, Carmen estivera se esforçando para prestar atenção especial em Mary; ela se certificara de que a menina não tivesse sofrido ferimentos físicos, tinha se desculpado profusamente e lhe dito que se pronunciasse se quisesse conversar com alguém sobre o que ocorrera. Mary lhe dissera, contudo, que não queria mais ficar ali. Carmen entendeu perfeitamente e ligou para a sua outra irmã que morava bem ali em Connecticut e perguntou se ela se importaria em ficar um tempo com Mary; ela disse que tudo bem e que a buscaria pela manhã.

Todos seguiram com as suas vidas, fazendo o que quer que estivessem fazendo: as crianças, dando risadinhas baixas no chão da sala de estar para que não incomodassem o pai enquanto ele assistia a um antigo filme em preto e branco; Carmen e as garotas, rindo e conversando na cozinha enquanto a água corria na pia e os pratos tilintavam ao serem lavados.

Al terminou a cerveja no instante em que o filme foi interrompido pelo comercial. Ele se levantou da poltrona, foi até a cozinha, jogou a garrafa vazia no lixo e abriu a geladeira para pegar outra.

A mão dele parou de repente no meio do caminho até a segunda prateleira da geladeira quando toda a casa estremeceu com um *bangue* potente e ensurdecedor.

Todos ficaram em silêncio e não se mexeram, os corpos congelados no lugar.

Aconteceu uma segunda vez. As vidraças nas janelas estremeceram. As garrafas chacoalharam e tilintaram dentro da geladeira.

Aconteceu uma terceira vez e então... nada.

Passos pesados subiram depressa a escada e Michael gritou: "Pai! *Pai!*". De meias, ele deslizou pelo chão da cozinha até parar.

Stephanie o seguiu, segurando a mão de Peter, os olhos arregalados.

"O que *foi* isso, pai?", perguntou Michael, a voz rouca.

"Não sei, mas, pelos diabos, vou descobrir. Um terremoto, talvez?", perguntou ele, virando-se para Carmen.

"Acho que não. Pareceu algum tipo de explosão."

"É, ok. Vou dar uma olhada." Ele começou a sair do cômodo e se virou para Carmen de novo, apontando o polegar para o teto. "Os Vanowen estão em casa?"

"Não, eles estão fora da cidade, lembra? Vão ficar fora por três dias. Voltam amanhã à noite."

"Então não tem ninguém lá em cima?"

"Não veio lá de cima, Al. Parece que veio daqui de baixo, de dentro de casa mesmo."

"Merda", sibilou ele enquanto saía da cozinha.

Os outros não se mexeram, apenas ficaram nos seus lugares e trocaram olhares temerosos e ansiosos.

Al examinou a casa toda, incluindo o porão. Olhou por todas as janelas, atrás de todas as portas, esquadrinhou, frenético, cada cômodo à procura de danos, até farejou o ar em busca de cheiro de fumaça, gás ou eletricidade. Mas nada encontrou.

Voltou para a cozinha, bastante intrigado, onde todos ainda estavam reunidos, um pouco mais relaxados, mas não menos confusos.

"Encontrou alguma coisa?", perguntou Carmen em voz baixa, ansiosa.

"Não. Não, não encontrei nada." Na verdade, Al sentia-se envergonhado por ter que dizer isso. Os três estrondos que tinham ouvido foram altos, não foram os ruídos da vizinhança, mas ruídos que vieram de dentro da casa. O fato de ser incapaz de encontrar algo significava que aquilo estava fora do seu controle, e ele sabia que todos dependiam dele para obter uma resposta, mas Al não tinha uma. Coisas demais estiveram acontecendo na casa nos últimos tempos, sobre as quais ele não tinha qualquer controle.

"Mas foi bem aqui", disse Michael, "dentro da casa."

O telefone tocou.

"Eu atendo", disse Carmen. Ela foi para a sala de estar, sentou-se no sofá e atendeu o telefone. "Alô?"

"Carmen? É Tanya."

Carmen se recostou e se animou.

"Você ouviu?"

"Ouvi o quê?"

"Os estrondos. Três deles. Três baques estrondosos, quase como explosões. Você ouviu? É por isso que está..."

"Não, não ouvi nada. Estou ligando porque... bom, sei que isso vai soar estranho, mas acabei de olhar pela janela e, hum... você sabia que tem uma mulher com uma aparência muito esquisita perambulando na sala acima de você?"

Carmen ficou boquiaberta por alguns instantes. "O quê?"

"Sério, não estou brincando, eu a vi. Tem uma mulher aí em cima e ela é verde e está brilhando. Eu a vi andando de um lado para o outro diante da janela da frente. Ela parece, hum... aborrecida. Zangada, talvez."

Cada uma das coisas estranhas e assustadoras que aconteceram ao longo do último ano relampejou pela mente de Carmen, e as lágrimas encheram os seus olhos.

"Por favor, Tanya, por favor... diga que está brincando, diga que é uma brincadeira."

"Você acha que eu ligaria para fazer uma *brincadeira* dessas?", perguntou ela, incrédula.

"Não. Não, não ligaria. Espere um pouco, por favor. Não desligue." Carmen pousou o fone e correu para a cozinha. "Al, é Tanya no telefone. Ela diz que tem alguém perambulando lá em cima perto da janela."

Ele franziu o rosto. "*O quê?*"

"Hum, venha aqui um segundo." Ela o levou através da sala de jantar até o corredor e sussurrou: "Tanya diz que é uma mulher verde fosforescente".

Ele revirou os olhos. "Carmen, faça-me o favor..."

"Estou falando sério. Ela não está brincando. Al, *pense* nisso!", sibilou. "O que está acontecendo nesta casa? Não conseguimos explicar a maioria das coisas que acontecem, não é?"

Ele pensou a respeito por algum tempo, depois balançou a cabeça e respondeu: "Não, não podemos, na verdade". Al esticou a mão, deu um aperto rápido na dela e disse: "Vou lá fora olhar lá para cima, ver se consigo vê-la. Porque, sabe, a porta deles está trancada e...".

"É, eu sei. Anda. Vá lá para fora."

Al saiu, e Carmen voltou para o telefone.

"Tanya? Al saiu agora para olhar."

"Não, ela sumiu. Estou na janela agora e estive observando. Ela sumiu. Não estou vendo ela."

"Você está brincando. Ela sumiu? Mesmo?"

"É, não estou vendo ela. Faz um tempinho que não passa pela janela."

Carmen suspirou. "Ok. Vou desligar agora, Tanya. Vou sair e contar para Al."

"Um segundo, Carmen. Lembra-se daquela revista que mostrei para você? Que você levou para casa? Com aquelas pessoas, os Warren, Ed e Lorraine Warren? Acho mesmo que devia ligar para eles. *Mesmo*. Tem alguma coisa muito esquisita acontecendo por aí e acho que você *precisa* deles."

"É, bom... acho que vou pensar nisso. Obrigada por ligar."

Carmen desligou e correu para se juntar a Al do lado de fora. Ele estava parado longe da lateral da casa, perto da casa de Tanya, olhando para cima.

"Tanya disse que ela sumiu", contou Carmen enquanto se aproximava dele.

"*O quê?*"

"Ela disse que a mulher sumiu. Ela não a viu nos últimos minutos."

"Bom, então Tanya provavelmente está vendo coisas", disse o marido com raiva.

"Al, você sabe que isso não é verdade. Alguma coisa muita esquisita está acontecendo na nossa casa."

"Ah, merda, você andou ouvindo demais o Stephen. Ele está doente, Carmen. Você sabe disso. Ele está doente, e as coisas que ele disse que viu e ouviu foram apenas os sintomas. Só isso, nada mais."

"Ah, por favor, Al, você quer dizer que pode explicar todas as coisas que vêm acontecendo na nossa casa? Quer dizer que não aconteceu nada lá dentro que matou você de susto? Porque eu não me importo de dizer que quase morri de susto algumas vezes! Quer dizer, o que acabou de *acontecer* lá dentro? O que foi aquele barulho? O que sacudiu as janelas? O que *foi* aquilo?"

Os lábios de Al se contorceram em uma careta de raiva e ela o ouviu trincar os dentes. "Olhe, não quero ouvir essa merda, ok? Não quero ouvir! Qualquer coisa que acontece nessa casa pode ser explicada, está me entendendo? Não comece a soar como o maldito do seu filho louco!"

Ele girou nos calcanhares e a deixou ali parada na noite, sozinha. Carmen olhou para a janela do apartamento de cima mais uma vez, mas nada viu. Então seguiu Al para dentro.

Ao longo da hora seguinte, todos, um após o outro, ainda intrigados e mais do que um pouco nervosos, decidiram ir dormir.

Carmen desceu com Michael e Peter para onde, mais cedo naquele dia, Al tinha levado a cama de Stephen de volta para o quarto de Michael. Ela pôde perceber que os meninos ainda estavam abalados pelos ruídos explosivos, embora nada dissessem, e ela com certeza esperava que não tivessem ouvido qualquer trecho da conversa sobre aquela mulher verde fosforescente na janela do apartamento de cima; isso iria assustá-los de verdade. Ela temia que eles não fossem querer dormir lá embaixo — Carmen não queria que isso começasse de novo —; portanto, queria deixá-los o mais confortável possível.

Assim que estavam nas suas camas ouvindo música baixinho no aparelho de som na mesinha de cabeceira entre eles, Carmen deu um beijo de boa-noite em cada um, voltou para cima e foi ver como Laura e Mary estavam.

Laura estava sentada na cama vestindo uma camiseta cinza três números maior que o dela e lendo a Bíblia sob a luz do abajur ao lado da cama. Mary estava enrolada de lado, apenas uma protuberância embaixo das cobertas.

"Ela está dormindo?", sussurrou Carmen.

Laura balançou a cabeça. "Acho que não. Ela só..." A garota olhou para a irmã. "Acho que só não quer conversar com ninguém."

"Oh. Bem, como você está?"

Ela deu de ombros, então hesitou um instante antes de falar.

"Tia Carmen, lembra o que eu disse sobre esta casa? Sobre... como ela me faz sentir?"

Lá vem, pensou Carmen.

"Sim, lembro. E você acha que os estrondos de hoje confirmam os seus sentimentos."

Ela aquiesceu. "E eu ouvi o que você disse para o tio Al sobre a mulher lá em cima. Tia Carmen, acho que tem alguma coisa muito esquisita com esta casa. Mesmo que... você não acredite em mim."

"Bom, Laura." Ela se sentou na beirada da cama e tocou o braço da sobrinha. "Mesmo que não goste de admitir, estou começando a achar que você pode estar certa." Ela acenou com a cabeça na direção da Bíblia aberta no colo de Laura. "Mas isso vai ajudar. Isso sempre ajuda."

"Eu sei", disse Laura.

Antes de sair do quarto, Carmen foi até a cama dobrável onde Mary estava enrolada, imóvel e silenciosa. Pousou uma das mãos delicadamente no ombro dela e disse: "Está dormindo, querida?".

Mary balançou a cabeça contra o travesseiro.

"Você está bem?"

Ela assentiu contra o travesseiro.

"Tem certeza?"

Mary se virou para fitar Carmen.

"Você está brava comigo porque eu quero ir embora, tia Carmen?"

"É claro que não! Entendo perfeitamente. É bem provável que eu também ia querer ir embora se fosse você. Vou dizer uma coisa, durma bem esta noite, porque a tia Lacey virá buscá-la pela manhã, ok?"

Ela aquiesceu e voltou a virar de lado.

Carmen acenou para Laura enquanto saía e ia até o quarto de Peter, onde Stephanie estava dormindo. As luzes estavam acesas, e a filha dela estava sentada na cama.

"Não estou com sono, mãe", disse ela.

"Bom, você quer olhar algum livro? Ou colorir? Você pode ouvir música, se deixar baixinho. Quer ligar o rádio?"

"Ah... acho que vou pintar um pouquinho."

"Ok, querida. Faça isso."

Quando deixou Stephanie no quarto, também se sentiu melhor sobre ir para a cama. Estava mais preocupada que os outros conseguissem dormir do que ela mesma.

No quarto, ela encontrou Al já adormecido. Isso a fez se sentir melhor. Não conseguia imaginar os dois tendo alguma conversa agradável naquela noite, não depois do incidente com a mulher verde do apartamento de cima.

Carmen tirou as roupas, escovou os dentes e vestiu a camisola, depois deitou na cama em silêncio, com cuidado para não perturbar o sono de Al.

Laura estava lendo o Salmo 23 — a parte mais encorajadora e reconfortante da Bíblia para ela — quando pensou ter sentido alguma coisa passando por cima das suas pernas nuas embaixo das cobertas. Ela franziu o rosto e mexeu as pernas, parou... esperou... e nada sentiu. Voltou à sua leitura.

Aconteceu de novo, alguma coisa subiu rastejando pela sua coxa esquerda e ela começou a chutar.

Parou.

Calafrios arrepiaram a sua pele. Não parecia uma contração muscular nem um inseto.

Pareciam dedos.

Quando aconteceu de novo, começou na parte de cima da coxa e se moveu depressa para cima.

Ela arquejou alto quando teve a sensação de que havia dedos apertando o espaço entre as suas pernas com grande determinação.

Laura se sentou ereta e afastou as cobertas.

Nada havia ali a não ser as pernas dela, que estavam abertas e trêmulas.

Mais uma vez, ela sentiu dedos entre as suas coxas, explorando e, um segundo depois, penetrando-a mesmo enquanto olhava e não via *nada*.

Laura disparou para fora da cama e levou as cobertas e o lençol consigo. Ela examinou o móvel com cuidado, procurou em cada centímetro do colchão, remexeu as dobras do lençol, das cobertas, mas nada encontrou. Não havia qualquer sinal de que houvera alguma coisa ali.

Ela pensou em acordar a tia Carmen, mas de que adiantaria? Ela não tinha qualquer prova de que algo a tocara. Se contasse a alguém, eles pensariam que ela adormecera e sonhara; além do mais, seria embaraçoso mencionar o acontecido.

Em vez disso, Laura colocou os travesseiros no chão, pegou as cobertas e deitou ao lado da cama.

Demorou muito tempo até que Laura pegasse no sono, e mesmo então, teve alguns pesadelos horríveis.

Stephanie estava pintando as imagens no seu livro de colorir quando viu alguma coisa se mover em silêncio e devagar pelo quarto.

Ela a princípio ficou ciente de um movimento escuro vislumbrado pelo canto do olho, ergueu o olhar do livro de colorir e viu um borrão sem forma que se parecia bastante com uma sombra escura... exceto pelo fato de estar saindo da parede e passando pelo meio do quarto, uma sombra lançada por nada, escura e ainda assim transparente, o formato globular se transformando em líquido conforme se movia, até ter atravessado o quarto tranquilamente, sem emitir qualquer som, e sumir.

Stephanie não demonstrou qualquer reação, mas podia sentir o coração batendo depressa.

Ela pensou em acordar as pessoas, contar a eles... mas, por quê? Stephen tentou contar a eles por tanto tempo e não lhe deram ouvidos. Por que alguém daria ouvidos a ela?

A menina esticou o braço e ligou o rádio, aconchegou-se embaixo das cobertas, o coração ainda martelando na garganta, e continuou a pintar a imagem no livro.

Michael estava deitado na cama ouvindo a respiração lenta e regular do irmão, desejando que conseguisse pegar no sono também.

Ele deixara uma pequena luz noturna acesa no canto, porque simplesmente não se sentia muito confortável em ficar no escuro naquela noite.

Estava fitando o teto cheio de sombras quando ouviu os sussurros pela primeira vez. Não conseguiu entender o que as vozes sussurrantes estavam dizendo, não conseguia identificar a fonte dos sussurros — mas, com certeza, estavam lá.

De olhos arregalados, olhou em volta do quarto enquanto permanecia deitado na cama com o corpo rígido.

Os sussurros soavam urgentes; uma voz falava, depois outra, como se estivessem trocando segredos de suma importância.

Ele fitou o vazio por muito tempo, ouvindo.

Então pararam.

Ele se perguntou se devia ir ao andar de cima e acordar os pais, mas então lembrou como as histórias de Stephen tinham sido recebidas e decidiu não fazer isso. Em vez disso, ficou ali deitado na cama, incapaz de adormecer, esperando que os sussurros recomeçassem.

Então Peter começou a gritar como se estivesse morrendo, contorcendo-se na cama como se estivesse com dores.

Carmen sentou-se alerta na cama, sobressaltada pelos gritos do filho.

Ela esticou o braço e sacudiu Al, tentando acordá-lo a duras penas. Mas ele não mexeu um músculo sequer.

"Al, levanta!"

Nada.

Ela parou e prestou atenção. Os gritos tinham parado, mas Carmen ouviu vozes débeis e abafadas. Levantou-se e foi para o andar de baixo para encontrar Michael e Peter conversando.

"Qual é o problema, meu bem?", perguntou ela, apressando-se até a cama de Peter.

Ele olhou para ela, os olhos inchados, as bochechas riscadas por lágrimas e respondeu:

"Eu fui picado! Alguma coisa me picou! Como abelhas! Como quando eu fui picado por aquela abelha!"

"Você estava sonhando, querido?"

"Não, não! Eu não estava sonhando!"

Ela afastou as cobertas e desabotoou a camisa do pijama para examiná-lo. Nada viu. Nenhuma marca, nenhum vergão.

"Não estou vendo nada, Peter", disse ela baixinho.

"Mas alguma coisa me picou!", berrou ele. "Alguma coisa me picou de novo e de novo!"

"Não estou *vendo* nada, meu bem. Talvez você estivesse sonhando."

Ele semicerrou os olhos e os seus lábios se retorceram para cima quando ele começou a chorar.

"Sinto muito, bebê, mas não estou vendo nada."

Ele apenas continuou a chorar em silêncio, as lágrimas escorrendo pelas bochechas.

"Quer que eu fique aqui até você pegar no sono de novo?"

Ele assentiu em silêncio.

"Ok. Prometo que não vou embora até ter certeza de que você pegou no sono outra vez. Tá bom?"

Outro aceno.

Carmen olhou para Michael, que estava sentado na beirada da cama, observando com preocupação.

"Vou ficar aqui um pouco", sussurrou ela.

"Que bom", disse Michael com um aceno de cabeça, voltando a se deitar devagar. "Porque sabe, mãe? Quer você pense o mesmo ou não, tem alguma coisa bem esquisita nesta casa... e vai ser muito mais fácil para eu pegar no sono sabendo que você está aqui."

Carmen sorriu, assentiu e sussurrou: "Ok, querido". Mas, lá no fundo, as palavras do filho a fizeram se sentir fria como gelo.

Carmen acordou de súbito pouco antes das 5h da manhã e foi incapaz de voltar a dormir. A casa estava quieta; nada acontecera para perturbar o seu sono.

Ela se levantou, vestiu o roupão, foi até a cozinha e preparou um pouco de chá. Então remexeu na pilha de revistas na sala de estar até encontrar aquela que Tanya lhe dera. Abriu-a no artigo sobre Ed e Lorraine Warren e o leu devagar e com atenção enquanto bebericava o chá à mesa da sala de jantar.

Mais tarde, um pouco antes da hora que ela sabia que todos começariam a se levantar, Carmen começou a preparar um enorme café da manhã. Como sempre, não demorou muito até que o aroma de ovos, bacon e café tivesse flutuado por toda a casa e, um a um, sonolentos e bocejando, todos seguiram os seus narizes até a mesa da sala de jantar.

Contudo, ninguém falava nada. Não houve qualquer "bom dia!", nem mesmo cumprimentos sonolentos e murmurados. Até mesmo Peter, que era o membro da família mais animado de manhã cedo, estava quieto.

Uma nuvem pesada e invisível crescia acima da mesa enquanto todos comiam em silêncio. A tensão foi aumentando conforme garfos e facas tilintavam contra pratos e mandíbulas mastigavam por trás de lábios apertados.

Por fim, Carmen pousou o garfo, engoliu a comida e juntou as mãos cruzadas sob o queixo, os cotovelos apoiados na borda da mesa. Ela passou algum tempo correndo a língua de um lado ao outro por cima do lábio superior e dos dentes da frente, tentando ganhar tempo. E então disse: "Sabe, desde a noite passada, estive pensando...".

"É, eu sei, e não quero ouvir nada a respeito", interrompeu Al em voz baixa sem desviar os olhos do prato.

"Não, por favor, me dê um segundo." Ela pigarreou. "Estive pensando que talvez, hum, talvez nós tenhamos sido um pouco precipitados em, sabe, castigar Stephen da forma que fizemos... em descartar o que ele estava dizendo sobre a casa... sobre haver alguma coisa... alguma coisa esquisita aqui."

"Era isso", disse Al, a voz mais dura, "era *isso* que eu não queria ouvir. E não quero ouvir *mais* nada sobre isso, entendeu? É pura besteira. Stephen estava doente, *está* doente, e agora está sendo tratado. Ele apenas assustou a gente com todas aquelas histórias, só isso."

“Então como você explica os barulhos na noite passada?”, perguntou Carmen.

“Não sei, mas vou investigar. Deve haver alguma explicação.”

Com as mãos no colo, fitando o prato, Laura disse quase em um sussurro: “Eu fiquei... sentindo alguma coisa... me tocar... as minhas pernas e... e...”. De repente, ela sorveu o ar e fechou os olhos por um momento, então levantou a cabeça e olhou para eles. “Foi a mão de alguém. Me tocando. Como um homem me tocaria, só que... com violência e... e raiva”.

“Eu vi alguma coisa atravessar o meu quarto ontem à noite”, disse Stephanie enquanto mastigava um pedaço de bacon, falando naquele tom casual e espontâneo que apenas uma criança consegue usar ao mencionar algo tão bizarro. “Foi como... uma sombra. Uma sombra grande em forma de bolha. Não fez nenhum barulho, só atravessou a parede e saiu pela porta.”

Al largou o garfo com raiva no prato e parou de mastigar, os olhos dardejando de um para o outro ao redor da mesa.

“Olhem, não estou no clima para isso, ok?”, sussurrou ele com a voz trêmula. “Não consegui acordar direito hoje de manhã, me sinto como se tivesse sido drogado, então só... parem com isso, tá bom?” Ele voltou a pegar o garfo e continuou a comer.

“Então foi por isso que não conseguiu acordar ontem à noite, hein?”, perguntou Carmen.

“O quê?”

“Ontem à noite, quando Peter começou a gritar. Eu tentei acordá-lo, mas você não mexeu nem um músculo. Ele disse que estava sendo picado.”

“Doeu, pai!”, interveio Peter. “Como abelhas! Eram como abelhas me picando todo!”

“Você estava sonhando!”, vociferou Al, fazendo Peter se encolher e ficar quieto.

“Eu ouvi sussurros no meu quarto”, disse Michael, tímido. “Vozes sussurrando em algum lugar.”

Dessa vez ele jogou o garfo para baixo, afastando a cadeira da mesa e batendo o guardanapo ao lado do prato.

“Maldição!”, xingou ele. “Vou trabalhar.”

O homem saiu da sala, não se despediu e, pouco tempo depois, todos ouviram a porta da frente bater.

Por fim, eles continuaram a comer e, enquanto o faziam, Carmen disse, muito baixinho: “Não se preocupem, crianças. Eu acredito em vocês. E, mais cedo ou mais tarde, o pai de vocês também vai acreditar”.

Nada voltou a acontecer até aquela noite, como se qualquer que fosse a presença que tivesse tomado residência na casa apenas se manifestasse na parte mais tardia do dia, quando a luz diurna era substituída pelas sombras compridas e escuras e a lua avançava pelo céu.

O jantar tinha chegado ao fim, e Carmen estava tirando a mesa, onde Al ainda estava sentado, bebendo uma cerveja e lendo o jornal.

Stephanie e Peter assistiam à televisão na sala de estar e Michael estava, como sempre, no quarto fazendo lição de casa.

Mary fora ficar na casa da tia Lacey.

E Laura estava no banheiro. Ela pendurara o roupão atrás da porta e estava diante do espelho de calcinha e sutiã, escovando o cabelo devagar.

Ela podia ouvir o som da TV e as vozes das crianças na sala.

Ouvia também a voz abafada da tia Carmen na sala de jantar.

Então, enquanto corria a escova pelo cabelo repetidas vezes, Laura sentiu alguma coisa puxar a alça do sutiã por trás, como se alguém estivesse tentando estalar a alça contra as suas costas. No entanto, quando olhou no espelho, claro, não viu ninguém atrás dela. Ela girou nos calcanhares, mas estava sozinha no cômodo.

Ela ficou imóvel por algum tempo, franzindo o rosto e se sentindo com frio de repente. Depois continuou a escovar o cabelo.

Uma espécie de mão áspera deslizou por entre as suas pernas e agarrou a parte interna da sua coxa.

Laura ofegou e gritou: "Ei!". Ela girou nos calcanhares e se afastou para longe da mão — ou o que *parecia* ser a mão de alguém —, mas a mão permaneceu com ela, apalpando, dedos grossos pressionando para cima contra o tecido da calcinha, agarrando o elástico em volta da parte superior das coxas.

Outra mão se moveu para cima ao longo da barriga até os seios, apertando-os com força, causando dor, então enrolando os dedos embaixo do sutiã de Laura e puxando.

"Socorro, por favor, Deus, socorro!", gritou Laura, lançando-se contra a porta do banheiro. Ela girou a maçaneta e puxou. A porta abriu poucos centímetros, quase como se alguém estivesse puxando com força do outro lado, a maçaneta escapou das suas mãos e a porta bateu com um estrondo.

"Tia Carmen!", berrou Laura quando a calcinha foi arrancada dela, o sutiã se rompeu e foi jogado no chão. "Alguém, tio Al, por favor, por favor, *socorro*!"

Al deixou o jornal escorregar para a mesa da sala de jantar e pousou a cerveja enquanto Carmen largava a caçarola na pia e ambos disparavam na direção do banheiro.

"O que foi? Qual é o problema?", gritou Al, avançando pelo corredor.

Peter e Stephanie saíram correndo da sala de estar e Michael subiu depressa a escada ao mesmo tempo em que Al forçava a porta. Ela não queria abrir.

"Laura, você está bem?", perguntou ele. "Se afaste da porta e eu vou..."

"Não estou perto da porta!", berrou ela com a voz rouca e chorosa. "Me ajuda, me ajuda, por favor, Deus, por favor, me ajuda!"

Al recuou alguns passos, então disparou para a frente, batendo o ombro contra a porta do banheiro com um grunhido pesado. Nada aconteceu. Porém, antes que pudesse tentar uma segunda vez, as batidas explosivas começaram de novo, chacoalhando as janelas e sacudindo os quadros nas paredes. Não houve intervalos entre elas dessa vez; elas se repetiram de novo, e de novo, e de novo, ensurdecedoras, tão altas e graves que eles puderam sentir os estrondos nos ossos.

Todas as luzes da casa começaram a piscar ao mesmo tempo.

"Mamãe!", gritou Peter, apertando-se contra Carmen e abraçando as pernas dela.

Stephanie se juntou a eles do outro lado de Carmen e gritou: "O que está acontecendo?".

Michael apenas se comprimiu contra a parede, os olhos arregalados, os punhos apertados.

"Não sei o que está acontecendo, meu bem", berrou a mãe, passando os braços em volta de Stephanie e Peter, "mas vocês vão ficar bem, eu prometo!"

Al se lançou contra a porta outra vez. E mais outra. Mas de repente gritou de dor, curvou-se segurando a barriga e caiu no chão. Carmen caiu de joelhos ao lado dele com um arquejo.

"O que foi, Al, qual é o problema?"

"Fui esfaqueado!", disse através de dentes cerrados, a voz áspera. "Meu Deus, fui *esfaqueado*!"

Carmen estendeu as mãos até as dele e, com gentileza, as afastou da barriga, esperando ver sangue ou algum sinal de ferimento.

Ela não viu nada.

As batidas estrondosas continuaram, e as luzes prosseguiram piscando e piscando.

No banheiro, Laura ainda gritava.

"Você está bem, Al", disse Carmen, inclinando-se para perto dele. "Não foi esfaqueado. Não tem nada aí."

Carmen o sentiu relaxar ao se encostar nela por um momento, então, mexendo-se com cautela, levantou-se, esticou a mão para a maçaneta de novo e...

Tudo parou.

As batidas silenciaram.

As luzes apagaram, mergulhando-os na escuridão umbrosa.

E a porta do banheiro abriu devagar.

"Ah, meu Deus", ofegou Carmen, correndo para dentro do banheiro.

Laura estava estatelada sobre a bancada, nua, as pernas abertas, um braço pendendo sobre a beirada da bancada.

"Oh, Deus, Laura, o que aconteceu?"

Os ombros dela sacudiam enquanto a garota chorava em silêncio. "Mãos", sussurrou ela. "Mãos... por todo o meu corpo... arrancaram minhas roupas íntimas... me apa-apalparam..."

"Mãos de quem?"

Laura balançou a cabeça. "Eu só pude... senti-las."

"Vou chamar a polícia", disse Al parado no corredor.

Carmen se virou, saiu do banheiro e sibilou com raiva: "A polícia? O que a polícia vai fazer? Prender alguém? Um fantasma talvez? Você ainda acha que existe alguma maldita explicação para tudo isso, Al? Porque se acha, é você quem está louco. Não precisamos da polícia aqui. Precisamos de um padre. E vamos arrumar um".

Houve outro estrondo terrível e trovejante, e então uma voz que parecia escoar de cada centímetro da escuridão em volta deles declarou em um tom gutural e rouco:

"*Não há ninguém que possa ajudar vocês. Vocês são meus.*"

20
UMA BÊNÇÃO DUVIDOSA

A primeira coisa que Carmen fez na manhã seguinte foi ligar para o padre Wheatley. Ela dormira pouco e, embora nada mais tenha acontecido durante a noite depois de as luzes terem voltado, Carmen permaneceu agitada, como se tudo tivesse acontecido poucos minutos antes. Portanto, foi difícil para ela dar ao padre Wheatley uma explicação coerente sobre o problema. Ela gaguejou e balbuciou enquanto tentava fazer com que ele entendesse que alguma coisa sobrenatural, alguma coisa maligna, tinha invadido a casa deles e que o seu filho Stephen, agora em um hospital psiquiátrico por ouvir vozes e se comportar de forma tão estranha, tinha tentado dizer isso a eles o tempo todo. Wheatley, no entanto, conseguiu compreender pouca coisa.

Ficou muito claro para ele, contudo, que *alguma coisa* estava errada, embora ainda não soubesse ao certo o quê. Ele prometeu fazer uma visita assim que conseguisse escapar das suas obrigações, provavelmente em uma hora, duas no máximo.

Al foi trabalhar com relutância; ele não queria deixar Carmen, Laura e Peter sozinhos. Carmen também preferia que ele ficasse, mas ambos sabiam que ele não poderia se dar ao luxo de perder um dia de trabalho.

Stephanie e Michael saíram para pegar o ônibus, ambos quietos e tensos e, até que ele viesse pegá-los, ambos ficaram parados perto da rua olhando de volta para a casa de tempos em tempos.

Enquanto Carmen esperava a chegada do padre Wheatley, ela manteve Peter ao lado dela o tempo todo. Laura também ficou por perto. Ela não *queria* ficar sozinha.

Estavam sentadas no sofá com Peter ajoelhado na frente delas e brincando com o seu jogo Merlin quando Carmen disse baixinho: "Sabe, se você quiser, Laura, pode ir ficar com Mary na casa da tia Lacey".

Laura franziu o rosto e balançou a cabeça devagar. "Não, acho que não. Não me sinto tão confortável com a tia Lacey como me sinto com você e com o tio Al. Além disso, quero ajudar."

Carmen ficou surpresa. "Mesmo com... tudo isso?"

"Bem..." Laura deu de ombros.

"Só quero que saiba que, se você decidir fazer isso, tudo bem pela gente. De verdade, nós entenderemos. Então vai nos avisar?"

Ela assentiu. "Sim. Vou avisar."

Quando o padre Wheatley chegou, Carmen segurava a porta aberta antes mesmo de ele chegar ao caminho que levava à frente da casa. Ela o levou ansiosamente para a sala de estar e o fez sentar na poltrona de Al, sussurrando o tempo todo: "Oh, estou tão feliz por você ter vindo, padre, não sabe o quanto precisamos do senhor aqui, estou *tão* feliz por ter vindo".

Assim que estavam acomodados, o padre Wheatley perguntou: "Então, qual é o problema exatamente?".

Carmen contou a ele. Não deixou nada de fora. Extravasou em uma torrente porque estivera guardando tudo para si por muito tempo. Mas, conforme falava, viu a expressão no rosto dele mudar de modo gradual, e ela sabia o que aquela mudança significava: descrença.

Quando terminou, Carmen aguardou, esperando uma resposta positiva, mas sem muitas esperanças.

O padre Wheatley, que estivera inclinado para a frente na poltrona enquanto a ouvia, se recostou com um suspiro e o rosto relaxado. Metade da boca se levantou em um sorriso relutante e ele disse com a voz suave: "Carmen, vou dizer a primeira coisa que me vem à mente. Toda a sua família passou por muita coisa. A grave doença de Stephen, como você mesma falou, colocou todos vocês sob muito estresse". Ele acrescentou depressa: "Por favor, não me entenda mal, não estou dizendo que tudo isso seja invenção da sua imaginação nem nada assim, acho que é perfeitamente compreensível. O estresse pode fazer as coisas mais... bem, as coisas mais incríveis às pessoas, e estou dizendo isso por experiência própria, tanto minha quanto dos paroquianos que, como você, me procuraram pedindo ajuda".

Depois de ver as mudanças no seu rosto, nos seus olhos, Carmen não ficou surpresa pela resposta. Estava até pronta para ela.

"Entendo, padre", disse, "porém, se tudo o que aconteceu foi por causa do estresse e da tensão causados pela doença de Stephen — e não estou dizendo que não foi, só estou, hum... só estou..." Ela fechou os olhos e pensou por um instante sobre o que acabara de falar. "Sim, *estou* dizendo que não foi, porque *sei* que não foi, mas e Laura? Ela não esteve por aqui quando Stephen esteve doente. Ela não sentiu o estresse, nada. E a minha vizinha, que nem mesmo quer entrar aqui? Foi ela que ligou e contou que tinha uma mulher verde brilhando na janela do andar de cima. Nós não vimos isso, mas ela, sim! E ela não vivenciou o estresse e a tensão da doença do meu filho."

"Mas suponho que ela conheça a história da casa."

"Bom... sim, mas ela não..."

"Isso é muito importante. Olhe, Carmen, a morte é algo que assusta a todos. Mesmo àqueles entre nós que sabem que ela não deveria assustar. Esta casa costumava ser completamente dedicada à... morte." Ele deu de ombros. "Parece perfeitamente natural que alguém que conheça a sua história fique com medo por causa do que ela costumava representar."

Com um suspiro infeliz, Carmen se inclinou para a frente e enterrou o rosto nas mãos. "Você não acredita em mim", murmurou ela contra as mãos.

Depois de permanecer quieta o tempo todo, Laura se manifestou e disse: "Padre, não quero ser desrespeitosa, mas... por favor, preste atenção. A tia Carmen não é louca. Tem alguma coisa acontecendo nesta casa que não tem nenhuma relação com estresse, ou tensão, ou com o câncer de Stephen. Tem alguma coisa... bem, não quero lhe ensinar o seu ofício, nem nada do tipo, e, como falei, não quero ser desrespeitosa, mas... tem alguma coisa *maligna* e *doentia* nesta casa. Alguma coisa com a intenção de nos machucar. Então, por favor, *por favor*, padre, não ignore isso".

O padre Wheatley inclinou a cabeça bem para trás e esfregou um dedo de um lado ao outro logo abaixo do lábio inferior enquanto fitava o teto, pensativo. Então sentou-se para a frente, juntou as mãos entre os joelhos e perguntou: "Vocês se sentiriam melhor se eu abençoasse a casa?".

Carmen afastou o rosto das mãos, tentando conter as lágrimas que lutavam para sair e disse: "Oh, por favor, padre, você faria isso?".

"Certamente." Ele se levantou. "Isso não seria nenhum problema. Só vou até o carro pegar a minha mala."

Enquanto ele esteve fora, Carmen se recostou no sofá e disse: "Ele não acredita em mim. Acha que sou louca".

"Mas isso não importa muito já que ele vai abençoar a casa, certo?", respondeu Laura. "Quero dizer, isso *vai ter* que ajudar. E talvez... bem, apenas talvez ele veja alguma coisa. Ou ouça alguma coisa, ou *sinta* alguma coisa."

Carmen apenas balançou a cabeça, os olhos parecendo cansados, quando o padre Wheatley voltou. Elas ficaram no sofá enquanto ele abençoava a sala de estar aspergindo água benta de um frasco e recitando a bênção, as cabeças baixas em reverência. Elas continuaram ali enquanto ele percorria toda a casa, abençoando cada cômodo, um após o outro.

Conforme a voz abafada do padre se transformava em um zumbido em outros cômodos, Laura colocou a sua mão sobre a de Carmen e sussurrou: "Não se preocupe, tia Carm, isso provavelmente vai mudar tudo. De verdade". Tímida, acrescentou: "Só precisa ter fé em Deus, só isso".

Carmen sabia que Laura tinha razão. Permanecer incerta e temerosa seria um insulto a Deus. Ela precisava ter fé que a bênção iria fazer a diferença, que colocaria um fim aos incidentes estranhos que os tinham afligido.

Contudo, ela não conseguia parar de pensar na descrença óbvia do padre Wheatley. Se ele estivesse realizando a bênção apenas para ser condescendente, se não a estivesse dando *de coração*, será que iria fazer alguma diferença?

Quando o padre Wheatley terminou, ele voltou para a sala de estar e sorriu para as mulheres. "Bem, terminei. Espero que ajude."

Você espera *que ajude!*, pensou Carmen. O seu temor se concretizou: ele tinha dado a bênção apenas para apaziguá-la.

O padre Wheatley ergueu uma das mãos. "Mas se eu puder fazer uma sugestão: vocês deviam considerar algum tipo de aconselhamento. Quero dizer, todos vocês, a família toda. Vocês passaram por muita coisa." O padre lhes deu um sorriso que esperava ser reconfortante. "Acredito que podem se beneficiar com isso."

Laura apertou a mão de Carmen e desviou o olhar do padre; Carmen abaixou a cabeça, esperando que o padre Wheatley não visse a dúvida nos seus olhos.

Depois que o sacerdote foi embora, Laura disse: "Ele não pareceu muito convincente, não é?".

Carmen balançou a cabeça.

"É, bom, ele é um padre, certo? Então talvez isso vá ajudar de alguma maneira."

Carmen não respondeu por algum tempo, então, de modo quase imperceptível, balançou a cabeça muito devagar. Depois de ver a dúvida nos olhos do padre Wheatley, a expressão de descrença no seu rosto, ela de repente se deu conta de como Stephen deve ter se sentindo — como *eles* devem ter *feito* com que o menino se sentisse — todo o tempo em que esteve tentando contar-lhes que havia alguma coisa errada com a casa.

21

ATAQUES FÍSICOS

Na manhã em que o padre Wheatley foi a casa, Carmen estivera nervosa demais para lavar a louça do café da manhã e, em vez disso, empilhou tudo com cuidado na pia depois de passar um pouco de água. Após ele ter ido embora, ela colocou uma camiseta larga e calças jeans, foi até a cozinha e começou a lavar a louça. Laura tinha se oferecido para ajudar, mas Carmen disse: "Não, não, fique aqui e assista à TV ou algo assim". Ela queria ficar um pouco sozinha; queria pensar nas coisas que fizera e dissera a Stephen — nas coisas que *todos* tinham feito e dito a ele.

Ela estava em pé diante da pia lavando a louça quando sentiu um beliscão no traseiro. Carmen deu uma risadinha e, ainda segurando um prato na mão molhada e ensaboada, se virou, dizendo: "Pare com isso, Peter". Olhou para baixo, esperando vê-lo. Ele não estava lá.

Ela fitou o espaço vazio diante dela por alguns instantes, depois sentiu outra beliscada.

Houve uma terceira beliscada e então ela sentiu dedos — Carmen *sabia* que eram dedos porque sentira Al fazer a mesma coisa antes, mas de brincadeira — deslizarem por entre as pernas e fazerem pressão para cima.

O prato que segurava escorregou da sua mão e se estilhaçou contra a beirada da pia.

Laura entrou correndo na cozinha, exclamando: "Tia Carm! Qual é o problema?".

"E-eu... hum, bom, foi..."

A mão se forçou por entre as suas pernas outra vez e tateou com dedos fortes. Carmen grunhiu e pulou para a frente, tentando se afastar dela.

"Está atrás de *você* agora, não está?", arquejou Laura. "Como esteve atrás de *mim* ontem à noite."

"Volte para a sala, Laura. Por favor."

Ela hesitou um instante, então fez o que lhe foi pedido, olhando por cima do ombro, preocupada.

Com sabão ainda cobrindo as mãos molhadas quase até os cotovelos, Carmen saiu da cozinha e atravessou depressa o corredor até o seu quarto, onde bateu a porta com força e a trancou, depois se encostou contra ela por algum tempo, tentando recuperar o fôlego.

O coração dela martelava no peito.

A nuca estava gelada.

E, mesmo enquanto se recostava contra a porta, sentiu o toque estranho de novo.

Carmen se lançou para a frente com um grito abafado, sem querer que Laura a ouvisse, e caiu na cama, mas a mão avançou, agarrando-se a ela o tempo todo, dedos grossos a apalpando.

Ela lutou para se sentar, mas, de repente, houve mais mãos sobre o seu corpo, prendendo os seus braços, os seus ombros e as suas pernas ao colchão enquanto um dos dedos a penetrava, a penetrava com força e de maneira repentina.

Carmen não conseguiu conter o grito de dor. Mas não acabou por aí.

Algo mais comprido e grosso do que um dedo, algo que chegava a pulsar, se impeliu pelo seu reto.

O corpo todo de Carmen ficou rígido.

A coisa se moveu para dentro e para fora dela com fúria, dilacerando-a.

"Ah, por favor", arquejou Carmen.

Houve uma batida na porta.

"Tia Carmen? Você está bem?"

"Por favor, Jesus! Em nome de Jesus! *Pare!* Em nome de Jesus!"

A porta do quarto foi aberta e, de repente, tudo parou. As mãos a soltaram, a coisa grossa e pulsante saiu de dentro dela e Carmen foi deixada na cama, tremendo de forma descontrolada, soluçando.

Laura se agachou ao lado dela e passou um braço pelos seus ombros, perguntando: "Tia Carmen, qual é o problema, o que aconteceu?".

Carmen não conseguiu dizer nada. Não conseguiu dar a Laura uma explicação. Apenas balançou a cabeça enquanto tentava recuperar o fôlego e a habilidade de falar.

"E-e-eu... não sei, Laura, alguma coisa me atacou. Alguma coisa..." Os lábios franziram e as mãos apertaram o travesseiro enquanto ela tentava encontrar a palavra certa. "Alguma coisa, hum... me machucou!", exclamou entredentes, a voz vacilando com descrença enquanto falava.

Quando Laura falou, soou como se estivesse à beira das lágrimas: "Oh, Deus, eu sabia, eu *sabia* que era isso que tinha acontecido, essa coisa ainda está aqui, a bênção não ajudou, oh, Deus, tia Carmen, o que vamos fazer?".

Carmen percebeu, mais do que qualquer outra coisa naquele momento, que queria sair daquela cama, e se afastou do colchão depressa. Em um piscar de olhos, estava parada ao lado de Laura.

"Bom, pelo menos por um tempinho", disse, "nós vamos dar o fora daqui, você, eu e o Peter. Mas primeiro, hum... eu gostaria de tomar um banho."

Carmen sentia-se imunda, *vil*. Foi um alívio quando entrou embaixo da água quente. Ela cobriu o corpo com espuma de sabão e se esfregou com força usando uma toalhinha, esperando remover a sensação suja de violação.

Depois de se esfregar por inúmeros minutos, chorando em silêncio, ela deu um passo à frente para se enxaguar sob o jato de água, mas a cortina do banheiro foi afastada e, embora não visse alguém ali, Carmen soube que não estava mais sozinha.

Um ruído estranho de repente se misturou ao sibilar do chuveiro, enredou-se e então, por um momento, se separou e formou palavras em uma voz que era profunda, rouca e ressonante:

"Quero rolar na cama com os meus dois brinquedinhos favoritos... você e a Laura. Quero *foder* vocês. Quero foder vocês até *gritaareem*!".

Então a voz soltou uma risada demorada e cruel, e o ataque começou.

Mãos agarraram os seus ombros por trás, giraram-na e a bateram com força contra o azulejo molhado. Ela começou a gritar, mas os seus lábios foram esmagados contra a parede. A risada continuou enquanto alguma coisa se impelia para dentro dela... saía... se impelia para dentro de novo... e de novo, e de novo, e de novo...

Mãos apertaram os seios com violência, beliscaram os mamilos até a dor se espalhar pelo peito até o pescoço e descer pelo abdômen.

E ainda assim não havia ninguém ali...

Carmen afastou o rosto do azulejo, sorveu o ar em uma respiração profunda, junto de borrifos úmidos e molhados do chuveiro, e gritou o mais alto que pôde.

Mas aquilo continuou: as investidas dentro dela, o aperto e os beliscões dolorosos nos seios...

Então a porta do banheiro abriu e Laura gritou: "*Tia Carmen estou aqui o que foi qual é o problema o que foi?*".

Parou.

Carmen se viu debruçada na parede, o corpo coberto de sabão que começava a escorrer para o fundo da banheira com o jato do chuveiro. Ela se afastou, as mãos escorregando no azulejo, virou-se e puxou a cortina para o lado.

"Aquela coisa esteve aqui", ofegou ela, a voz rouca. "Ela... ela me atacou de novo, me sodo... fez a mesma coisa comigo de novo."

As lágrimas foram lavadas pelo chuveiro, e Carmen cruzou os braços sobre os seios enquanto soluçava.

"Saia daí!", exclamou Laura. "Por favor, saia daí para que a gente possa ir embora!"

Carmen assentiu.

"Estou saindo. Vou sair. Vou sair em um minuto. Vá pegar Peter para mim, ok? Veja se ele está bem."

Ela se enxaguou depressa, saiu do chuveiro e começou a se secar com movimentos frenéticos, sem se importar se o cabelo estava seco ou não. Com Laura e Peter ao lado, ela se vestiu depressa, juntou alguns brinquedos do filho, então os três saíram, sem saber direito para onde estavam indo...

Rodaram de carro por algum tempo, depois foram a um shopping nas redondezas, onde tomaram sorvete, deixaram Peter andar em uma nave espacial mecânica por 25 centavos e olharam as vitrines. Mantiveram-se em movimento, mantiveram a atenção desviada e não pensaram no que tinha acontecido na casa.

Depois de algumas horas tentando se perder na segurança dos compradores anônimos, Carmen se deu conta de como estava tarde e decidiu que, por mais que temesse retornar a casa, ela precisava voltar para que Stephanie e Michael não chegassem da escola e encontrassem a moradia vazia — ou pelo menos *aparentemente* vazia.

Compraram um pouco de comida para o jantar, depois seguiram para casa.

Quando chegaram, subiram os degraus da varanda e ficaram parados diante da porta... os olhares fixos. Com uma falta de jeito nervosa, Carmen tirou as chaves da bolsa, encontrou a certa, enfiou-a devagar na fechadura, virou-a e todos entraram.

Nada estava fora do lugar. Não havia algo incomum esperando por eles.

Segurando a sacola de compras em um braço, Carmen se virou para Laura e disse: "O que você acha de começarmos logo a preparar a janta, com calma, nos divertirmos um pouco e esquecermos tudo?".

Os olhos da sobrinha estavam arregalados enquanto ela olhava em volta, dando passos cautelosos pelo corredor. Ela assentiu e respondeu: "Tá. Ok".

E foi o que fizeram. Descarregaram as compras na cozinha e começaram a preparar o jantar.

Stephanie foi a primeira a chegar. Não contaram nada a ela, apenas a mantiveram à vista.

Quando Michael chegou, ele perguntou se podia ir visitar um amigo ali na mesma rua e ficar com ele até a hora do jantar. Carmen lhe deu um sim entusiasmado; ela ficou aliviada em tê-lo longe da casa.

Quando Al chegou, o jantar estava quase pronto e nada acontecera. Carmen lhe deu um beijo quando ele entrou e seguiu para o chuveiro.

Ela sentia-se culpada, tão culpada quanto se tivesse sido infiel com o marido. Sentia que precisava contar a ele o que aconteceu, mas como? O que poderia dizer? O que *ele* diria? Talvez fosse pensar que ela estava louca — como Stephen — e ficasse bravo e não quisesse chegar perto dela.

Ele até mesmo poderia deixá-la. Afinal de contas, se achasse que era apenas a imaginação dela, se achasse que Carmen estava *imaginando* coisas — coisas como aquela —, talvez ele fosse pensar que havia alguma coisa errada entre os dois.

Ela decidiu que não iria contar, resistiria ao impulso de contar a ele pelo maior tempo possível.

O jantar foi tranquilo. Houve pouca conversa, apenas os barulhos de uma refeição: garfos tilintando contra pratos, bocas mastigando e bebendo.

Ao final, Carmen e Laura lavaram a louça, sussurrando entre si se Carmen devia contar a Al ou não, sobre o que iriam fazer. Laura sugeriu que contasse, porque era simplesmente inevitável que algo fosse acontecer com ele também. E o que aconteceria depois? Laura insistiu que ele precisava saber.

Por mais que Carmen não quisesse admitir, ela achou que a sobrinha tinha razão.

Depois do jantar, Al se acomodou na sua poltrona com uma cerveja para assistir à televisão. Quando a louça estava lavada, Carmen foi até ele, agachou-se ao lado da poltrona e pousou a mão sobre o braço dele.

"Podemos conversar?", ela perguntou baixinho.

"Claro", respondeu ele, assentindo.

"Hum... no quarto?"

Ele franziu um pouco o rosto. "Você está bem?"

"Bom... vamos conversar primeiro, ok?"

Eles foram até o quarto, sentaram-se na beirada da cama, e Carmen lhe contou, com a voz ansiosa e hesitante, tudo o que tinha acontecido naquele dia.

A expressão no rosto dele mudou repetidas vezes enquanto ela falava. Foi de descrença cômica à consideração séria, depois à raiva e então ao puro choque.

"Você está falando sério, não está?", sussurrou depois de algum tempo.

"Sim, estou falando sério. Você acha que eu brincaria sobre uma coisa dessas?"

"E... eu não sei, estou me perguntando... bom, há quanto tempo isso vem acontecendo?"

"Só aconteceu hoje. Por quê? Quer dizer, por que você faria uma pergunta dessas?"

"Bom, estava me perguntando se... quero dizer, só pensei que talvez..."

De repente, Al irrompeu em lágrimas e enterrou o rosto nas mãos, os ombros balançando com os soluços.

Carmen ficou chocada. Ela o fitou por algum tempo, depois se inclinou para a frente, passou um braço em volta dos ombros dele e o puxou para perto.

"Al, o que há de errado? Qual é o problema?"

Através das lágrimas e dos soluços, ele respondeu: "E-eu estava com medo de contar que... co-coisas vêm acontecendo comigo também".

Ela apertou os ombros dele. "Que coisas?"

"Ah, s-só... música e vozes e... só *coisas*! Estive dizendo a mim mesmo que não era nada. Não quis pensar que... que... Uma noite, depois de eu ter tirado as lâmpadas dos soquetes lá embaixo, Michael me acordou e disse que a luz dele estava acesa apesar de não haver nenhuma lâmpada no soquete e... bem, eu desci e estava... *brilhando*, Carmen, as luz estava *acesa*, mas não tinha nenhuma lâmpada! Não tinha nada exceto... exceto uma *luz* saindo daquela coisa!"

"Por que não me *contou*, querido?"

"Porque não quis dizer a *mim mesmo* que eu tinha visto aquilo. Mas teve... mais. Música, vinda lá de baixo. Vozes. Como uma festa. Tarde da noite. E a cama... vibrando."

"Você me falou que era por causa da geladeira lá de cima."

"Eu menti. Só não queria que você soubesse. Mas eu sabia. Ela estava vibrando. Não vinha lá de cima. Tem, hum... sim, tem alguma coisa errada. Tem alguma coisa errada com esta casa, tem alguma coisa *nesta* casa."

Carmen esperou um bom tempo, depois se aproximou dele, o braço em volta dos seus ombros, e sussurrou no seu ouvido: "Stephen tentou nos dizer isso e agora... ele está em um hospital psiquiátrico".

Al balançou a cabeça. "Não, não, acho que foi mais do que isso com Stephen. Eu acho mesmo que tinha alguma coisa errada com ele. O nosso filho mudou. Ele se tornou... *hostil*. Foi mais do que isso, acredito mesmo nisso."

"Ok, talvez. Mas ele *estava* tentando nos contar sobre a casa."

Ele chupou os lábios entre os dentes e disse através das lágrimas: "Você acha que eu não sei disso? Acha que isso não está me matando?".

Ela aquiesceu. "Nós dois sabemos disso agora. Então o que vamos fazer?"

"Não temos dinheiro para nos mudarmos, isso é certo. Não agora, de qualquer jeito."

"Ok, então o que podemos fazer?"

Ele balançou a cabeça, as lágrimas reluzindo nas bochechas. "Não sei, meu bem. Simplesmente não sei."

22
UMA PRISÃO SEM GRADES

À medida que o inverno avançava, devagar e tortuosamente, os eventos no lar dos Snedeker se intensificavam e a tensão aumentava. O ânimo dentro da casa parecia ficar mais sombrio junto ao clima do lado de fora, que ia ficando cada vez pior conforme as nuvens escureciam e começava a chover, e ainda mais conforme a neve começava a cair e se transformar em lama espessa e gélida nas laterais das estradas.

Todos da família andavam pela casa esperando que alguma coisa terrível fosse acontecer; na maioria das vezes, eles não se desapontavam. As coisas mudavam de lugar por vontade própria. Todos, uma vez ou outra, ouviam vozes. Viam sombras que não estavam ali. Vislumbravam coisas passando depressa por eles pelo canto do olho. Pequenas partes da casa eram inexplicavelmente mais frias que outras.

Stephanie tinha passado a dividir o quarto com Laura, e Peter também voltara para o próprio quarto. Portanto, Michael foi deixado sozinho no seu quarto no andar de baixo.

Certa noite, já bem tarde, ele subiu a escada correndo, chamando os pais aos berros. Eles acordaram de imediato e dispararam para o corredor, onde o encontraram correndo na sua direção, braços abertos e olhos arregalados.

"Mãe! Mãe, ele voltou!", berrou o menino, jogando os braços em volta da cintura de Carmen.

"Shhh, Michael, quem voltou?", perguntou ela, abraçando-o.

"Aquele cara, aquele cara que eu e Stephen vimos! Ele veio me procurar hoje à noite!"

"Ah, foi só um sonho, querido, só isso, um sonho."

Michael se afastou dela, balançando a cabeça, e insistiu: "Não, não, não foi um sonho, foi *mais* do que isso, quer dizer, eu ainda estava na cama, mas estava acordado! E eu não conseguia me mexer, eu estava *paralisado*!".

Carmen e Al trocaram um olhar demorado, e o pai encolheu um pouco os ombros em um gesto de desamparo.

"Você gostaria de dormir em outro lugar hoje, querido?", perguntou Carmen a Michael.

Depois de um momento, ele assentiu. "Posso dormir no sofá?", pediu ele, baixinho.

"Claro que sim. Vou pegar cobertores e travesseiros no armário do corredor." Ela se virou para Al e sussurrou: "Volte para a cama, vou daqui a pouco".

Assim que tinha preparado o sofá para Michael na sala de estar, Carmen o cobriu e lhe deu um beijo.

"Mãe? Se ele voltar... posso chamar você?"

"Claro que pode, querido. É só me chamar que eu venho."

De volta à cama, Al fitava a escuridão quando sussurrou: "Isso vai continuar... e vai piorar, não vai?".

"Não sei", sussurrou ela em resposta.

"O que vamos fazer se piorar?"

"Não sei."

Ele estendeu o braço e segurou a mão dela. Eles demoraram um bom tempo até conseguirem pegar no sono de novo.

Depois daquela noite, Michael passou a dormir no sofá da sala de estar com regularidade. Diferentemente de Stephen, ele não ouviu qualquer protesto dos pais e ninguém na casa reclamou; na verdade, todos foram muito cooperativos. Certa manhã, enquanto ele estava se preparando para ir à escola, Carmen se ofereceu para pegar algumas coisas no quarto dele e colocá-las no armário do corredor para que o garoto não precisasse descer até lá. Ele aceitou a oferta com ardor e lhe disse o que pegar.

A mãe esperou até o começo daquela tarde para descer ao andar de baixo. De algum modo, ela ficava se lembrando de que havia outras tarefas para cumprir ao redor casa. Demorou algumas horas até que Carmen admitisse a si mesma que não queria descer. Ela sabia o que havia lá embaixo... coisas fúnebres... coisas de enterros... coisas de morte... coisas das quais ela não queria ficar perto.

Além disso, muitos dos eventos assustadores que tinham acontecido na casa se passaram lá embaixo, coisas sobre as quais Stephen tentara lhes contar, coisas que eles ignoraram.

Mas ela havia prometido. E *alguém* precisava descer.

Por fim, ela foi. Disse a si mesma que não precisava ir mais longe do que o quarto de Michael, que todas as coisas realmente ruins ficavam mais para dentro do porão e que, na verdade, não tinha com o que se preocupar.

Porém, quando desceu, algo lhe aconteceu pela primeira vez; algo que aconteceria com ela repetidas vezes ao longo dos próximos meses.

Quando aconteceu, ela estava pegando meias e cuecas do chão para serem lavadas, tirando roupas dos encostos das cadeiras e do armário para Michael usar para ir à escola e pegando meias e cuecas limpas nas gavetas da cômoda.

De repente, Carmen congelou. Houve uma sensação no ar, como se ele estivesse mudando, sendo agitado... como se alguma coisa o estivesse atravessando depressa, aproximando-se velozmente.

Parada diante da cômoda de Michael com meias e cuecas nas mãos, Carmen ofegou quando algo a envolveu, algo parecido com uma sombra muito escura, tão espessa quanto um pudim; engolfou-a, engoliu-a, abraçou todo o seu corpo e a manteve em um terror paralisante pelo que pareceu uma eternidade.

E então desapareceu, e Carmen desmoronou no chão, enrolada em posição fetal e ofegando, tentando recuperar o fôlego. Quando afinal conseguiu se recuperar, ela olhou o relógio.

Tinham se passado apenas alguns segundos... não uma eternidade.

Ela se levantou, recolheu as coisas de Michael depressa e subiu correndo a escada, ainda um pouco curvada e esbaforida.

"Tia Carmen, o que foi?", perguntou Laura, apressando-se na direção dela pelo corredor.

Em um instante, Carmen decidiu não contar a ela. Endireitou-se, sorriu um pouco e disse: "Oh, acho que é só essa escada. Não a uso muito, porque ela acaba comigo".

"Ah. Nossa, você me assustou."

"Não, nada... nada."

Enquanto recuperava o fôlego, ela colocou as coisas de Michael no armário do corredor, aliviada por Laura não ter percebido a mentira.

Ao longo dos dias seguintes, Stephanie gritou duas vezes no meio da noite porque disse que a "sombra em forma de bolha" tinha atravessado o seu quarto outra vez. Laura estivera dormindo na hora e não a viu, mas, depois da segunda vez, Stephanie disse que não queria mais dormir no seu quarto.

Carmen não sabia o que fazer com ela. Perguntou para Laura se ela se importaria em dividir a cama com Stephanie para fazer com que a filha se sentisse melhor, e Laura disse que tudo bem.

Al passou a se sentir cada vez mais desconfortável em ir para o trabalho e deixá-los sozinhos, mas não tinha escolha. Ele estivera se sentindo muito fraco e impotente nos últimos dias. Estava acostumado a ter pelo menos *algum* controle sobre os eventos que cercavam a sua família. Quando Stephen ficou muito doente, aquela confiança começou a diminuir. E agora... isso. Ele sentiu que tudo ao seu redor — todo o seu lar — estava fora do alcance das suas mãos. Algo que ele não conseguia ver e não compreendia tinha tomado o controle.

O lar deles se tornara um tipo de prisão. Eles não tinham dinheiro suficiente para se mudar no momento. Não podiam apenas pegar tudo e arrumar outra casa. Ficariam ali por algum tempo... com o que quer que estivesse ali com eles.

As semanas passaram e viraram meses: meses longos e lentos que se estendiam sob pesadas nuvens escuras como fuligem. O inverno ficou mais frio, mais mordaz.

As crianças gritavam de madrugada.

Vozes falavam com todos eles de tempos em tempos — de lugar nenhum — a qualquer hora do dia e da noite.

Às vezes, o cheiro de carne podre ou de fezes humanas os atacava em uma ou outra parte da casa, um odor tão denso e lacrimejante que eles tinham certeza de que, se olhassem para baixo, se encontrariam em pé em uma pilha de imundices apodrecidas e em decomposição. Contudo, nunca havia algo no chão em volta deles, e o odor durava apenas alguns instantes, um fedor revoltante soprado por uma brisa, ali em um momento, passado no seguinte, quase uma provocação.

Mas havia, de vez em quando, moscas. Moscas de verdade que realmente estavam ali — ou pelo menos pareciam estar —, mas nunca por muito tempo.

Em uma noite fria de inverno, um fusível estourou e Al desceu até o porão para trocá-lo. Ele há tempos recolocara as lâmpadas em todos os soquetes e, quando chegou ao pé da escada, acendeu uma luz.

Quando acionou o interruptor, o globo de vidro opaco que cobria a luminária permaneceu escuro, emitindo meros pontinhos de luz da lâmpada. Enquanto ele franzia o rosto para a luz, a escuridão, que parecia manchar o vidro, se mexeu... se contorceu...

Ao prestar atenção no silêncio, ele conseguiu ouvir um zumbido débil vindo da escuridão, uma coisa zunindo.

A escuridão era composta de moscas — centenas, talvez até milhares de moscas rastejando pelo globo e se contorcendo em uma poça em volta dele no teto, as asas zumbindo conforme os insetos se arrastavam uns por cima dos outros em montes pretos e agitados.

Al as fitou por um longo tempo, o queixo caído, olhos que estiveram semicerrados agora se abriam devagar até estarem arregalados de assombro, congelado no lugar, os dedos ainda em cima do interruptor.

A sua voz, um mero murmúrio. Ele sussurrou devagar: "De onde... diabos... *vocês* vie...".

Todas de uma vez, as moscas levantaram voo e se precipitaram em um enxame na direção do rosto de Al.

Al jogou os braços para cima em um gesto protetor e soltou um grito estrangulado de horror através de dentes cerrados, fechando os olhos com força, tão surpreso que foi incapaz de virar e correr de volta escada acima. Ele esperava senti-las sobre ele, sentir as pequenas vibrações das asas, os movimentos espasmódicos e arrepiantes, mas...

Nada sentiu.

Devagar, bem devagar, ele abaixou os braços e abriu os olhos.

As moscas tinham sumido. Não estavam em lugar algum à vista. Ele não conseguia vê-las nem ouvi-las.

Houve, então, um ruído profundo e gutural, soando a princípio como um grunhido, então se transformando em risadas baixas e malignas. Não vinham de lugar algum... mas de toda a sua volta.

Al respirou longa e profundamente, criou coragem, fez o sinal da cruz — embora tenha sido necessária uma luta interna silenciosa —, ignorou o que pensou ter ouvido, abriu as portas francesas e entrou no quarto ao lado, acendendo as luzes no caminho até a caixa de fusíveis. Porém, parou um instante para lançar um olhar cauteloso para a luminária no teto.

Não havia moscas dessa vez.

Al seguiu o caminho serpenteante até a caixa de fusíveis, abriu-a e enfiou a mão no bolso para pegar o fusível que tirara da gaveta da cozinha.

Foi quando o cheiro o atingiu.

Primeiro, pareceu o cheiro de rosas, um odor forte, adocicado e floral. Al congelou, olhou em volta devagar e se permitiu abrir um pequeno sorriso. Era um bom sinal, o cheiro de rosas; era um sinal de bênção, um sinal de paz e segurança... um sinal da própria Virgem Maria.

Os nervos dele se acalmaram, os músculos tensos do seu corpo relaxaram devagar. O aroma de rosas o fez se sentir muito melhor. Na verdade, ele ainda podia senti-lo enquanto substituía o fusível.

E então, de súbito, o cheiro mudou. Para pior.

Al retraiu-se quando o ar foi preenchido pelo odor de carne podre. Tapou o nariz e a boca com uma das mãos ao mesmo tempo que se debruçava e era dominado pela ânsia de vômito. Tossindo enquanto se levantava, bateu a porta da caixa de fusível, virou-se e voltou apressado pelo porão.

O odor estava em toda parte.

Enquanto atravessava o porão, o cheiro mudou. Passou de carne estragada para o odor de uma enorme fossa aberta — o cheiro de uma enorme quantidade de bosta ao ar livre. O fedor encheu as suas narinas e ficou preso ali, entupindo-as como graxa espessa.

Al correu pelo porão, a mão cobrindo o rosto, mas, no meio do quarto que costumava ser de Stephen, ele perdeu as forças e caiu de joelhos; o cheiro denso e enjoativo era esmagador e o fez cair no chão, vertendo lágrimas e o engasgando.

Ele se arrastou de joelhos por vários metros, tentando chegar à escada, mas em um instante o cheiro sumiu.

Ainda de joelhos, Al ficou imóvel. Afastou a mão do rosto devagar, levantou a cabeça, olhou em volta, farejou o ar.

Tinha sumido.

Movendo-se depressa, ele se levantou, correu até a escada e, apressado, deixou o porão.

O inverno começou a recuar aos poucos. A neve começou a derreter, e, de tempos em tempos, trechos de um céu azul apareciam entre as nuvens escuras.

Al passou a beber ainda mais do que o normal. Na medida em que os eventos assustadores que aconteciam na casa iam piorando com regularidade, ele sentia-se mais fraco e sem controle, mais impotente contra... o que quer que tivesse decidido atacá-los.

Carmen, por outro lado, manteve-se firme à sua fé. Ela rezava mais, sempre tinha um rosário consigo, usava um crucifixo no pescoço o tempo todo. Recusou-se a deixar o fato de a bênção do padre Wheatley aparentemente não ter adiantado abalar a sua fé; ela disse a si mesma que isso não importava e seguiu rezando, seguiu pedindo a Deus para ficar com a sua família, para protegê-los de qualquer que fosse a força maligna e sobrenatural que os estava afligindo.

Às vezes, eles conversavam na cama tarde da noite.

"Você está bebendo demais", sussurrou Carmen certa noite quando os dois estavam aconchegados.

"O que você esperava?", sussurrou Al em resposta.

"Bom, isso é necessário?"

"O que acha? Quero dizer, talvez não seja desculpa, mas, santo Deus, eu estou... e-eu estou..."

"Ok. É, eu sei, querido, as coisas andam, hum..."

"As coisas andam *assustadoras* pra caralho, é assim que elas andam."

"Mas, lembre-se, ainda temos Deus do nosso lado."

"Então onde Ele está?"

"Ele está aqui, meu bem. Se Ele não estivesse, talvez teríamos nos machucado. Talvez *nós* não estivéssemos aqui."

Al se afastou e disse: "É, eu sei, mas...".

Foi em uma noite de verão que Laura teve um encontro com um jovem agradável, alto e musculoso que chegou para pegá-la enquanto Carmen preparava o jantar. Al o convidou para entrar e eles conversaram por alguns minutos até Laura estar pronta.

Michael tinha ido à casa de um amigo que morava na mesma rua para passar a noite, e Stephanie e Peter ocupavam-se em silêncio no chão da sala de estar; nenhuma das crianças ficava mais sozinha nos quartos.

Eles jantaram em silêncio, como vinham fazendo todas as noites há algum tempo, e comeram na sala de estar diante da televisão. Apesar do silêncio, contudo, a tensão não estava tão densa como estivera nos últimos tempos. Havia uma atmosfera de tranquilidade na casa, como se as coisas pudessem estar bem... pelo menos por enquanto.

Depois do jantar, eles assistiram a mais um pouco de televisão, Al tomou mais algumas cervejas, Carmen bebericou uma xícara de chá e, por fim, todos começaram a ir para a cama. As crianças estavam relutantes, e Carmen ficou esperando que eles perguntassem se podiam dormir com ela e com Al; a mãe decidiu que, se fizessem isso, ela e Al não poderiam dizer não, porque agora *sabiam* que as crianças tinham bons motivos para sentir medo.

No entanto, eles não pediram. Peter estava com muito sono e se arrastou, os olhos quase fechados, até o quarto. Stephanie perguntou se tudo bem ela ficar acordada no quarto dela até Laura voltar. Carmen lhe disse que sim. Afinal de contas, era noite de sexta-feira e ela não tinha que ir à escola no dia seguinte.

Al foi o primeiro a ir para a cama e, depois de dar beijos de boa-noite nas crianças, Carmen se juntou a ele.

"Sou só eu ou as coisas parecem melhores esta noite?", perguntou ela.

"É. Talvez. Um pouco. Acho." Ele relutava em ser otimista demais.

Eles se aconchegaram embaixo das cobertas, incapazes de pegar no sono por algum tempo, porque estavam esperando — na verdade, aguardando — que alguma coisa acontecesse. Mas o quarto deles permaneceu quieto e tranquilo e, em algum momento, os dois mergulharam em um sono leve...

Carmen foi acordada por um grito tarde da noite. Levou algum tempo até ela compreender o que a voz que gritava estava dizendo.

"Tia Carmen! Tia Carmen, por favor, me ajuda, meu Deus, Jesus Cristo, por favor, por favor, me *ajuda*!"

Passos pesados correndo pela casa.

Por instinto, Carmen estendeu a mão para a mesinha de cabeceira e agarrou a Bíblia, sobre a qual estava o seu rosário.

A porta do quarto foi aberta com violência e Carmen se sentou. A silhueta de Laura vestindo a costumeira camisola longa estava destacada contra o vão da porta.

"Tia Carmen!", gritou ela. "*Tia Carmen!*"

Carmen se levantou, Bíblia e rosário metidos embaixo do braço, e seguiu até a porta, dizendo: "Laura, o que há de errado, querida, qual é o problema?".

Al não acordou.

Laura jogou os braços em volta do pescoço de Carmen, da mesma maneira que costumava fazer quando era apenas uma menininha. Enquanto as duas se abraçavam, Carmen a levou para o corredor e fechou a porta do quarto com delicadeza.

"Qual é o problema, querida?", sussurrou ela.

"A coisa estava brincando comigo de novo, tia, estava fazendo aquilo *de novo*!", exclamou entredentes, pressionando o rosto contra o ombro de Carmen. "Estava cutucando o meu sutiã antes de eu me despir e então peguei o rosário e a cruz se soltou — simplesmente se soltou, como se tivesse sido *arrancada* —, e então a coisa começou a puxar as minhas cobertas e me tocar e, e, e-e..."

Carmen passou um braço em volta de Laura e começou a guiá-la pelo corredor, dizendo: "Ok, ok, fique calma, está tudo bem agora. Vamos até o seu quarto e vamos, hum... o que você de a gente ler a Bíblia juntas um pouquinho?".

E foi isso que fizeram. Laura se enroscou embaixo das cobertas e Carmen se sentou na beirada da cama. Sob a luz do abajur na mesa de cabeceira, com Stephanie ainda dormindo profundamente na cama dobrável a poucos metros delas, Carmen começou a ler os Salmos em voz baixa, esperando abrandar os temores de Laura.

Pareceu funcionar por algum tempo. O quarto estava quieto, o único som sendo a voz suave e quase sussurrante de Carmen enquanto ela lia. "'Lembra-te da palavra dada ao teu servo, na qual me fizeste esperar'", leu ela. "'Isto é a minha consolação na minha aflição, porque a tua palavra me vivificou.'"

A respiração de Laura começou a ficar lenta e ritmada, os olhos estavam fechados, e o corpo, relaxado.

Então, ela se sentou de súbito, jogando as cobertas para o lado, olhos arregalados, o corpo estremecendo, os lábios trêmulos enquanto ofegava: "Está sentindo isso? *Sinta*, tia Carmen, está vindo, está vindo agora mesmo!".

Carmen parou no meio de uma frase, as palavras presas na garganta como cacos de vidro, porque ela de repente se sentiu engolfada pelo medo. Por muito tempo, não conseguiu respirar, como se todo o oxigênio estivesse de algum modo sendo sugado para fora do quarto por... *alguma coisa*, e o ar ficou frio, e havia, sem dúvida, uma nova presença no quarto com elas.

"Está aqui!", sussurrou Laura. "Meu Deus, Jesus amado, está *aqui*!"

Carmen olhou em volta do quarto e estendeu a mão para o rosário, apertando-o na mão, a Bíblia fechada entre as pernas enquanto ela recitava depressa: "Pai nosso que estais nos céus, santificado seja o Vosso nome...". A sua voz foi ficando mais alta conforme ela começava a se sentir mais e mais sufocada, como se estivesse sendo asfixiada por alguma força invisível. "Venha a nós o Vosso Reino, seja feita a Vossa vontade assim na Terra como no Céu; o pão nosso de cada dia nos dai hoje, perdoai as nossas ofensas assim como nós perdoamos a quem nos tem ofendido..." A voz dela se ergueu em um grito quando a atmosfera no quarto se tornou ainda mais opressiva e o ar foi preenchido pelo fedor de lixo abandonado. "E não nos deixeis cair em tentação, mas livrai-nos do mal, amém, Senhor, amém, Jesus, por favor, Deus, *leve isso embora daqui.*"

Laura soltou um suspiro de alívio e tentou recuperar o fôlego enquanto ofegava: "Ele se foi. Ele se foi, tia Carmen. Foi embora".

De imediato, Carmen voltou a abrir a Bíblia, procurando os Salmos. Quando os encontrou, começou a ler com uma voz vacilante: "'Regozijai-vos no Senhor, vós justos, pois aos retos convém o louvor. Louvai ao Senhor com harpa, cantai a ele com...'"

"Está sentindo isso?", interrompeu Laura, sentando-se ereta de novo, a voz mais frenética do que antes. Ela se jogou em cima de Carmen, envolvendo os ombros da tia com os braços.

De repente, da cama dobrável ao lado da cama, uma voz infantil, estridente e assustada gritou: "Mamãe! *O que está acontecendo?*".

Carmen começou a responder, mas de repente o ar lhe foi arrancado, e ela foi empurrada contra a cama quando algo úmido e pegajoso — mas completamente invisível — resvalou no seu braço. Ela se apoiou com a mão e observou enquanto aquela coisa invisível deslizava por baixo da camisola de Laura e então, de uma forma bem visível, apertava e acariciava os seios dela.

O abajur ao lado da cama, que era a única fonte de luz do quarto, começou a piscar de maneira tênue, ameaçando apagar.

"Oh, Deus", gemeu Carmen quando Stephanie começou a gritar. Ela de imediato começou a recitar o Pai-Nosso de novo, dessa vez bem alto. "Pai nosso que estais nos céus! Santificado seja o Vosso nome!"

Laura começou a gritar. "Oh, Jesus, oh, Deus!", exclamou quando a coisa começou a se mover para a frente e para trás sob a sua camisola, apertando o seio direito até causar dor, depois o esquerdo, então o direito, repetidas vezes.

"Venha a nós o Vosso Reino! Seja feita a Vossa vontade!"

Stephanie desceu da cama dobrável e se encolheu ao lado da cama, abraçando as pernas de Carmen e ainda gritando.

"Assim na Terra! Como no Céu!"

Laura começou a se contorcer na cama enquanto gritava, batendo na forma protuberante que continuava a se mover sob a camisola, alternadamente apertando os seios e se impelindo por entre as pernas.

"O p-pão nosso de cada di-di..." O rosário escorregou da mão de Carmen e ela se engasgou com as palavras, tapando a boca com as mãos enquanto assistia ao que estava acontecendo com a sobrinha, impotente.

Stephanie começou a cantar com uma voz desafinada, lacrimosa: "Cristo tem amor por mim, com certeza creio assim... a Bíblia assim me diz... a Ele os pequeninos vão... forte é Ele, mas fracos eles são...".

Depois de colocar a Bíblia de lado, Carmen abaixou a mão e afagou as costas de Stephanie, dizendo baixinho: "Por favor, fique calma, querida, por favor, meu bem, fique calma".

Com a outra mão, ela tateou à procura do rosário e, quando o encontrou, começou a recitar a Ave-Maria muito depressa enquanto afastava devagar as pernas para longe de Stephanie e começava a avançar até a porta.

"Ave Maria cheia de graça, o Senhor é convosco, bendita sois Vós entre as mulheres e bendito é o fruto do vosso ventre, Jesus. Santa Maria Mãe de Deus, rogai por nós pecadores, agora e na hora da nossa morte, amém. Ave Maria cheia de graça, o Senhor é convosco, bendita sois..."

Antes de conseguir avançar muito na segunda vez em que recitava a oração, Stephanie começou a gritar: "Não vai embora, mamãe, *não vai embora*!".

Carmen parou e disse depressa: "Querida, preciso ligar para o padre Wheatley, precisamos dele agora mesmo, *precisamos* dele, então por favor...".

A porta do quarto se abriu, e Al parou na soleira, vestindo o roupão, olhos arregalados, a boca aberta, e perguntou esbaforido: "O que diabos está acontecendo?". Mas ele demorou apenas um instante para *ver* o que estava acontecendo. "Oh, Deus", sussurrou, "oh, Deus, oh, Jesus, o que está acontecendo, Jesus amado, o que está acontecendo..."

"Vá pegar o telefone!", exclamou a esposa com urgência.

Ele voltou em pouco tempo com o telefone sem fio e o entregou para Carmen, mantendo distância da cama, onde Laura ainda estava sofrendo o ataque do braço invisível que se contorcia, apalpava e apertava embaixo da camisola dela.

Com um dedo trêmulo, Carmen digitou o número do padre Wheatley. Ela não tinha olhado o relógio, mas sabia que era tarde e supôs que ele estaria dormindo.

Ele estava. Sua voz estava rouca e grogue quando atendeu. "Alô?"

"Padre Wheatley?"

"Sim. Sim, sou eu."

"Aqui é Carmen Snedeker, padre, e nós — bom, tem alguma coisa acontecendo aqui q-que, hum..."

"Qual é o problema, Carmen?", perguntou ele.

Ela contou. As palavras transbordavam em ondas conforme ela explicava o que estivera acontecendo, o que estava acontecendo naquele momento, e a mulher lhe disse que precisavam da ajuda dele desesperadamente.

Carmen esperou por um longo tempo enquanto o silêncio tomava conta da linha. Então, o padre Wheatley pigarreou e disse sonolento: "Bem, Carmen, faça o seguinte. Sente com Laura e reze o rosário com ela. Faça isso várias vezes se necessário até ela se acalmar e esquecer tudo isso e conseguir voltar a dormir".

Então ele desligou.

Carmen segurou o telefone junto à orelha por algum tempo, o queixo caído em descrença. Então ela jogou o aparelho no chão e se inclinou na direção de Laura, segurando o rosário com força.

"Querida, vai ficar tudo bem", disse ela em voz alta. "Vai ficar tudo bem, Laura." E então começou a rezar o rosário como o padre Wheatley lhe dissera.

Até que algo tentou arrancar o rosário das suas mãos.

Ela parou e fitou o fio de contas, que estava retesado, como se alguém estivesse tentando arrancá-lo dela.

A coisa ganhou.

O rosário arrebentou, e as contas voaram por toda parte, pelo tapete e pelo chão, tilintando contra a madeira e as paredes.

Carmen fitou o monte de contas conforme elas rolavam pelo piso.

"Ave Maria cheia de graça", recomeçou ela, a voz rouca, "o Senhor é convosco..."

A coisa embaixo da camisola de Laura começou a recuar.

"Bendita sois Vós entre as mulheres e bendito é o fruto do vosso ventre, Jesus."

Ela deslizou de baixo da camisola e desapareceu.

"Santa Maria, Mãe de Deus, rogai por nós pecadores, agora e na hora da nossa morte."

O cheiro de lixo podre sumiu.

Laura parou de gritar, parou de se contorcer sobre a cama. Ela ficou imóvel por bastante tempo — todos ficaram —, então se sentou devagar.

"Tia Carmen", disse com a garganta irritada, "precisamos ficar aqui?"

"Não, querida. Não, não precisamos."

Um pouco mais tarde, Al e Laura estavam sentados à mesa da sala de jantar bebericando o chá que Carmen preparara, ao passo que Stephanie tomava uma caneca de chocolate quente.

Carmen foi até a sala de estar, acendeu uma luz e procurou a revista que pegara com Tanya. Quando a encontrou, folheou até achar o artigo sobre Ed e Lorraine Warren. Ela o leu por alto, descobriu onde eles viviam — em Monroe —, arrebatou um bloco de notas e um lápis e usou o telefone da sala de estar para ligar para a telefonista.

O número deles constava na lista, e ela o anotou.

Então voltou para a sala de jantar com a revista e mostrou o artigo para Al. Depois de ele o ter lido com atenção, ela falou: "Se o nosso próprio padre não vai nos ajudar, vamos ter que procurar *alguém*".

Depois de fitar a revista com o rosto franzido por algum tempo, Al perguntou: "Quanto eles cobram?".

"Não sei."

"Como sabemos que podemos confiar neles? Quero dizer, é uma coisa muito esquisita para fazer da vida, caçar fantasmas e demônios."

"Vamos ter que descobrir, não é?"

Muito tempo passou, então ele começou a assentir e disse: "Ok, vá em frente e ligue para eles".

Com as mãos trêmulas de ansiedade, Carmen voltou correndo para a sala e ligou para os Warren.

Depois de alguns toques, uma mulher muito grogue atendeu. "Alô?"

"Lorraine Warren?"

"Sim, sim. Quem está ligando, por favor?"

"Hum, o meu nome é Carmen Snedeker e li sobre você e o seu marido em uma revista, e acho que a minha família precisa da sua ajuda porque..." De repente, as palavras de Carmen transbordaram em ondas desesperadas enquanto ela explicava para a sra. Warren o que tinha acontecido na casa deles naquela noite e o que estivera acontecendo há tantos meses. Ela até começou a soluçar enquanto falava, incapaz de conter as lágrimas.

"Querida, querida", disse Lorraine Warren, soando mais desperta agora, "fique calma e preste atenção. Não estou entendendo o que você está dizendo, ok, meu bem? Acalme-se um pouco."

Carmen tentou, respirou fundo algumas vezes e repassou certas partes da história. Lorraine ouviu em silêncio e então, quando Carmen terminou, disse: "Ok, querida, você vai fazer o seguinte. Se isso começar a acontecer de novo esta noite, peça ao seu marido para segurar uma cruz ou um rosário, tanto faz, e você vai dizer, ou gritar a plenos pulmões, se quiser: 'Em nome de Jesus Cristo, ordeno que saia deste lugar *agora* e volte para o lugar de onde veio!', entendeu?"

Carmen assentiu distraída, então se deu conta do que estava fazendo e respondeu: "Sim, sim, entendi".

"Mas preste atenção, isso é só por esta noite, ok? Faça isso esta noite, fique rezando o rosário, *tudo* isso. Depois, por volta das 9h, ligue para nós. Vamos até aí, ok?"

"Ok. Vou ligar."

"Tente dormir um pouco também. Se houver espíritos malignos na sua casa, você precisa saber que eles se alimentam da fraqueza. Ficar sem dormir deixa você fraca, e eles vão usar isso, acredite em mim. E vou fazer uma prece por vocês esta noite."

"Tá, ok. O-obrigada."

"Fique com Deus, querida. Tchau."

Carmen desligou o telefone devagar e o fitou por muito tempo depois disso. As 9h da manhã seguinte não poderiam chegar depressa o suficiente...

23
A INVESTIGAÇÃO COMEÇA

Na manhã seguinte, enquanto todos tentavam dormir mais um pouco — exceto Al, que já tinha acordado e ligado para o trabalho para dizer que não iria trabalhar porque não estava se sentindo bem —, Carmen andou de um lado para outro diante do telefone das 8h às 9h, quando ela de pronto ligou para o número dos Warren de novo.

Lorraine estava mais alerta dessa vez, e Ed pegou a outra extensão.

Carmen repassou as coisas que contara para Lorraine durante a madrugada, mas o fez com a voz mais baixa e mais calma do que antes. Quando terminou, ela perguntou, um pouco ansiosa demais: "Vocês acham que isso pode estar acontecendo porque... bom, porque talvez alguém tenha morrido aqui?".

Ed respondeu: "Bem, pelo que nos contou, isso parece muito improvável. Não, esse não parece ser o caso. Mas nós mesmos vamos ter que examinar tudo antes de termos certeza".

"Por que perguntou isso, querida?", inqueriu Lorraine.

"Bem... tem uma coisa sobre a casa que, hum, eu não contei antes. Ela é uma, hum... sabem, ela costumava ser uma funerária."

Depois de um breve silêncio, Ed disse: "É mesmo? Uma funerária, hein?". Eles ficaram em silêncio por alguns instantes, depois ele perguntou: "O que você acha?".

Lorraine respondeu: "Bem, é difícil dizer. Temos que ver a casa primeiro, dar uma olhada".

"É. Vou dizer uma coisa, sra. Snedeker, nós gostaríamos de ir à sua casa agora mesmo — nesta manhã — e dar uma olhada. Se você estiver de acordo, é claro."

"Se eu estiver de acordo? Oh, *por favor*!"

"Por que não nos passa o seu endereço e nos explica como chegar aí?", pediu ele.

Carmen assim o fez, tentando falar devagar para que eles pudessem entendê-la.

"Bem, vamos demorar mais ou menos uma hora para chegar", disse Ed quando ela terminou, "então quero lhe informar algumas coisas antes de partirmos. Primeiro, vocês devem ficar juntos — todos vocês — de agora em diante. Não se separem se houver mais algum ataque antes de chegarmos."

"E se certifique de sempre ter um rosário com você", acrescentou Lorraine. "O mesmo serve para todos, se tiverem rosários suficientes. E rezem a Ave-Maria e o Pai-Nosso sempre que quiserem."

"Vamos chegar assim que pudermos, sra. Snedeker. Se você estiver de acordo."

"Tudo bem. Estamos ansiosos para recebê-los. Estamos... muito assustados."

"Tudo bem ter medo, coração", disse Lorraine. "Apenas lembre-se de que o poder de Deus está com você."

Eles pegaram o número de telefone dela caso tivessem algum problema para encontrar a casa, e se despediram.

Quando desligou, ela se sentiu um pouco melhor... mas só um pouco.

Os Warren não demoraram muito, apesar de ter parecido uma eternidade para Al e Carmen. Enquanto esperavam, ficaram conversando sobre como manteriam todos juntos quando chegasse a hora de dormir. Decidiram levar os colchões para a sala de estar. Todos poderiam ficar próximos enquanto dormiam. Sim, seria desconfortável, mas, como os Warren tinham dito, seria mais seguro caso alguma outra coisa acontecesse durante a noite.

Quando os Warren chegaram, Al e Carmen ainda eram os únicos na casa que estavam acordados. Ficaram ansiosos quando viram a perua estacionar na entrada para carros. Como seriam aquelas pessoas? E se os Warren não acreditassem na história deles?

Al e Carmen observaram pela janela enquanto o casal saía do carro.

Eles se pareciam exatamente com a foto na revista. Lorraine era alta e carregava uma bolsa cinza grande pendurada no ombro. Ed também era alto, grande e imponente, com peito e ombros largos apertados na camisa azul-escura. Ambos andavam com autoridade, cabeças erguidas, conforme se aproximavam da casa.

Al e Carmen os encontraram à porta, os convidaram para entrar e os levaram para a sala de estar, onde se sentaram no sofá.

Esperavam um bate-papo, uma conversa superficial para quebrar o gelo. Esse não foi o caso.

"Antes de dizermos qualquer coisa", disse Ed Warren, levantando uma das suas mãos, "gostaríamos que soubessem que, se soarmos como se duvidássemos do que estão dizendo, o caso não é esse, de jeito nenhum. Só temos que nos *certificar*, de todas as maneiras que pudermos, que as coisas que nos contarem foram causadas por forças sobrenaturais. Então vocês precisam entender que não é nada pessoal — esse é o nosso trabalho. É algo que *temos* que fazer."

"E outra coisa que precisamos fazer é gravar a nossa conversa", disse Lorraine enquanto tirava um gravador da bolsa. Ela olhou para Carmen e sorriu. "Espero que não se importe, querida. Você se importa?"

Carmen se sentiu tão tocada por aquele sorriso que ela mesma sorriu e se sentou em uma cadeira diante do sofá. Al também parecia mais relaxado e se acomodou na sua poltrona depois de virá-la para ficar de frente para eles.

"Sra. Warren", disse Carmen, "pode fazer o que tiver que fazer, contanto que nos ouçam... e nos ajudem."

Lorraine se inclinou para a frente e deu tapinhas no joelho de Carmen. "Vamos fazer o que pudermos, querida, acredite em mim."

Então ela pousou o gravador sobre a mesinha de centro e apertou o botão marcado REC.

Ed se inclinou para a frente, juntou as mãos, os cotovelos apoiados nos joelhos e disse: "Agora, por que não nos contam, do começo, do jeito que quiserem, exatamente o que vem acontecendo na casa de vocês. Os dois".

Devagar, com firmeza e grande cuidado, Al e Carmen contaram aos Warren todos os detalhes, desde o início.

Quando terminaram, houve um longo silêncio.

Nenhum dos Warren os tinha interrompido para fazer comentários ou perguntas. Carmen e Al tinham apenas contado a sua história com as próprias palavras, se revezando e, às vezes, falando juntos. Ed e Lorraine os observaram com atenção e ouviram com grande concentração.

"Gostaríamos de fazer algumas perguntas", disse Ed por fim. Mas ele falou isso com um sorriso. "Hum, se vocês não se importarem... alguém na família consome álcool em excesso?"

Al e Carmen se entreolharam.

"Al toma algumas cervejas de noite", disse Carmen, sem tirar os olhos dos dele.

Al lhe fez um pequeno, minúsculo aceno de cabeça.

Ela falou: "Mas, não... não do jeito que você está dizendo. Não. Não, claro que não".

"Alguém na casa usa drogas?", perguntou Ed. "E quero dizer qualquer tipo de droga: drogas ilegais, medicamentos sob prescrição, qualquer coisa que possa... mexer com a mente?"

Houve outro olhar entre eles, mas dessa vez foi breve e descrente. Al começou a balançar a cabeça enquanto Carmen respondia:

"Não, não, *não*! Quero dizer, nós não — bom, nós, hum, com certeza não..."

"E o garoto?", perguntou Ed. "Stephen. E quanto a ele?"

O olhar seguinte entre Al e Carmen foi mais demorado.

"Nunca tivemos certeza", respondeu Al. "Quer dizer, não sabíamos. Ele estava agindo de um jeito estranho, sim, mas... nunca soubemos se era por causa *disso*."

Ed assentiu e disse: "Ok, ok. E interesses no sobrenatural? Alguém na sua família já lidou, de qualquer forma ou em qualquer momento, com um tabuleiro Ouija?".

Al e Carmen fizeram que não com as cabeças ao mesmo tempo.

"Não, não, de jeito *nenhum*", disse Carmen.

"Frequentaram uma sessão espírita? Consultaram algum tipo de médium?"

"Não, absolutamente não."

"Ok, ok", disse Ed, "tudo bem."

"Vocês se importariam se eu andasse pela casa?", perguntou Lorraine. "Sozinha, quero dizer. Apenas eu."

"Não, não nos importamos", respondeu Al.

Carmen balançou a cabeça. "Claro que não." Então ela sorriu e disse: "Pode estar uma bagunça, mas...".

"Oh, tudo bem, acredite", riu Lorraine, descartando o comentário de Carmen com um aceno de mão enquanto se levantava. "Não é isso que estou procurando."

"Lorraine é uma médium sensitiva", explicou Ed. "Isso quer dizer que ela pode andar pela casa e *sentir* coisas que outras pessoas não conseguem. Em outras palavras, se ela andar por esta casa, pode ter alguma noção do que está errado. Pode conseguir alguma pista sobre a fonte do nosso problema."

"Vá em frente", disse Al.

"Por favor", disse Carmen, "vá aonde quiser."

Lorraine sorriu para os dois e assentiu, satisfeita. "Obrigada. Volto daqui a pouquinho."

Eles a observaram se virar e sair da sala, observaram-na levantar um pouco a mão direita e movê-la para a frente e para trás, como se estivesse tateando o caminho no escuro.

Assim que Lorraine dobrou a esquina e entrou no corredor, Carmen se endireitou, voltou-se para Ed e perguntou: "Sinto muito, esqueci completamente — você gostaria de um café ou chá?".

"É muita gentileza sua", respondeu Ed com um sorriso, "mas por que não esperamos Lorraine voltar?"

Cada nervo de Lorraine estava alerta e à espera. A sua mente estava aberta para qualquer coisa, para o que pudesse estar no ar, naquele corredor, ou no cômodo ao lado, ou no andar de baixo — para o que pudesse estar esperando para lhe contar alguma coisa.

Ela atravessou devagar a sala de jantar, alheia ao barulho das vozes conversando baixinho na sala de estar. Passou pela cozinha, fazendo uma pausa entre cada passo, então foi para o corredor, avançou e retrocedeu por ali algumas vezes, parando no topo da escada por um instante — será que aquilo que sentiu foi um formigamento, a vibração muito suave de... *alguma coisa* não muito distante? —, e então desceu para o porão.

Estava mais escuro ali embaixo — mesmo àquela hora, antes do meio-dia — e mais frio também, com um toque muito leve de umidade no ar. Porém, o frio e a umidade eram mais profundos do que o normal, eles se enrolavam em volta da mente alerta de Lorraine, dizendo-lhe que era um frio psíquico, e o que quer que estivesse errado com a casa com quase toda certeza estava no porão.

Ela atravessou o quarto de Michael, a mão ainda erguida e se movendo devagar para a frente e para trás, poucos centímetros em cada direção. Havia pôsteres de astros dos esportes na parede, livros em cima da mesinha de cabeceira, incluindo uma Bíblia, e cartões de beisebol e revistas sobre carros em cima da cômoda. Ela não viu algo nocivo ou perigoso — nada que pudesse atrair o tipo de atividade que Al e Carmen tinham descrito.

Ela atravessou as portas francesas e entrou no quarto ao lado.

Alguma coisa mudou.

Ela se sentiu diferente.

Uma náusea familiar começou a revirar o seu estômago.

Contudo, o que quer que fosse, ela ainda não o tinha alcançado.

Lorraine passou pelo quarto que havia pertencido a Stephen, fazendo uma careta devido às sensações que recebia, sensações sombrias, ameaçadoras e *vulneráveis*. No entanto, elas não estavam lhe dizendo algo, apenas a machucavam; portanto, ela seguiu em frente.

Atravessando a rampa de concreto — as sensações ruins ficando mais sombrias —, entrou no cômodo seguinte, onde a talha elétrica esperava cadáveres encaixotados que nunca seriam erguidos outra vez, e onde o poço de sangue esperava fluidos corporais que nunca mais seriam derramados pelas laterais inclinadas; então seguiu para o cômodo contíguo, o cômodo no qual, sem que Lorraine soubesse, cadáveres costumavam ser embalsamados. Foi ali, naquela sala pequena e escura com piso de concreto, que ela por fim foi atingida, onde a coisa pela qual estivera esperando a abraçou com braços enregelados e a prendeu, rígida e imóvel, em uma visão embaçada e de gelar os ossos:

...cadáveres, alguns transformados por queimaduras em figuras endurecidas e enegrecidas de carne carbonizada... garotos e garotas, homens e mulheres, dispostos em fileiras como se tivessem sido pegos por um incêndio ou uma explosão terrível, algum tipo de catástrofe horrível... mas algo pior, muito pior, algo muito mais horrendo...

...mãos — mãos masculinas rudes que eram abaixadas para acariciar os cadáveres, para tocar as suas partes mais íntimas de maneiras horríveis... dedos se fechando em volta da genitália flácida e morta dos homens... penetrando partes íntimas frias e mortas de mulheres... puxando e explorando com gestos bruscos... e pior ainda...

...risos... risos desagradáveis, guturais... o riso depravado de prazer e excitação... os gemidos de paixão doentia e perversa...

Isso preencheu a mente de Lorraine, cegou os seus olhos para que ela não conseguisse enxergar algo além daquela visão horrenda e repugnante: aquelas imagens assustadoras de perversão, coisas que ela nunca sequer tinha pensado, coisas que ela sequer sonhara que chegaria a ver na vida.

Entretanto, elas estavam acontecendo diante dos seus olhos arregalados e distantes, os quais, para qualquer outra pessoa, pareceriam estar fitando uma parede vazia.

A mão direita estava estendida; os dedos, trêmulos. A mão esquerda pressionava o peito enquanto ela lutava para respirar, sorvendo o ar em arquejos curtos e amedrontados.

E então a coisa a soltou, afastou-se dela como se fossem mãos que estiveram fechadas com força em volta da sua garganta.

Afastou-se e...

Desapareceu.

Lorraine se viu em pé com as costas pressionadas com força contra a parede, o corpo todo tenso, cada músculo de cada parte do seu corpo teso como cordas de piano. Ela se forçou a relaxar, abaixou o braço direito, sentiu a dor ardente do relaxamento percorrer aqueles músculos presos. Então fechou os olhos, respirou fundo e devagar algumas vezes, e se apoiou sem forças na parede às suas costas.

Os olhos dela ressoavam com o som de sangue correndo pelas veias. Seu coração estrondeava no peito, impelido pela onda de adrenalina que ainda inundava o seu corpo.

Alguma coisa rastejou por cima do seu pé. Ela sorveu o ar em um arquejo fundo e trêmulo, as unhas arranhando a parede.

Alguma coisa deu patadas na sua perna logo abaixo do joelho.

Lorraine olhou para baixo.

Era um furão, magro e sinuoso, tentando chamar a atenção dela.

Ele olhou para ela, fez ruídos baixos ao estalar os lábios pretos e esfregou uma pata no rosto algumas vezes.

O alívio atravessou Lorraine. Ela sorriu para o animal, então riu de si mesma, do seu medo. Quando abaixou a mão para acariciar o furão, ele disparou para fora da sala.

Os olhos de Lorraine estavam úmidos, a visão embaçada, e ela levou as duas mãos ao rosto para secar as lágrimas não derramadas. Em seguida, voltou para o andar de cima.

Al e Carmen ainda estavam conversando com Ed quando Lorraine voltou, e Michael, ainda grogue de sono, tinha se juntado a eles. Ele estivera descansando na cama dos pais e não dormira o suficiente, mas estava acordado.

Carmen se levantou assim que Lorraine entrou e perguntou, ansiosa: "Você gostaria de um chá? Ou talvez café?".

Ela assentiu um tanto distraída e disse, com a voz rouca: "Chá seria ótimo".

"Sim, eu também vou tomar um pouco de chá", disse Ed, ficando de pé. Ele foi até Lorraine e perguntou baixinho: "Então, o que aconteceu?".

Ela apenas balançou um pouco a cabeça.

O marido segurou o braço dela. "Quer conversar em particular?"

Ela assentiu.

Ed se virou para Al. "Tem algum lugar onde nós poderíamos conversar em particular por um minuto?"

Al os guiou até o quarto principal, onde os dois fecharam a porta quando ele se afastou.

"O que você acha que há de errado?", sussurrou Carmen na cozinha.

Al deu de ombros. "Não sei. Eles só queriam conversar em particular por um minuto."

"Bem, isso não pode ser bom... pode?", perguntou Carmen.

O marido deu de ombros de novo enquanto saía para voltar à sala de estar e manter Michael ocupado, só para garantir; ele, como Carmen, estava começando a ficar preocupado com o que estava acontecendo.

Quando os Warren saíram do quarto, o chá estava pronto e esperando por eles na sala de estar. Os dois se sentaram juntos no sofá e se inclinaram para a frente como se tivessem algo a dizer. E tinham.

Depois de Al e Carmen se sentarem — Michael estava deitado no chão, com olhos sonolentos, mas prestando atenção —, Ed falou.

"As notícias não são boas", disse em voz baixa. "Acho que ficou bem claro com o que estamos lidando aqui. É de natureza demoníaca. É antigo, ardiloso e absolutamente, sem dúvida nenhuma, muito, muito maligno."

Lorraine se pronunciou, a voz reconfortante. "Mas podemos lutar contra ele. E podemos vencer." De repente, ela ergueu o dedo indicador e fechou os olhos. "Desculpe. Isso não é muito exato. Podemos lutar o quanto quisermos. Mas só com a ajuda de Deus venceremos."

Ed bebericou o chá e pousou a xícara. "Me deixe explicar como isso funciona exatamente", disse ele. "Manifestações como essa sempre ocorrem em uma progressão de cinco estágios. Primeiro temos a invasão. Depois, infestação, opressão, possessão e, enfim — se deixarmos que chegue tão longe —, morte." Claramente desconfortável, ele tomou outro gole de chá, depois se recostou no sofá.

Continuou: "Primeiro, temos o estágio da invasão — ou *permissão*. É quando um demônio de alguma maneira ganha acesso a uma pessoa ou pessoas — uma família, talvez. Isso costuma ser voluntário. Alguém convida o demônio a entrar de alguma forma, talvez ao mexer com o sobrenatural — como, por exemplo, ao frequentar ou realizar uma sessão espírita ou ao usar um tabuleiro Ouija — ou ao realizar rituais satânicos. Talvez até mesmo ao fazer algo aparentemente tão inocente quanto jogar cartas de tarô. Contudo, às vezes, a pessoa *não* o convida a entrar. Às vezes, alguma outra pessoa faz algo para atrair a atenção demoníaca para aquela pessoa. Achamos que esse pode ser o caso de vocês. Achamos que alguma coisa pode ter acontecido nesta casa antes de se mudarem — talvez *muito tempo* antes de vocês se mudarem — que pode estar causando essa atividade."

Ed lhes deu um momento para absorver aquela informação, mudou de posição no sofá, tomou outro gole de chá e prosseguiu.

"Durante o estágio seguinte, a infestação, os demônios vão tentar, *literalmente*, enlouquecê-los. Eles vão causar estragos no ambiente físico. Vão mudar coisas de lugar, quebrar coisas, vão bater nas paredes e fazer barulhos assustadores. Vão mostrar coisas a vocês — podem as chamar de visões — ou fazer com que ouçam sons que não estão realmente ali, coisas que são completamente apavorantes. Vão tentar fazer com que vocês se sintam como se estivessem sozinhos no mundo, que ninguém vai acreditar em vocês. Vão fazer com que pensem que estão perdendo a cabeça."

Ed respirou fundo, olhando Al e Carmen com atenção para ver como eles estavam recebendo tudo aqui. E então:

"Em seguida, em algum momento, começa a opressão. Isso é quando a força demoníaca muda o foco dos ataques do ambiente para as pessoas em si. Ele vai causar muita dor. É sabido que causa paralisia, cegueira, doenças mentais ou físicas. Ele humilha você. Pode transformar você na vítima de jogos sexuais doentios e repugnantes.

"Então, quando já esgotou a pessoa o suficiente... quando ela está fraca e doente... quando está se sentindo apavorada o tempo todo e já tiver perdido todas as esperanças... é aí que ele finalmente entra. É quando começa a possessão."

Lorraine se inclinou para a frente e levantou a mão. "Mas podemos agradecer ao bom Senhor por essa coisa não ter ido tão longe neste caso." Ela sorriu. "E o poder do nosso Deus vai garantir que isso não aconteça."

"Podem dizer que, deste momento em diante", disse Ed, "nós agiremos como promotores de justiça, Lorraine e eu. Depois vamos levar as nossas descobertas para alguém da Igreja e esperar que decidam em nosso favor, que decidam *fazer* alguma coisa a respeito."

"Gostaríamos de voltar esta noite", disse Lorraine. "Se vocês estiverem de acordo, vamos trazer alguns dos nossos pesquisadores conosco e apontar pelo menos um deles para uma vigília de 24 horas aqui na casa."

"Talvez um ou dois", acrescentou Ed. "Gostaríamos que alguém ficasse aqui o tempo todo para registrar as atividades que acontecerem. Sei que isso parece difícil: sabem, invadir a sua privacidade e tudo o mais. Mas faz parte do processo. E... bom, para ser honesto, sei que tudo isso parece um episódio de *Além da Imaginação* ou algo assim, mas não é. Aparentemente, neste momento, é a *vida* de vocês. Queremos ajudar. Mas vocês terão que nos deixar."

O casal trocou um olhar demorado e silencioso. Então Al disse: "Precisamos da ajuda de vocês. Precisamos muito. E queremos que façam o que precisarem fazer".

24

OS PESQUISADORES

Quando os Warren voltaram de noite, a família estava reunida na sala de estar. Michael e Stephanie não tinham ido à escola naquele dia, cansados e preocupados demais até mesmo para chegarem atrasados.

A perua estacionou na entrada para carros de novo e, atrás dela, um carro branco com o porta-malas grande. Ed e Lorraine desceram da perua e foram acompanhados por mais quatro pessoas, três homens e uma mulher. Outras quatro pessoas saíram do carro e trouxeram consigo câmeras de vídeo e equipamentos de gravação.

"Ah, minha nossa", sussurrou Carmen para Al enquanto os observavam pela janela. "O que os vizinhos vão pensar?"

Encontraram os Warren à porta e Lorraine disse alegre: "Sinto muitíssimo, mas avisamos que seria uma invasão de privacidade". Uma vez lá dentro, ela falou: "Trouxemos os nossos pesquisadores conosco e algumas pessoas para gravar em vídeo cada cômodo da casa para que possamos ter um registro do layout. Vamos ter que entrevistar vocês de novo, em vídeo, e obter um registro completo da história".

"Tudo bem, então", disse Carmen, hesitando um pouco, "acho que é melhor começarmos..."

A casa ganhou vida com o som de vozes entrando e saindo de cada cômodo, homens e mulheres com câmeras de vídeo empoleiradas nos ombros, outros segurando luzes, alguns falando em pequenos gravadores em voz baixa, descrevendo a casa, registrando as suas impressões.

Enquanto tudo isso estava acontecendo, Ed e Lorraine entrevistaram Al e Carmen diante de uma câmera de vídeo, fazendo com que repassassem a história inteira, só que mais devagar e com mais detalhes. Quando tinham algo a acrescentar, Stephanie, Michael ou Laura se pronunciavam.

Pareceu demorar uma eternidade, mas, quando o sol desapareceu e os grilos começaram a cricrilar do lado de fora, eles tinham terminado. Aqueles que tinham vindo no carro com o porta-malas grande com as câmeras de vídeos e equipamentos de gravação concordaram em encontrar os Warren no dia seguinte, agradeceram Al e Carmen pela paciência e lhes desejaram tudo de bom, então foram embora, deixando-os com os Warren e os três pesquisadores homens, que os Snedeker mal tiveram a chance de conhecer no meio de toda a confusão.

Primeiro, havia Chris McKenna, o neto de Ed e Lorraine. Era um homem agradável, afável e gentil, com cabelo louro e olhos um tanto tristes. Ele era fascinado pelo trabalho dos avós desde criança.

John Zaffis era sobrinho de Ed e Lorraine, um homem alto e esguio com energia de sobra; enquanto conversavam, ele parecia achar difícil ficar sentado imóvel.

O último pesquisador era um homem chamado Sal Valenti. Ele comparecera a incontáveis palestras de Ed e Lorraine e frequentara as suas aulas. Como John e Chris, ele era membro da New England Society for Psychic Research, a organização fundada pelos Warren.

Era a função dos pesquisadores manter vigilância 24 horas na casa dos Snedeker, manter registros de tudo o que acontecia, das suas impressões, das suas sensações e das sensações daqueles ao seu redor.

John perguntou com educação se eles poderiam tomar um pouco de café e foi para a cozinha prepará-lo.

Ficaram todos sentados na sala de estar e conversaram algum tempo com vozes baixas.

"Acho importante que vocês se conheçam", disse Ed, "porque, gostem ou não, essa é a única maneira de fazermos isso. A única outra maneira seria não fazer nada. Acho melhor que todos se conheçam primeiro e tentem se familiarizar uns com os outros."

Não foi fácil, claro, se familiarizarem em tão pouco tempo. Porém, Laura e Chris se deram bem de imediato. Não demorou muito até que estivessem rindo juntos como se fossem amigos há algum tempo.

O casal também conversou com os três e os consideraram amigáveis e até mesmo pesarosos pela situação. Eles disseram aos Snedeker que qualquer preparativo que quisessem fazer em relação às camas estaria bom.

"Bom, na verdade", disse Al, "estávamos pensando em trazer os colchões para cá, para a sala de estar, para que pudéssemos ficar todos juntos. O sr. Warren nos disse para não nos separarmos."

"Boa ideia", acrescentou Lorraine. "E acho que seria *especialmente* sensato se ninguém fosse lá para baixo. Aquele... não é um lugar bom para se ficar."

"É por isso que pensamos em trazer todo mundo aqui para cima", disse Carmen, virando-se para os três homens. "Então, se vocês não se importarem em improvisar quando chegar a hora de dormir..."

"De modo algum", disse Chris.

John fez que não com a cabeça e sorriu. "O que quiserem fazer está bom para nós."

Sal assentiu em silêncio com um sorriso para mostrar que concordava. Era óbvio que ele era novo naquilo e estava um pouco nervoso.

Eles conversaram mais um pouco conforme a noite avançava, então Ed e Lorraine se levantaram.

"Temos que ir", anunciou Ed. Ele se virou para os pesquisadores e perguntou: "Querem pegar as suas coisas no nosso carro agora?".

Os três homens se levantaram para ir até o carro.

Ed olhou para Al e Carmen e disse: "Nos avise como tudo se passou depois da primeira noite. Vocês têm o nosso número. Sei que, às vezes, surgem conflitos de personalidade, e isso dificulta as coisas. Se for esse o caso, por favor, nos avise. Mas espero que se esforcem ao máximo para trabalhar com eles. Eles estão aqui para ajudar. Juntos, chegaremos ao fundo disso, depois consultaremos a Igreja".

Al e Carmen desejaram boa-noite aos Warren, que os deixaram com os novos hóspedes, os três homens cujo trabalho era descobrir qual era o problema.

25
DEMÔNIOS SOB ESCRUTÍNIO

As inúmeras semanas seguintes foram um inferno, não apenas para os Snedeker, mas para os pesquisadores também.

Foi quase como se as forças que estavam se movimentando invisíveis pela casa não estivessem contentes com o fato de estarem sob vigilância cerrada por três estranhos. Foi quase como se estivessem zangadas: mais do que antes, aquelas forças passaram a demonstrar os seus poderes como vingança.

Certa noite, Al foi dormir antes de Carmen. Ele deitou em um dos muitos colchões espalhados pela sala de estar.

Peter e Stephanie já dormiam profundamente nos seus respectivos cantos, enrolados sob lençóis e cobertores, as cabeças repousando sobre os travesseiros. John permanecera acordado por quase vinte horas e agora roncava de leve no chão diante do sofá.

Carmen e Laura conversavam baixinho com Chris e Sal na sala de jantar quando Al por fim se acomodou embaixo das cobertas. Ele bebera um pouco demais e sentia-se vagaroso e cansado. Não demorou muito até que as suas pálpebras caíssem pesadas e a sua respiração ficasse muito lenta.

Então ele de repente acordou de um pulo e fitou, de olhos arregalados, o teto por muito tempo. Depois começou, de novo, o processo de pegar no sono...

Até despertar de um pulo de novo. Dessa vez, virou de lado e tentou ficar o mais confortável possível.

Começou a adormecer outra vez... nem adormecido, nem desperto... e foi então que lhe veio...

Pontinhos de luz branco-azulada dançavam e rodopiavam por trás das pálpebras fechadas. Eles começaram a se juntar conforme se aproximavam mais e mais... maiores e maiores... e começaram a formar uma imagem...

Ainda sem estar adormecido por completo, Al virou de costas de novo e abriu os olhos, pensando que talvez estivesse vivenciando algum efeito colateral por ter bebido cerveja demais. Esse, contudo, não era o caso.

Quando abriu os olhos, ele esperou ver o teto, mas, em vez disso, as luzes dançantes e rodopiantes que pareciam se aproximar mais e mais não desapareceram. Mesmo com os olhos abertos, ele as via contra um pano de fundo preto como piche — não contra o teto, que ele sabia estar acima dele.

Enquanto observava incrédulo, as luzes se aproximaram mais e mais, formando aos poucos uma imagem... uma imagem muito familiar... uma que se arremessou depressa na direção do seu rosto... a imagem de Cristo na cruz... mas esse Cristo era diferente de qualquer outro nas imagens que vira... aquele tinha um rosto terrivelmente mutilado... contorcido em uma máscara de dor deformada e terrível... olhos despontando das cavidades... língua inchada projetando-se de lábios inchados e rachados, que se moviam e começavam a falar:

"Não posso ajudá-lo, Allen... não posso fazer nada... estou morto... está entendendo?"

A imagem de Cristo se aproximou mais e mais.

"Eu... estou... MORTO*! Não existo* MAIS*!"*

Ela se aproximou até Al conseguir sentir o seu hálito pútrido, até ele pensar que podia sentir a língua inchada e protuberante no rosto...

"Eu não posso OUVIIR VOCÊÊÊ*, Al! Eu não posso* OUVIIR VOCÊÊÊ*, Al!* EEEEU... NÃO ESTOU... AQUIIII*!"*

Então a imagem nauseabunda e ensanguentada do Cristo monstruoso caiu sobre ele e...

Al se sentou, gritando sem parar.

John também se sentou e engatinhou até Al.

"Qual é o problema?", perguntou ele sem fôlego. "Qual é o problema, Al, o que há de errado?"

Os braços de Al apontaram para o teto. "Jesus! Era Jesus! Ele veio até mim! Disse que Ele não podia ajudar! Disse que Ele estava morto! Disse que Ele não estava aqui!" Al lutou para respirar e todo o seu corpo tremia de pânico.

John pousou a mão firmemente no ombro de Al. "Está tudo bem, Al, foi algo que o demônio queria que você visse, só isso, só alguma coisa para desencorajá-lo."

Enquanto John falava, os outros vieram correndo da sala de jantar e se juntaram ao redor, preocupados depois de ouvirem os gritos de Al.

"Está tudo bem", disse John. "Isso vai acontecer. Esse é o tipo de coisa que ele vai fazer. Ele quer assustar você. Todos vocês. Ele quer que abram mão da sua fé. Quer deixar vocês desencorajados. Mas, acreditem em mim, vocês não podem deixar que ele faça isso."

A essa altura, Al já tinha se acalmado um pouco. Ele se virou para John e disse: "Estou bem agora. Verdade. Estou bem".

Enquanto John ia até o seu caderno para fazer um registro do incidente, Carmen sentou-se ao lado do marido.

"Tem certeza de que está bem?", sussurrou ela, passando um braço em volta dele e o puxando para perto.

"Sim, estou bem agora. Só... só espero que isso não aconteça de novo. Foi", ele balançou a cabeça e respirou fundo, "muito aterrorizante. Pode acreditar."

"Quer que eu fique com você até você pegar no sono?"

"Você se importaria?"

"Claro que não, querido, claro que não."

Então foi isso que Carmen fez. Ela afagou o cabelo e falou com ele em um tom delicado até Al dormir, até parecer que nada mais seria mostrado a ele por qualquer que fosse a força em atividade na casa.

Algumas semanas depois, Al e Carmen estavam sentados juntos nos degraus da varanda, aproveitando a noite quente de verão. Era tarde, e Laura e as crianças estavam dormindo.

Dentro da casa, os três pesquisadores estavam acordados, conversando em voz baixa e tomando conta dos que dormiam.

Al e Carmen conversavam baixinho, aproveitando um raro momento de privacidade.

"As coisas andam difíceis", disse ele, passando um braço em volta dela e a puxando para perto.

"Não brinca", falou Carmen, rindo, deitando a cabeça no ombro dele.

"Nós vamos superar isso", disse ele. Então acrescentou baixinho: "Espero".

"Oh, vamos sim. Sei disso. São só todas as coisas que aparentemente teremos que enfrentar *antes* de superarmos isso que me incomoda."

"É, sei o que quer dizer."

Ao longo das semanas anteriores, eles avisaram amigos e parentes — da maneira mais delicada possível, mas firmes o bastante para passar o recado sem dar a eles detalhes desagradáveis — que não seria uma boa ideia aparecerem para uma visita, pelo menos por enquanto. Como resultado, receberam inúmeras ligações de amigos e parentes preocupados perguntando o que havia de errado, como se alguém estivesse doente, como se estivessem tendo algum tipo de problema conjugal.

Al e Carmen decidiram contar a alguns poucos amigos o que estava acontecendo. Contaram para a família de Al, para a irmã de Carmen, Lacey, e para a vizinha, Tanya, que dentre todos foi a que ficou menos surpresa e nem um pouco cética. Carmen explicou que ligara para os Warren e que os pesquisadores do casal estavam hospedados na casa deles agora.

Eles estavam aproveitando um momento de privacidade na varanda da frente, Al bebendo uma cerveja, Carmen bebericando chá e fumando um cigarro. Falavam pouco, apenas ficaram sentados um ao lado do outro, ouvindo as vozes baixas dos pesquisadores dentro da casa, aproveitando, por um tempinho, a sensação de estarem sozinhos e perto um do outro.

De repente, a xícara de chá de Carmen escorregou da sua mão. Ela se estilhaçou dois degraus abaixo deles, e o chá quente salpicou nos seus pés.

Al fez uma careta devido ao barulho, assustado, mas Carmen não se mexeu, não reagiu de maneira alguma.

"Carmen?", chamou ele, baixinho.

Em seguida, o cigarro caiu dos dedos dela e rolou pelos degraus, a brasa avermelhada queimando com um vermelho mais intenso conforme rolava para longe do brilho da luz da varanda até a escuridão da noite.

Carmen caiu de costas nos degraus com um grunhido, como se tivesse sido empurrada por mãos invisíveis. As pernas dela se agitaram. A boca se abriu e a língua se projetou, rígida, enquanto os cotovelos travavam e os dedos se curvavam em garras inflexíveis.

"Oh, Jesus amado, *Carm!*", gritou Al, inclinando-se para perto dela enquanto largava a garrafa de cerveja, que também se estilhaçou, e a cerveja espumante sibilou pelos degraus.

Com os olhos arregalados de uma maneira impossível, a garganta de Carmen começou a escurecer aos poucos, a inchar devagar e se transformar em um balão de carne enorme e protuberante, como a garganta de um sapo coaxante.

Al gritou: "Oh, meu Deus, saia daqui, saia daqui *agora!*".

A porta da frente foi aberta, e Chris, John e Sal irromperam para fora da casa conforme os membros tensos e trêmulos da mulher relaxavam e ela soltava um suspiro longo e gorgolejante.

Por pouco tempo — apenas um período muito curto — Carmen pôde ouvir as vozes em volta dela. Porém, elas desvaneceram depressa, afastando-se dela, para longe, muito longe, até Carmen não conseguir mais escutá-las... *Ela estava em algum outro lugar, um lugar escuro e frio, tão escuro que ela não podia enxergar nada, tão irreal e insubstancial que ela nada podia sentir.*

Para onde quer que olhasse, Carmen via apenas escuridão, uma escuridão tão densa e opressiva que era quase tangível. Não havia nada... nada em volta dela... nada para ver... nada para tocar... nada.

E então ela olhou para cima.

Muito, muito acima havia um círculo de uma luz débil, doentia e avermelhada, e ela percebeu que estava no fundo de um buraco bastante profundo. Enquanto fitava aquele círculo de luz acima dela, dois rostos apareceram.

Um pertencia a um homem, o outro, a uma mulher, ambos muito pálidos, com cabelos pretos e crespos. As suas bocas se partiram em sorrisos largos ao mesmo tempo, revelando dentes estreitos cinzentos, devido à decomposição, e separados por espaços finíssimos.

"Sua puta *miserável!", berrou o homem, e a voz ranhosa ecoou na escuridão.*

"Sua cadela estúpida!*", cuspiu a mulher.*

Carmen se encolheu na escuridão, acovardando-se dos insultos conforme eles continuavam a gritar profanidades para ela, a xingá-la e rir do seu medo.

"Você acha que tem alguma coisa que pode fazer contra nós?", perguntou o homem.

"Você acha que o seu deus é mais poderoso do que a gente?", gargalhou a mulher. "O seu deus é um fracote!*"*

"Um covarde!*"*

"O seu deus é uma bicha boqueteira e não vai ajudar você agora!"

"Você pertence a nós! A sua alma é nossa!"

As vozes reverberavam através da escuridão que rodeava Carmen, e saliva chovia sobre ela. As palavras se cravavam nela como presas imundas e afiadas.

Al e os três pesquisadores se agacharam em volta de Carmen, ouvindo enquanto ela gorgolejava e balbuciava com a voz rouca através da garganta inchada e irritada: "Sa-San-taa M-Maria, M-Mãe de D-Deus, ro-rogai por nós pecadores, a-agora e na hora da nossa m-morte, a-a-ammmém..."

Enquanto Al começava a chorar, eles levantaram Carm dos degraus da varanda e a carregaram para dentro da casa.

Os rostos encarando-a por cima da borda da abertura do buraco continuaram a cuspir insultos obscenos e xingamentos blasfemos para Carmen, continuaram a ridicularizar o seu Deus e a sua família, continuaram a lembrá-la de que eles e os seus milhões eram muito mais poderosos para que ela, ou qualquer um da família, pudesse resistir ou subjugar.

E então, de repente, de um modo horrível, aqueles rostos começaram a se aproximar e a aumentar, os sorrisos ficando maiores e mais largos, e os dentes grotescos e podres ficaram mais e mais detalhados conforme Carmen era de algum modo erguida do fundo daquele poço profundo e estreito, erguida para mais e mais perto da abertura acima, daqueles rostos, aqueles rostos hediondos, descarnados e pálidos com os seus sorrisos doentios e olhos afundados e cadavéricos que observavam enquanto ela subia cada vez mais, até os pés dela estarem plantados com firmeza no chão, com o buraco (Carmen pensou) bem atrás dela. Mas, quando ela se virou devagar e olhou para o chão, nada havia ali, apenas terra endurecida e seca raiada por rachaduras escuras, largas e denteadas, que se ramificavam em todas as direções, como relâmpagos que tivessem sido costurados juntos.

Seus atormentadores não estavam à vista. Ao que parecia, eles tinham simplesmente desaparecido.

Quando olhou em volta, Carmen se deu conta de que estava em uma estrada... uma estrada comprida feita de terra seca e rachada. Havia tão pouca luz, contudo, como se fosse noite... e, ainda assim, não era exatamente como se fosse noite.

Carmen inclinou a cabeça para trás e olhou para cima, tentando ver um céu cheio de perversas nuvens escuras que corriam a uma velocidade estonteante.

Porém, havia uma luz vindo de algum lugar... uma luz doentia e cancerosa que iluminava o que quer que houvesse em ambos os lados da estrada.

Carmen não olhou, no entanto. Estava com medo de olhar. Começou a andar, devagar a princípio, mancando um pouco devido ao medo e à exaustão trêmula que atravessava o seu corpo. Então ela apertou o passo, os pés esmagando a estrada partida conforme começava a derramar lágrimas silenciosas, lágrimas que escorriam quentes pelas bochechas enquanto a mulher se perguntava onde estava e o que acontecera a seu marido, a sua família, a sua casa... enquanto se perguntava o que tinha acontecido com ela.

À frente, a estrada se estreitava até se transformar em um buraco de agulha ao longe. Parecia se estender até o infinito, tão longe quanto os seus olhos podiam ver e ainda mais longe, as rachaduras denteadas desvanecendo até se transformarem em memória visual muito, muito à frente da escuridão corrupta.

O peito de Carmen começou a se comprimir de pânico quando ela percebeu que estava muito, muito longe de casa... assim como Dorothy em O Mágico de Oz*... assim como Alice em* Alice Através do Espelho*... ela* *estava em um lugar assustador e estranho, e era muito real... e ela não fazia ideia de como voltar.*

Ela seguiu andando, os ombros doendo de tensão e o peito martelando de medo.

Al e os três pesquisadores deitaram Carmen em um dos colchões na sala de estar.

"Jesus Cristo, o que está acontecendo com ela?", perguntou o marido com a voz rouca, os olhos se enchendo de lágrimas.

"Ela está sofrendo um ataque", explicou John.

"Mas não devíamos chamar um médico ou uma ambulância?", indagou. "Quero dizer, meu Deus, parece que tem alguma coisa *errada* com ela, como se ela estivesse morrendo!"

"*Tem* alguma coisa errada com ela", disse Chris, debruçando-se sobre a mulher. "Ela está sofrendo um ataque de seja lá qual for a força demoníaca em atividade nesta casa. Já vimos isso acontecer antes."

"É, Al, já vimos", disse John para encorajá-lo. "Um médico não encontraria nada de errado. Na verdade, o ataque pode até ter acabado quando encontrássemos um. Ouça, onde está um dos rosários?"

"Bom, acho que tem um..." Al olhou em volta até ver um em cima da televisão. Ele cambaleou por cima dos colchões até a televisão e apanhou o rosário, depois correu de volta, estendendo-o para John.

"Não, não", disse John. "É para *você*. Segure o rosário e reze a Ave-Maria e o Pai-Nosso."

"E continue rezando", instruiu Chris com firmeza, "até termos terminado." Então olhou para John e Sal e disse: "Vamos ter que fazer a invocação e continuar pelo tempo que for preciso".

Os dois assentiram.

"Oh, Jesus amado, isso é ruim, não é?", sussurrou Al.

"Nada que Deus não consiga resolver", disse Chris, encorajando-o. E então, enquanto Al começava a recitar a Ave-Maria, os três pesquisadores começaram a entoar juntos: "Em nome de Jesus Cristo! Ordenamos que deixe este lugar! Volte para o lugar de onde veio! Em nome de Jesus Cristo!".

Al se ajoelhou ao lado da cabeça de Carmen à medida que a garganta dela continuava a escurecer e engrossar, conforme os três homens repetiam a invocação. Ele pousou uma das mãos no ombro dela e agarrou o rosário com a outra enquanto rezava a Ave-Maria e o Pai-Nosso quase aos gritos, e Chris, John e Sal continuavam a invocar o nome de Cristo.

Carmen arfava esbaforida conforme avançava pela estrada infinita. Enfim, ela passou a olhar para a paisagem que a cercava à direita e à esquerda.

A primeira coisa que notou foram as cruzes... cruzes enormes feitas de madeira grosseira, plantadas com firmeza no chão... de cabeça para baixo... em ambas as direções, até onde os seus olhos conseguiam ver.

Ao redor de todas aquelas cruzes, contorcendo-se no chão, havia manchas pretas disformes que pareciam estar tentando, sem sucesso, se esgueirar para fora da terra dura e rachada para se libertarem.

Raios denteados de luz disparavam silenciosos através das nuvens escuras que corriam acima, e de repente, vinda de nenhum lugar em particular, mas de toda a sua volta, uma voz profunda e áspera — o som, Carmen pensou, de doença — falou com ela:

"São almas, Carmen... almas perdidas que pertencem a nós agora... a mim... assim como você pertence a mim... assim como você e todos da sua família pertencem a mim..."

Carmen parou na estrada e gritou a plenos pulmões, rezando a Deus para que alguém a ouvisse, para que alguém a encontrasse e a ajudasse.

Quando Al ouviu a esposa emitir um som baixo e estrangulado no fundo da garganta, ele parou no meio do Pai-Nosso e se inclinou para perto dela, pousando uma das mãos no lado da cabeça dela e sussurrando: "Carmen, querida, o que foi? Qual é o problema?".

Chris, John e Sal estiveram invocando Cristo repetidas vezes e, de repente, Chris se pronunciou e disse:

"Ela não está aqui, Al, ela não está com a gente, só continue rezando, continue..."

Ao ouvir isso, Al disse com grande determinação no ouvido de Carmen: "Onde você está, Carmen, querida, onde você *está*?".

Quando ela começou a responder da melhor maneira possível, os três pesquisadores pararam a invocação e prestaram atenção.

"Sombrio", gorgolejou ela com saliva se acumulando nos cantos da boca. "Lugar sombrio... em um... lugar... em um lugar *sombrio*", disse, forçando as palavras a subirem pelo peito e atravessarem a garganta.

"Oh, Deus, onde ela está?", gritou Al, olhando para os três homens.

"Ele a pegou", disse John, "e nós precisamos trazê-la de volta."

De imediato, eles elevaram as vozes à medida que continuavam com a invocação e, depois de um longo momento, Al terminou o Pai-Nosso e passou para a Ave-Maria.

Carmen continuou gritando e caiu de joelhos enquanto olhava para todas as almas... todas as almas escuras e aprisionadas... sentindo-se oprimida e sufocada pela necessidade delas de se libertarem, pelo desejo delas de escaparem do que quer que tivesse levado cada uma para aquele lugar...

A voz que parecia vir de todas as partes, a voz ranhosa e repugnante que vinha do fundo do mais profundo poço do inferno começou a rir. A risada era profunda e gutural e cheia de uma alegria maligna e decadente.

Carmen levou as mãos ao rosto e gritou mais uma vez, incapaz de suportar a risada junto da sensação claustrofóbica causada pelas almas obscuras e tumorosas contorcendo-se para fora da terra árida.

Depois de uma breve eternidade, a risada começou a desvanecer e, junto dela, a sensação de opressão.

Devagar... com muita lentidão... Carmen começou a afastar as mãos do rosto.

Os olhos se abriram para lançar um olhar desfocado para Al, cujo rosto preocupado pairava acima dela, os lábios formando uma linha reta e tensa.

"Carm?", sussurrou ele com a voz rouca. "Oh, Jesus amado, *Carm*?"

"Al", sussurrou ela, esticando a mão para pegar a dele. Ela a agarrou com força, como se o marido estivesse sendo puxado para longe dela.

Ela viu Chris, John e Sal se ajoelharem ao lado dela de repente, todos sorrindo. John disse: "Graças a Deus". Sal completou: "Amém".

E Chris apenas abriu um sorriso tão largo que dava a impressão de que estava prestes a explodir em gargalhadas a qualquer momento.

"Você está de volta", disse Chris afinal.

"É, acho que sim", sussurrou ela.

Quase duas horas depois, Carmen dormia inquieta ao lado de Al no colchão. Chris, John e Sal conversavam em voz baixa enquanto tomavam café na sala de jantar.

Al estava deitado de lado usando as calças do pijama e um roupão, olhando para Carmen enquanto ela dormia. A testa dele estava vincada de preocupação, medo e confusão.

Carmen se debatia de um lado para o outro enquanto dormia, os olhos apertados com força abaixo do rosto franzido.

Ele rezou em silêncio, sem tirar os olhos dela, aliviado porque Laura e as crianças não estiveram por perto para ver o que tinha acontecido.

E então, o corpo de Carmen ficou rígido e as suas costas arquearam como se ela estivesse sofrendo uma agonia silenciosa. Mais uma vez, a garganta de Carmen começou a inchar e escurecer, ficando com um tom preto-arroxeado.

Al sentou-se, apertando o ombro dela, chamando: "Está acontecendo de novo, venham aqui, está acontecendo *de novo*, oh, Jesus, Jesus *Cristo*!".

Passos apressados atravessaram o corredor e entraram na sala de estar, e os pesquisadores correram por cima dos colchões até Al e Carmen.

John tinha um crucifixo na mão e o segurava diante de si enquanto dizia em voz alta, com autoridade: "Em nome de Jesus Cristo, ordeno que deixe este lugar...".

Chris e Sal logo se juntaram a John, pronunciando as palavras com ele. A cabeça de Carmen tombou para trás. Os olhos se abriram para revelar apenas o branco cintilante enquanto ela gorgolejava e engasgava, e os braços e as pernas começavam a tremer e a convulsionar com violência.

Al ficou em pé de um pulo, punhos ao lado do corpo, dentes trincados, e rugiu furioso: "Maldito, eu sou mais forte do que ela! Venha a *mim*, seu filho da puta, faça isso *comigoooo*...".

Os três homens ficaram em silêncio ao mesmo tempo e se viraram para Al. Chris gritou: "Al, não diga isso!". Sal agarrou o braço de Al e berrou: "*Pare!*". John caiu de joelhos aos pés de Carmen e continuou a invocação sozinho, quase aos gritos agora, ainda segurando a cruz estendida na direção da mulher como se fosse uma arma.

Al, no entanto, os ignorou.

"Venha a *mim*, droga!", continuou ele. "*Eu* vou lutar com você, seu desgraçado filho da puta, seu maldito..."

As palavras de Al ficaram presas na garganta tão súbita e bruscamente como espinhas de peixe, ficando alojadas ali enquanto ele começava a emitir um som gorgolejante e estrangulado. Os olhos dele ficaram cada vez mais esbugalhados, a cor sumiu do seu rosto, deixando-o com um tom doentio e pálido.

Então ele foi jogado ao colchão como se por braços fortes mas invisíveis, e caiu com um grunhido estrangulado.

"Oh, santo Deus", gemeu Sal.

Al caiu de quatro, a cabeça pendendo para a frente sem forças.

Os movimentos erráticos de Carmen começaram a abrandar. O inchaço e o escurecimento da garganta começaram a diminuir conforme a condição de Al parecia piorar.

John seguiu invocando o nome de Cristo a uma velocidade frenética, a testa reluzindo com gotas de suor.

Enquanto Chris e Sal assistiam, a bainha do roupão de Al foi jogada com força por cima da cabeça dele, e o elástico do cós da calça do pijama se rasgou quando ela foi puxada para baixo com violência, revelando o seu traseiro nu.

Al gritou, a voz tão alta e aguda que soou como a de uma mulher, e todo o seu corpo começou a balançar como se alguma coisa estivesse arremetendo contra ele de novo, e de novo, e de novo. Os gritos continuaram, gritos cheios de dor, de pavor.

Carmen começou a se mexer. Ela abriu os olhos e piscou diversas vezes enquanto se sentava.

"Qual é o problema?", perguntou ela, se virando para Al. "Oh, meu Deus, o que está acontecendo com ele?"

John interrompeu a invocação e respirou fundo. Em seguida, com a voz rouca, respondeu: "Ele está sendo atacado... como você estava... poucos minutos atrás".

Por muito tempo, todos observaram Al, aturdidos e impotentes, sabendo exatamente o que estava acontecendo com ele.

"Oh, Deus", arquejou Carmen, começando a chorar. Ela foi até Al e passou um braço em volta dos seus ombros enquanto ele continuava emitindo gritos estridentes repetidas vezes, um som tão estranho para Carmen vindo do seu marido musculoso e vigoroso. Ela olhou por cima do ombro e gritou para os outros: "Façam alguma coisa! É para isso que vocês estão aqui, droga! *Façam* alguma coisa!".

Contudo, as orações não surtiram efeito. Quando terminou, Carmen se aconchegou ao lado dele e o abraçou com força.

"Oh, meu Deus, querido, sinto muito, sinto muito por você ter tido que passar por isso." Tendo vivenciado a mesma coisa, Carmen sabia exatamente como era humilhante, como ela se sentira indefesa enquanto era violentada; saber que Al passou pela mesma experiência humilhante fez o seu coração doer.

Outra noite se passara na casa que tinha, de alguma maneira, desenvolvido um canal direto para o inferno.

Al, Carmen e Laura não eram os únicos a serem atacados pela entidade que transformara a casa deles em um alvo, embora, por alguma razão, ela mostrava pouco interesse nas crianças menores; durante a sua estadia, todos os três pesquisadores foram atacados de um jeito ou de outro. Eram atormentados enquanto dormiam, além de serem beliscados, picados e esbofeteados repetidas vezes ao longo do dia e da noite. Objetos continuavam a mudar de lugar ao redor dos cômodos, o que parecia acontecer por conta própria, quase como se tivessem vida.

Ao anoitecer de um certo dia, depois de Al ter chegado do trabalho, todos jantaram ao ar livre, no estilo piquenique. Quando entraram, Sal foi o primeiro a notar que algo esquisito estava acontecendo na sala de estar. Ele chamou os outros pesquisadores e, naturalmente, todos os outros na casa os seguiram.

Cada um dos colchões no chão estava respirando. O do meio inflou devagar, como se estivesse inalando, depois relaxou, ficando nivelado.

Ed e Lorraine os visitavam com frequência e ficavam algumas horas, testemunhando com os próprios olhos muitos dos incidentes que os pesquisadores viram em primeira mão.

Eles viram alguns dos ataques; testemunharam os objetos mudarem de lugar ao redor da casa; sentiram os odores e perceberam os lampejos de movimento no limite das suas linhas de visão, movimentos que pareciam causados por nada.

Durante uma das suas visitas, eles ouviram um chacoalhar alto e metálico que parecia vir do quarto principal. Al estava no trabalho; as crianças, do lado de fora da casa; Sal e John estavam descansando na sala de estar. Então, Ed e Lorraine, Carmen, Laura e Chris desceram o corredor com passos hesitantes e entraram no quarto. Carmen e Laura seguravam um rosário cada uma, enquanto Ed e Chris carregavam crucifixos.

No quarto, o barulho era mais alto, e, sob os seus pés, o chão de madeira vibrava de leve. Todos pararam poucos passos depois da soleira da porta.

Por fim, Lorraine deu um passo à frente e colocou a mão na madeira do pé da cama.

"Está muito pior aqui", disse ela baixinho.

"De onde está vindo?", perguntou Ed, andando devagar pelo quarto.

Lorraine ergueu a mão direita diante do corpo como tinha feito durante a primeira visita à casa e fechou os olhos.

"Não está vindo daqui", sussurrou ela. "De algum outro lugar."

"Oh, Deus", falou Carmen, "parece a polia… o elevador de cadáveres do andar de baixo. Fica bem embaixo deste quarto. Na verdade… fica bem embaixo da *cama*."

De repente, o barulho passou a fazer sentido; o chacoalhar metálico era do tipo que podia ser causado por uma talha elétrica, como aquela no porão frio e úmido.

Em fila indiana, eles atravessaram a porta que levava ao porão no outro extremo do quarto. Quando estavam na metade da escada, o chacoalhar parou de súbito.

No porão, encontraram a corrente pesada balançando de leve, os elos tinindo bem baixinho.

Essa não foi a última vez que isso aconteceu, nem a última das muitas ocorrências estranhas que Ed e Lorraine iriam testemunhar.

Durante outra visita, Lorraine foi acometida por outra visão assustadora, não muito diferente daquela que tivera na primeira vez em que caminhara pela casa.

Ela estava parada no topo da escada perto do banheiro, olhando para o quarto abaixo, prestes a descer ao porão — a parte da casa na qual os Snedeker agora se recusavam a entrar —, quando começou. Foi tão vívida e inesperada que, por um instante, ela sequer teve ciência de que era uma visão — até se dar conta de que não conseguia se mexer, que estava paralisada.

Um homem apareceu no pé da escada. Ele não veio andando do porão, ele simplesmente *apareceu*, como se do próprio ar em volta dele. Ele usava uma camiseta imunda e um par de calças largas e compridas demais que costumavam ser cáqui, mas que agora estavam tão manchadas e sujas que eram mais marrons do que qualquer outra coisa. As bainhas puídas estavam amontoadas em volta dos pés, calçados apenas com meias brancas sujas. A barriga redonda e flácida dele estava apertada dentro da camiseta e pendia por cima do cós das calças, com uma sombra fraca preenchendo a enorme depressão feita pelo umbigo. Seu cabelo era preto e crespo e caía até os ombros; no topo, estava ficando careca, e o escalpo pálido era visível através dos tufos de cabelo. Enfiado embaixo do braço esquerdo havia um par de botas marrons. Com os dedos curtos das mãos gordas, ele puxava as calças imundas para cima e as segurava no lugar. Sua respiração vinha em arquejos cansados e asmáticos, como se ele tivesse se esforçado muito.

O homem olhou para cima, e os seus olhos úmidos e injetados focaram nos de Lorraine, que estavam arregalados e assustados. Ele sorriu, exibindo dentes tortos e descoloridos. Os lábios do homem eram grossos, secos e rachados, e a língua reluzente deslizou para fora para umidificá-los enquanto ele começava a subir a escada com passos lentos.

"Belos corpos", disse, a voz baixa e ranhosa, úmida e gutural. "Belos corpos frios. Corpos frios e firmes."

Ele deu outro passo e depois mais outro, aproximando-se cada vez mais...

"Não se mexem quando você os toca. Não lutam quando você os segura ou os lambe." O homem gargalhou.

...mais perto e mais perto, passo após passo...

"Na verdade, você pode fazer a porra que *quiser* com eles", falou, rindo, quando alcançou o topo da escada. Ele estendeu a mão para a de Lorraine, dizendo: "Vamos, vou mostrar para você. Se quiser, pode assistir. Viu? Já estou pronto de novo". Gargalhou enquanto deixava as botas caírem de baixo do braço e levava a mão à virilha.

Lorraine abaixou os olhos e observou enquanto ele agarrava a protuberância horrível que tinha crescido entre as suas pernas. O zíper das calças ainda estava aberto, e ela teve um vislumbre do que parecia um pedaço de carne grumoso e arroxeado, manchado com o que parecia ser sujeira, ou talvez sangue.

Fechando os olhos e forçando o corpo para trás e para longe dele, Lorraine gritou quando as costas se chocaram contra a porta do banheiro. Quando abriu os olhos de novo, estava sentada no chão, e o homem tinha sumido. Ed estava ajoelhado ao seu lado, sussurrando ansioso: "Lorraine, o que foi, o que aconteceu?".

"Necrof... necro... coisas horríveis, Ed... coisas horríveis aconteceram nesta casa."

"Necrofilia?"

Ela assentiu. "Eu vi uma coisa... um homem... ele me contou o que fez... queria que eu assistisse..."

Assim que Lorraine se acalmou e foi capaz de ficar em pé e falar de uma maneira coerente, eles explicaram aos outros sobre a visão dela e o que isso significava.

"Esse tipo de coisa", disse Ed, "necrofilia — sexo com cadáveres, o tipo de coisa que, de acordo com o que Lorraine viu, aconteceu aqui no passado — é maligna. Atrai a atividade demoníaca. O local de coisas assim pode se tornar alvo de atenção demoníaca."

"Essa não é necessariamente uma explicação definitiva", falou Lorraine com a voz rouca, um copo de água gelada na mão, "mas com certeza combina com a visão que me foi mostrada quando estive aqui pela primeira vez. Acredito que foi isso que aconteceu aqui... e acredito que foi isso que causou todos os problemas que estão tendo agora."

"Então o que vamos fazer?", perguntou Carmen em voz baixa. "Como podemos deter isso?"

Ed e Lorraine se entreolharam, quietos por alguns instantes. Eles não tinham dúvidas de que o que estava acontecendo na casa era muito, muito real. Sabiam qual era o passo seguinte a tomar, mas não sabiam qual seria o resultado caso o tomassem, e estavam relutantes em deixar os Snedeker esperançosos.

"A seguir", disse Ed, "nós entramos em contato com a Igreja."

"Já fizemos isso", retrucou Al, um pouco zangado. "Não nos ajudou em nada!"

"Eu sei", replicou Ed. "Agora *nós* vamos entrar em contato com eles. Vamos contar o que descobrimos, o que vimos e qual acreditamos ser o problema. A única coisa é... e não estou dizendo que isso vai acontecer, mas..."

"*O quê?*", perguntou Al, impaciente.

"Nós podemos receber a mesma resposta que vocês receberam."

26

ATENÇÃO DA IGREJA

Ele tocou a campainha, depois recuou um passo da porta e abriu um sorriso, segurando a maleta preta ao lado do corpo.

Carmen abriu a porta e o seu sorriso ficou mais largo. Ele estendeu a mão e disse: "Você deve ser a sra. Snedeker. Sou o padre George. Conversei com os Warren e eles me contaram sobre o seu problema".

"Oh, padre, estou tão feliz por você estar aqui", disse ela, a voz soando um pouco desesperada enquanto o convidava para entrar.

Ele de imediato sentiu uma aura sombria e opressiva que parecia estar em todas as partes. Porém, manteve o sorriso no rosto, sem querer alarmar a sra. Snedeker.

"Então, o que os Warren lhe contaram?", perguntou a sra. Snedeker enquanto permaneceram parados no corredor.

"Disseram que alguma atividade sobrenatural desagradável aconteceu nessa casa e que eles acreditam ser de natureza demoníaca. E também que vocês precisam da ajuda da Igreja."

Isso não foi tudo o que eles tinham dito, mas o padre não revelou isso a ela. Havia muitas coisas que ele não revelou a ela.

Ele não contou que, além de ser um padre, ele dedicara os seus estudos à demonologia e era tão familiarizado com o assunto quanto os Warren. Ele não contou que, depois do que os Warren tinham lhe dito, ele soubera no mesmo instante com que urgência a sua ajuda era necessária no lar dos Snedeker. E, é claro, não contou que, assim que entrou na casa, pôde sentir o quão ruim, o quão avançado o problema estava, e que soube que apenas pioraria sem uma atenção espiritual imediata.

Carmen o levou para a sala de jantar e o apresentou a Laura e Peter. Ela explicou que os pesquisadores, Chris e John (Sal tinha ido embora), estavam descansando na sala de estar e precisavam dormir um pouco. Ela preparou chá para o padre, depois lhe perguntou o que ele gostaria de fazer.

"Bem, que tal eu só dar uma volta pela casa, abençoá-la, aspergir água benta em cada cômodo e ver o que descubro? Depois, se você não se importar, gostaria de voltar em um ou dois dias com outro padre e talvez rezar uma missa."

"Isso parece bom", disse Carmen. "Tem alguma coisa que você precise de mim?"

"Absolutamente nada. Você foi já foi mais do que gentil." Ele lhe deu um sorriso largo enquanto se levantava e se abaixava para pegar a maleta no chão. "Você se importa se eu andar pela casa sozinho?"

"Oh, claro que não, tudo bem", respondeu Carmen um pouco ansiosa. "Vá em frente. Mas não é... bem, não é a casa que costumava ser. Todos os colchões estão na sala de estar para que possamos dormir juntos ali e..."

"Por favor, não sinta que precisa se desculpar ou explicar. Eu entendo, de verdade." Ele lhes lançou outro sorriso e um aceno de cabeça, então saiu da sala de jantar e começou a atravessar o corredor, abrindo a maleta.

Assim que ficou fora da vista deles, o sorriso desvaneceu. Fora um esforço mantê-lo desde que entrara na casa; o próprio ar estava repleto de malignidade. Carmen Snedeker e a sua sobrinha Laura demonstravam os sinais de estarem vivendo em tal atmosfera. Elas pareciam desgrenhadas, inchadas, deprimidas, e cada minuto era pesado e laborioso; os olhos estavam injetados e úmidos, e a fala, mesmo quando ansiosa, era baixa e hesitante o bastante para revelar a sua situação. Ele fez uma prece silenciosa para elas enquanto atravessava o corredor.

O padre George entrou primeiro no quarto, depois no banheiro, em seguida, atravessou parte do corredor de novo, aspergindo água benta e abençoando cada cômodo, cada parte da casa. Então...

...foi para a escada.

Ele sentiu a coisa mesmo no topo da escada e rezou pedindo força enquanto descia, sabendo que algo maligno o aguardava no porão. Os Warren o tinham alertado, mas, conforme se aproximava do último degrau, ele se deu conta de que o alerta deles não tinha sido enfático o suficiente. Alguma coisa estava agarrando o seu estômago, retorcendo-o até ele sentir que vomitaria em breve.

Por fim, ele parou ao pé da escada e, devagar, com mãos um tanto trêmulas, começou a abençoar o primeiro quarto, depois o próximo, onde a sensação era ainda mais intensa. No corredor, ela parecia ainda maior, mais sombria... quase sufocante.

Ele continuou abençoando cada cômodo do porão, até perceber que estava chorando, e que estivera há algum tempo, as bochechas já molhadas de lágrimas. Parou no cômodo que outrora fora um necrotério, cercado por paredes que já tinham sido manchadas pelo sangue dos mortos, e prosseguiu com a bênção, as palavras por fim desfazendo-se em balbucios ininteligíveis assim que ele se deu conta de que alguma coisa estava acontecendo.

Algo escuro e ainda assim transparente, uma massa disforme que se movia de modo fluido, flutuava e ondulava conforme escoava da parede oposta e avançava na direção do padre George.

Ele aspergiu mais água benta e ergueu um crucifixo conforme recuava para fora do cômodo, tropeçando para dentro do cômodo seguinte; em seguida, ele se virou, cruzou o corredor e correu escada acima.

Quando se viu diante do banheiro, ele parou para recuperar o fôlego, para se acalmar e secar as lágrimas do rosto com o lenço que tirou do bolso de trás, rezando a Deus para ajudá-lo a esconder o medo de Carmen Snedeker e dos outros, que já tinham passado pelo que claramente era mais do que o suficiente.

Ele entrou na sala de estar, onde os pesquisadores estavam dormindo, a abençoou em silêncio, depois passou por cima dos colchões com cuidado para chegar aos outros quartos.

Quando terminou, voltou para a sala de jantar e sorriu para Carmen e Laura.

"Se você não se incomodar, eu com certeza gostaria de voltar assim que possível com outro padre para celebrar a missa. Talvez hoje à noite ou amanhã de manhã?"

"Claro", respondeu Carmen com a voz rouca. "Mas... por que mudou de ideia? Tem alguma coisa errada?"

"Oh, não, não. Eu só... andei pensando na minha agenda, só isso. Obrigado pela sua paciência e hospitalidade. Preciso mesmo ir embora agora."

Carmen se levantou e o acompanhou até a porta, então sussurrou: "Você acha que tudo, hum... tudo vai ficar bem, padre? Quero dizer... *nós* vamos ficar bem?".

Ele lhe deu o melhor e mais reconfortante sorriso e pousou uma das mãos com gentileza no ombro dela, dizendo: "Sabemos que Deus age em todas as coisas para o bem daqueles que o amam".

Carmen sorriu então, olhando-o como se aquilo a tivesse feito se sentir melhor. O padre abriu a porta e disse: "Vejo você em breve".

Ele começou a se afastar pela calçada e, quando ouviu a porta da frente fechar, ficou surpreso ao ver que ainda tremia devido ao ataque que os seus sentidos tinham sofrido dentro da casa dos Snedeker.

O padre George voltou naquela mesma noite com outro padre, que se apresentou como Gary.

Al os encontrou à porta, apertou as suas mãos enquanto se apresentava e os levou até a sala de estar.

Todos estavam lá: Carmen e as três crianças, Laura e os dois pesquisadores restantes, Chris e John.

Enquanto permaneciam parados alguns passos além da soleira da porta da sala, o padre George apresentou Gary para a família e disse: "Gostaríamos de realizar uma missa esta noite. Se vocês não se incomodarem, é claro".

Ninguém fez nenhuma objeção. Michael esticou a mão e desligou a TV conforme todos ficavam em pé, alguns sobre os colchões, outros no chão.

"O que querem que façamos?", perguntou Al.

"Bem, vocês poderiam providenciar uma mesa?" O padre George se virou e olhou para a mesinha de centro que fora empurrada até a parede para abrir espaço para os colchões.

"Oh, sem problema", respondeu Al, e John o ajudou a levar a mesinha por cima dos colchões e a colocá-la diante dos dois padres.

"Agora", disse o padre Gary, soando um pouco tímido, "se todos puderem se reunir diante de nós... se não se importarem em ficar em cima dos colchões, quero dizer."

"Já estamos acostumados agora", riu Chris.

Todos fizeram o que o padre tinha pedido.

Em pouco tempo, o padre George e o padre Gary começaram a missa, realizando-a em latim.

Durante a missa, algo começou a acontecer, uma coisa silenciosa e muito errada — uma coisa que não deveria estar acontecendo durante uma missa.

Carmen e Laura foram as primeiras a perceber. Não descobririam, até mais tarde, que foram as únicas que tinham percebido. No entanto, elas viram, ao mesmo tempo, a mesmíssima coisa.

A nuvem umbrosa se moveu pela sala, fluindo em silêncio como um líquido. Primeiro, deslizou em volta do padre George, depois, em volta do padre Gary, até ter ambos sob a sua sombra doentia.

Embora não tivessem compartilhado o que estavam vendo, Carmen e Laura sentiram os corações acelerarem, as respirações ficarem entrecortadas e as gargantas secarem enquanto observavam a escuridão ondulante envolver os padres em silêncio, zombeteira, sem que os dois demonstrassem qualquer reação. Era como se a entidade estivesse apenas ridicularizando aquele pequeno ritual inofensivo.

Em pouco tempo, Laura começou a sentir alguma coisa se movendo ao redor das suas pernas. Ela estava vestindo shorts cáqui e uma camisa de algodão branca. Sentiu o que pareciam ser mãos pequenas nas suas pernas desprotegidas, como as mãos de uma criancinha pedindo colo. As mãos minúsculas deram palmadinhas na pele desprotegida, puxaram a bainha dos shorts, as palmas úmidas e frias, dedos pequenos suplicando com os seus movimentos.

...me pegue no colo, por favor... me carregue... me abrace... por favor, me segure junto de você — perto das suas tetinhas para que eu possa chupá-las, para que eu possa chupar as desgraçadas até secarem, sua puta, sua putinha tesuda com os lábios da boceta tão molhados e o buraco tão aberto para alguma coisa...

Laura se encolheu diante das palavras que gritavam na sua cabeça, tão impetuosas quanto fogo, e os seus olhos piscaram diversas vezes e começaram a lacrimejar. Ela tentou focar a atenção na missa com afinco e tentou não gritar, o que foi o seu primeiro impulso.

A missa prosseguiu sem qualquer interrupção e, ao que pareceu, sem incidentes.

Contudo, enquanto Laura sentia mãozinhas nas suas pernas e escutava a voz na cabeça, Carmen sentia o que pareciam ser dedos rígidos cutucando todo o seu corpo, dedos invisíveis que continuaram cutucando e tateando sem parar, como se uma criança estivesse dando voltas ao redor dela, uma criança mimada e zangada, um pirralho que queria algo que não podia ter e estava zangado. Mas Carmen não se mexeu. Ela focou a sua atenção na missa e rezou em silêncio pedindo força.

E enquanto mãozinhas tocavam Laura e uma voz falava com ela, enquanto Carmen era cutucada e apalpada por um dedo invisível, Chris também começou a sentir alguma coisa. Parecia a mão de alguém e estava apalpando a sua virilha. A princípio, pareceu ser do lado de fora das calças, raspando o tecido em volta do zíper como se procurasse um modo de entrar. Então, como se tivesse se dado conta de que não precisava fazer isso, atravessou o tecido das calças e o da cueca, e Chris sentiu dedos frios como gelo envolverem o seu pênis.

A princípio, aqueles dedos alternaram entre aplicar pressão e esfregar apenas um pouco, como os dedos de uma amante tentando excitá-lo, tentando incitá-lo a fazer amor; mas esses dedos eram ossudos demais, frios demais, como os dedos de um cadáver... um cadáver há muito tempo morto.

Porém, os movimentos delicados logo deram lugar a um aperto desagradável. A mão começou a puxar com força — com força *demais* — até ficar difícil para ele conter um grito. Mas de algum modo ele conseguiu. Manteve a atenção na missa e rezou em silêncio, pedindo força a Deus, até que, por fim, o ataque parou.

Ao longo das semanas seguintes, o lar dos Snedeker se transformou no centro do que poderia ser descrito apenas como uma retaliação furiosa por parte das forças demoníacas que, até a missa, não foram contidas e tinham recebido rédea solta.

Certa noite, enquanto Chris estava sentado à mesa da sala de jantar, folheando uma revista e atento para qualquer problema que pudesse surgir, o sono de Laura foi interrompido pelo que ela, a princípio, pensou ser um sonho.

Ela foi sacudida com violência quando a sua camisola foi puxada para cima até a bainha ficar enrolada em volta do seu pescoço. Mãos frias e assustadoras começaram a apalpar os seus seios, a apertar e amassar com movimentos rudes.

Dedos parecidos com varetas a beliscaram, brincalhões a princípio, depois com mais e mais força, até os beliscões começarem a machucar, até se tornarem terrivelmente dolorosos — até se tornarem *insuportáveis*. Laura tentou gritar, esperando que o pesadelo acabasse.

Mas ela estava sem voz, e o pesadelo não acabou.

Em vez disso, ela sentiu outra coisa além das mãos e dos dedos. Sentiu alguma coisa sólida em cima de um seio, depois do outro, algo tão frio quanto aço, algo com um gume afiado.

Ela de repente se deu conta de que era uma lâmina — a lâmina de uma faca segurada por uma das mãos que estiveram apalpando-a um instante atrás.

O gume afiado roçou de leve um dos seus mamilos eretos, para cima e para baixo. E então, com tanta leveza que, por um instante, Laura sequer percebeu, a faca começou a cortar... a cortar para a frente e para trás... para a frente e para trás...

Laura conseguia sentir a lâmina penetrando na carne, sentia ela se mover de um lado para o outro embaixo do mamilo, o qual ela *sabia* que devia estar sendo cortado fora.

Abriu os olhos, arregalou-os, arregalou-os tanto que machucou os músculos em volta deles, mas não conseguia enxergar.

E então ela percebeu que não era um sonho... e que estava cega.

Tentou gritar... não conseguiu encontrar a voz... depois conseguiu apenas suspirar... apenas sussurrar... apenas murmurar... e então, com toda a força que tinha, gritou a plenos pulmões, gritou até machucar a garganta, gritou até não ter mais fôlego dentro de si.

Então ela sorveu o ar e gritou outra vez, dessa vez berrando: "*Está me cortando! Estou cega!*".

Todos em volta dela acordaram de súbito — incluindo Peter, que acordou chorando —, e Chris correu, cambaleando pelo corredor até a sala de estar.

Laura sentou-se, jogando para o lado o lençol e o cobertor, e agarrando os seios, gritando repetidas vezes, os olhos arregalados.

Chris acendeu a luz e olhou diretamente nos olhos de Laura. Ficou óbvio para ele naquele instante que a mulher não estava enxergando — que ela estava cega.

Então acabou tão abruptamente quanto tinha começado.

Laura caiu de volta no travesseiro e relaxou, gemendo enquanto esfregava os olhos por um instante, depois olhava para todos os rostos preocupados que pairavam acima dela.

Chris se ajoelhou ao lado dela depois de apanhar um gravador, e John se juntou a ele.

"Conte para a gente o que aconteceu", disse Chris, esbaforido.

Ela assim o fez, devagar, gaguejando e balbuciando bastante.

Quando terminou, os dois investigadores se entreolharam.

"Eles estão atacando os olhos", sussurrou Chris.

"Isso quer dizer que teremos que agir depressa", respondeu John em voz baixa. "Eles estão irritados..."

Certa noite, já bem tarde, enquanto todos os outros tentavam dormir nos colchões na sala de estar, Chris e John estavam sentados à mesa da sala de jantar. Chris cochilava, a cabeça repousando nos braços cruzados, enquanto John folheava distraído o jornal. Estava lendo as tirinhas quando ouviu o som pela primeira vez: passos... subindo a escada devagar.

John largou o jornal em cima da mesa, esticou a mão e sacudiu o braço de Chris. Ele não se mexeu. John sacudiu com mais força e disse entredentes: "Chris, *acorda*!". Ele parou, percebendo de repente o que estava acontecendo. Vivenciara aquilo antes. Às vezes, uma presença demoníaca coloca algumas pessoas da casa em um transe profundo enquanto deixa os outros conscientes para testemunhar algum tipo de manifestação. John se levantou, foi para trás de Chris e ergueu os ombros dele da mesa; quando soltou, o pesquisador tombou de volta sobre o tampo da mesa como um peso morto.

"Oh, Deus", sussurrou John conforme os passos continuavam subindo, agora acompanhados de um novo som: uma voz, murmurante e sussurrante, se aproximando cada vez mais à medida que galgava devagar os degraus...

A jaqueta jeans de John estava pendurada nas costas da cadeira onde estivera sentado, e ele esticou a mão, remexeu no bolso até encontrar uma pequena lanterna que sempre levava consigo.

De repente, a sala — a casa inteira, ao que parecia — ficou tão gelada quanto um frigorífico, e John tirou a jaqueta da cadeira, vestindo-a enquanto saía do cômodo.

No corredor escuro, ele mirou o feixe estreito da lanterna na direção do topo da escada no extremo oposto do local. Nada via ainda, mas podia ouvir os passos — e a voz, formando palavras agora:

"Você... sabe? Será... que... sabe?"

John cruzou o corredor depressa, o peito apertado de medo agora, a mão livre no outro bolso da jaqueta segurando o crucifixo que ele guardava ali enquanto rezava em silêncio.

Ele iluminou a sala de estar com a lanterna, passando a luz por cima das formas imóveis no chão.

"Tem alguém acordado?", perguntou ele, a voz falhando. Mais alto, disse: "Alguém está me ouvindo?".

"Você sabe... o que eles fizeram?", perguntou a voz, mais alto agora, as palavras inteligíveis. Não era masculina ou feminina, e gorgolejava com a voz encharcada.

John sentiu o cheiro de algo desagradável... de algo podre.

Quando falou de novo, viu a sua respiração formar uma nuvem diante do seu rosto. "Vamos, alguém *acorda*! *Acorda!*"

Ninguém se mexeu. Ninguém moveu um músculo sequer.

"Oh, Deus", balbuciou John enquanto recuava para fora da sala de estar, sabendo que eles não acordariam, que não *podiam* acordar.

Assim que voltou para o corredor, ele se virou devagar para a direita, tirando o crucifixo do bolso conforme os passos lentos alcançavam o topo da escada. Ele apontou a luz ao longo da extensão do corredor e sorveu o ar em um arquejo amedrontado que ficou preso na sua garganta comprimida.

O feixe iluminou pele desprotegida, manchada de branco e roxo; pele frouxa e flácida que balançava e oscilava conforme a coisa em pé no topo da escada, de costas para John, começava a se virar devagar.

Por muito tempo, John não conseguiu se mexer, foi capaz apenas de olhar de queixo caído e olhos arregalados, braços e pernas trêmulos.

Era uma mulher. Encurvada, com feitio de pera e seios tubiformes, mamilos rodeados por marcas de estrias e espalhados finamente por cima de toda a ponta arredondada de cada um dos seios, que balançavam de um lado para o outro por cima da barriga ampla e oscilante à medida que ela mancava devagar ao longo do corredor na direção de John. A barriga quase pendia por cima do trecho sarnento de pelos pubianos entre as coxas gordas e grumosas. O cabelo comprido — escuro, com fios grisalhos — pendia em mechas oleosas e emaranhadas. As unhas dos dedos das mãos e dos pés eram nacos grossos e pretos que se curvavam para baixo por cima dos dedos, e os seus olhos rolavam soltos nas cavidades. O feixe da lanterna de John iluminou com movimentos espasmódicos a pele manchada por grandes coágulos arroxeados que lembravam equimoses. Ela não tinha dentes, e os lábios ficaram repuxados por cima das gengivas quando ela falou:

"Você... você... *sabe*... o que eles *fizeram*... conosco lá embaixo? Você *saaabeee*?"

Ele estivera prendendo o fôlego, mas, nesse instante, voltou a respirar e levantou a cruz, dizendo com a voz débil, o hálito formando nuvens no escuro:

"Ave Maria... cheia de graça... o Senhor é convosco... bendita sois Vós entre as mulheres..."

O que estou fazendo?, perguntou-se em silêncio. *Eu já fiz isso antes, sei o que deveria estar fazendo!*

"Você saaabeee... o que eles *fizeram*... com os nossos *corpos*?", questionou o cadáver com a voz rouca, aproximando-se mais e mais, o fedor de carne apodrecida ficando gradativamente insuportável conforme ela chegava mais perto. "Você *sabe* as coisas que eles fizeram conosco?"

Ele firmou o braço, segurando a cruz mais longe do corpo enquanto gritava:

"Em nome de Jesus Cristo, ordeno que deixe este lugar e volte para onde veio!"

"Você quer *saaabeeer* de uma *coisa*?", perguntou a mulher, ignorando as palavras dele enquanto os lábios frouxos e flácidos se abriam em um largo sorriso, exibindo as gengivas rosadas e arroxeadas e uma língua oscilante. "Você quer *saaabeeer*... de uma *coisa*? Nós *adoramos*!", sibilou o cadáver, começando a rir, uma risada molhada, cacarejante. "Nós *adoramos* as *apalpadas*, as *trepadas* e as *chupadas*..."

"Em nome de Jesus Cristo ordeno que deixe este lugar..."

"...e as *lambidas*, as *dedadas* e as *encoxadas*..."

"...e volte para onde veio!"

"...você está me ouvindo, seu cuzão ímpio e boqueteiro? *Nós adoraaamos!*"

E, de repente, o cadáver parou de mancar e passou a correr ao longo do corredor a uma velocidade impossível, mas agora, de súbito, como se John tivesse piscado e perdido a transformação, não era mais um cadáver. A coisa tinha criado asas, enormes asas coriáceas como as de um morcego, margeadas por tufos de pelo cinza, e a cabeça já não era mais a de uma mulher há muito tempo morta, mas reptiliana e pontuda, sem lábios e com minúsculos olhos reluzentes. Ela se lançou na direção dele com grande rapidez, conforme o corpo — agora coberto por uma pele escamada e enrugada que pendia em dobras flácidas e oscilantes, e ostentando uma enorme ereção robusta que afunilava até uma ponta em formato de cone — gingava de um lado para outro, correndo sobre pés reptilianos com garras.

John gritou tão alto que sentiu que os seus olhos iriam pular das cavidades: "*Em nome de-de-de...*".

Mas foi incapaz de dizer qualquer outra coisa, porque a criatura estava em cima dele, e John sentiu o hálito quente e repulsivo no rosto conforme os braços fortes o viravam e o jogavam de cara no chão. Em seguida, ela pulou em cima dele, as asas de fedor nauseabundo o envolveram por trás como os braços de uma amante.

John começou a gritar.

Então perdeu a consciência...

Quando acordou, mais tarde — ele não fazia ideia *do quão* tarde —, ainda estava deitado no frio chão de madeira do corredor. Começou a rastejar na direção da sala de jantar de imediato, tentando gritar, só que incapaz de fazer mais do que apenas murmurar. A lanterna ainda estava no chão, o feixe estreito iluminando a madeira.

Chris irrompeu da sala de jantar. "John! O que aconteceu?"

Demorou algum tempo até que ele fosse capaz de lhe contar.

Nenhuma noite sequer se passou sem que alguém eventualmente irrompesse em gritos — às vezes, apenas um grito; em outra, mais berros emitidos durante o mesmo incidente. Acontecia pelo menos uma vez, mas costumava acontecer com mais frequência.

Ninguém dormia a noite inteira, e os pesquisadores quase não dormiam, um fato que ficava claro pelos olhos inchados e injetados e, por vezes, a fala arrastada e movimentos vagarosos.

Ed e Lorraine visitavam a casa quase todos os dias e rezavam com eles. Entretanto, podiam perceber que a força demoníaca dentro da casa estava ganhando força e que não demoraria muito até que não houvesse algo que eles pudessem fazer para impedi-la. Eles ligavam com frequência para o padre George para descobrir quanto tempo os Snedeker teriam que esperar até que a Igreja tomasse uma atitude e, a cada vez, o padre George lhes respondia a mesma coisa: "Estou fazendo o melhor que posso".

O que ele não lhes contava era que, desde a sua visita à casa dos Snedeker, tanto ele quanto o padre Gary tinham sido vítimas de inúmeros ataques parecidos com aqueles que aconteciam na casa dia e noite. Mas ele *estava* mesmo fazendo o seu melhor para conseguir a permissão da Igreja para conduzir um exorcismo no lar dos Snedeker.

Na verdade, todos continuavam fazendo o melhor que podiam.

Porém, os ataques prosseguiram, dia após dia, noite após noite... as vozes e os fedores... objetos mudando de lugar por conta própria... os ataques físicos... as picadas, os cutucões e as apalpadas... os ataques sexuais... até todos na casa começarem a achar que estavam perdendo a cabeça.

E então, afinal, a ajuda veio.

27
PADRE NOLAN

A permissão para um exorcismo foi finalmente concedida pela Igreja Católica, e um padre experiente em realizar o antigo ritual foi escolhido para o serviço.

O padre Sean Nolan era um homem musculoso, de ombros largos, que media 1,90 metro. Ele mantinha o exato regime de exercícios físicos que tinha seguido quando esteve no Corpo de Fuzileiros Navais.

Quando lhe foi pedido que realizasse o exorcismo no lar dos Snedeker, o padre Nolan de imediato deu início a uma preparação que durou uma semana — um tipo de treinamento —, que consistia em três dias de orações constantes e isoladas, seguidos de mais três dias de jejum e estudo. Quando comia, o padre se atinha na maior parte das vezes a frutas e legumes e ampliava o programa de exercícios.

Ele sabia que os seus recursos físicos, mentais e, principalmente, espirituais seriam necessários para a batalha vindoura. Porque seria exatamente isso: uma batalha feroz e em grande escala. Ele participara de inúmeros exorcismos antes daquele e estava bastante ciente dos perigos que um exorcista corria durante um confronto com o mal puro e irrestrito.

O padre Nolan conhecia os riscos que estava correndo — ataques profanos e humilhantes e uma morte hedionda —, mas também sabia que apenas o Senhor poderia salvá-lo... se a sua mente estivesse pura e a sua fé em Deus fosse forte. Portanto, ele deu duro para se preparar, usando a oração da forma que um atleta usa exercícios, usando o estudo da Bíblia da forma que um boxeador usa o levantamento de pesos.

Porque o padre Nolan sabia que, uma vez iniciado o exorcismo, ele não poderia ser cancelado... independentemente do quanto pudesse querer interrompê-lo.

Enquanto isso, à medida que o dia do exorcismo se aproximava, Al e Carmen Snedeker começaram a ficar preocupados.

Em uma manhã bem cedo, pouco antes do amanhecer, depois de ambos terem acordado e não conseguirem voltar a dormir, eles se sentaram à mesa da sala de jantar, um diante do outro tomando chá.

As crianças e Laura ainda estavam dormindo, assim como John. Chris estava no banheiro tomando banho.

"Você acha mesmo que isso vai adiantar alguma coisa?", sussurrou Al, sonolento.

"Bom... acho que não temos outra escolha, não é?"

"É, mas e as outras coisas? As bênçãos. A missa. Parece que deixaram a coisa se zangar ainda mais. O que um exorcismo pode fazer?"

"Se piorar, acho que a gente sempre pode se mudar."

"Com o quê? Como? Não podemos bancar uma mudança!", disse ele entredentes. "Mal estamos conseguindo nos manter agora, Carmen. Ainda estamos sofrendo por causa de todas aquelas contas médicas. Se o nosso seguro fosse melhor, sim, claro, provavelmente poderíamos nos mudar agora. Mas o seguro é uma porcaria. Ainda estamos pagando a maior parte daquelas malditas contas."

"Por favor, Al, não fale assim. Aquilo precisava ter sido feito. O coitado do Stephen estava... ele não teve câncer de propósito, sabe."

Al abaixou a cabeça e suspirou. "É, eu sei. Droga. Pobre garoto. Espero que esteja bem."

Eles o tinham visitado regularmente a princípio, ligado para ele com frequência. Porém, depois de um tempo, ele começou a recusar as ligações. Então disse que não queria vê-los, e um dos médicos informou a eles que seria melhor se ficassem um pouco afastados por algum tempo; Stephen estava passando por uma terapia intensa, explicou, e isso poderia ser muito penoso, embora extremamente benéfico.

"Podemos cancelar", disse Carmen. "O exorcismo, quero dizer."

"Oh, sim, e que impressão isso passaria? Que somos um bando de mentirosos que mudaram de ideia sob pressão, é essa a impressão que iríamos passar. Não. Vamos com isso até o fim."

"E se as coisas piorarem depois?"

"Bom..." Ele deu de ombros. "Acho que vamos ter que lidar com isso se acontecer, hein?"

Antes do dia do exorcismo, o padre Nolan pediu a Al e Carmen para tirarem Michael, Stephanie e Peter da casa para que, quando ele chegasse, apenas Al, Carmen, Laura, Ed, Lorraine e os dois pesquisadores remanescentes, Chris e John, estivessem lá para recebê-lo.

O padre Nolan chegou à casa vestindo roupas do dia a dia — calças pretas, uma camisa azul-chumbo e uma jaqueta cinza — e carregava uma pequena maleta preta, apenas um pouco maior do que uma valise, enquanto seguia pelo caminho que levava à porta da frente.

Passava um pouco do meio-dia de um dia quente, claro e ensolarado. Porém, quando o padre Nolan entrou na casa, o inverno o cercou.

Estava muito mais frio do que deveria estar em uma casa no verão. Também estava mais escuro ali dentro do que deveria estar, apesar das cortinas abertas e as persianas, erguidas.

Havia uma carga no ar, muito pior do que eletricidade estática, uma energia maligna que fazia cada centímetro do corpo do padre Nolan formigar de uma maneira nauseante.

Ele soube de pronto que estava lidando com algo bem pior e muito mais forte do que tinham antecipado a ele, algo que estivera naquele lugar por tempo demais e que conseguiu criar raízes, como uma videira feia e sufocante.

"Não sabemos direito o que você precisa que a gente faça, padre", disse Carmen, enquanto ficaram parados no corredor, "mas estamos dispostos a fazer o que pedir."

"Muita gentileza sua", disse o padre Nolan, dando-lhe um sorriso caloroso enquanto tocava o braço dela. "Para começar, precisamos de um tipo de altar improvisado."

"Uma mesinha de centro serve?"

"Perfeitamente. Outra coisa, acho que todos os presentes que são da fé católica devem confessar os seus pecados e receber a absolvição."

"Todos aqui são católicos, não é?"

"Então está certo. Vou trocar de roupa, depois podemos começar."

"Hum, padre, se você não se importar que eu pergunte... por que veio vestido assim?"

"Bem, pensei que seria melhor para vocês. Vocês já receberam um grande número de padres na sua casa recentemente e, assim, os vizinhos não vão fazer um monte de perguntas embaraçosas."

Isso não tinha ocorrido a Carmen, mas ela sorriu agradecida e disse: "Obrigada".

"Onde posso trocar de roupa?"

Ela o direcionou ao quarto principal no fim do corredor, onde o homem fechou a porta atrás de si.

Quando o padre Nolan saiu do quarto, estava vestindo um manto branco e uma estola roxa.

O altar foi montado sobre a mesinha de centro na sala de estar, onde ainda havia colchões espalhados pelo chão.

Confissões particulares foram feitas ao padre Nolan por cada presente, e a absolvição foi dada. Assim que as confissões acabaram, o padre Nolan abençoou a casa pela terceira vez.

Então todos se reuniram diante do altar improvisado na sala.

"Primeiro", anunciou o padre, "eu gostaria de rezar a missa para purificar todos nós... e a casa também."

Todos concordaram de imediato e, pouco tempo depois, ele deu início à missa.

Mais uma vez, assim como durante a missa anterior, os indivíduos presentes começaram a ter contendas silenciosas com a presença na casa. Carmen começou a sentir a mão fria de alguém movendo-se de leve pelo seu corpo, dedos explorando e cutucando lugares íntimos. Ela se contorceu e mudou o pé de apoio de um para o outro, mas permaneceu concentrada na missa e se esforçou para ignorar a mão.

Um dedo começou a cutucar os olhos de Laura, primeiro o esquerdo, depois o direito, repetidas vezes, então ambos os olhos ao mesmo tempo, até ela por fim fechá-los com força e abaixar a cabeça no que parecia ser uma atitude de reverência, e não de autoproteção.

Al começou a ouvir uma voz. Ela não vinha de algum lugar ao seu redor, mas de *dentro* dele, da sua mente. Era, contudo, tão alta e nítida quanto se o falante estivesse rugindo irritado na sua cara:

"De que porra você acha que *isso* vai adiantar, Allen? Acha que esse seu Deus vai ajudar você agora? *Por quê?* Ele não ajudou você antes disso, ajudou? Então... *ajudou*?"

Al respirou fundo, manteve os olhos fixos no padre Nolan, e depois de algum tempo, a voz foi embora.

No entanto, o desconforto de Al permaneceu.

Ed Warren começou a experimentar uma sensação curiosa no peito. Ela ia e vinha, mas era familiar. Era uma sensação de aperto e compressão, não muito diferente do que ele sentira em 1985, quando sofrera um infarto.

Lorraine estava vendo lampejos brancos por trás dos olhos, como se houvesse uma luz estroboscópica vagarosa dentro da sua cabeça. Dentro de cada um daqueles lampejos havia uma imagem: um cadáver nu sobre uma mesa... mãos rudes nos seios branco-azulados... o corpo de um homem vivo em cima do cadáver, o rosto boquiaberto congelado em uma expressão de prazer...

E, no fundo da mente de Lorraine, ela ouviu o som distante de uma risada ecoante... uma risada cruel e zombeteira...

E então a missa chegou ao fim.

O padre Nolan os fitou e suspirou, sorridente.

"Agora", anunciou ele, "gostaria de começar o exorcismo. Mas, primeiro, tenho que dizer algumas coisas."

Todos ficaram atentos. O assédio demoníaco parou.

"Em primeiro lugar", disse o padre Nolan, "isso poderá se estender por algum tempo. Por horas, talvez. E quero garantir a vocês", ele riu, "que nenhuma cabeça vai girar sobre o pescoço. Se vocês viram esse filme, sei o que devem estar pensando. Isso pode não ser fácil. Poderemos muito bem nos defrontar com alguma retaliação, mas não será nada como *aquilo*. Poderá, contudo, ser desagradável. Ou até violenta. Só quero que estejam preparados."

"Quanto tempo você disse que isso pode demorar?", perguntou Carmen tímida.

"Horas. Poderá levar horas. Só depende do que vai acontecer."

Todos assentiram.

"Então", disse o padre Nolan em voz baixa, "estão prontos para começar?"

"Sim", responderam Al e Carmen ao mesmo tempo.

Então ela acrescentou: "Por favor".

28
O EXORCISMO

No instante em que o exorcismo teve início, Ed Warren notou uma violação de protocolo que o fez perceber que a situação era mais grave do que suspeitara. Mais do que isso, a violação o fez perceber que a Igreja *sabia* o quão grave a situação era, e que tinham enviado alguém que iria agir de acordo.

O ritual usado pelo padre Nolan era o *Rituale Romanum*, o Ritual Romano de Exorcismos, que era realizado em latim e que, nos 42 anos de pesquisas sobre fenômenos psíquicos e sobrenaturais, Ed nunca, *jamais* vira um padre usar no exorcismo de uma casa. Ele costumava ser usado para o exorcismo de uma pessoa de fé católica que a Igreja decidira, de fato, estar possuída por um demônio, mas *nunca* fora usado para exorcizar uma casa.

À medida que o exorcismo prosseguia, Ed começou a sentir, mais uma vez, o aperto no peito que sentira durante a missa. O seu coração começou a bater contra as costelas com tanta força que ele podia senti-lo na garganta. Ed respirou fundo e tentou ignorar a sensação enquanto o exorcismo continuava.

Carmen começou a sentir a mão de novo, mas dessa vez foi muito mais rude do que antes. A exaustão dela era esmagadora. Carmen pensou que poderia não vencer a batalha, afinal de contas.

Dessa vez, Laura sentiu mais do que apenas um dedo cutucando os seus olhos. Agora, a coisa estava cutucando todo o seu corpo, cutucando sem misericórdia, cutucando todas as partes, cutucando com *força*... mas ela sabia por quê: se gritasse, iria fazer com que o exorcismo fosse interrompido de repente... e Laura sabia que não queria fazer isso.

Portanto, ela apenas rezou em silêncio e enrijeceu as costas, determinada a não dar atenção às coisas que estavam sendo feitas a ela.

A voz que tinha rugido na mente de Al durante a missa voltou durante o exorcismo. Retornou vingativa, *gritando* dessa vez, berrando: "Seu filho da puta imbecil *cuzão*! Você acha que isso vai adiantar de alguma coisa, sua *bicha* molenga de merda? Acha que isso vai *ajudar*, seu covarde boqueteiro, seu fracote lambedor de cu?".

Ele fechou os olhos um instante, dizendo a si mesmo: *Se você ignorá-la, ela vai embora e isso tudo vai acabar.*

O exorcismo prosseguiu.

Os bibelôs nas prateleiras dos armários começaram a chacoalhar.

Quadros pendurados nas paredes começaram a tremer, as molduras batendo nas paredes.

Após quatro horas de exorcismo, o braço esquerdo de Ed Warren começou a doer; passou a latejar enquanto o aperto no peito ficava cada vez mais intenso.

Gotas de suor começaram a brotar na testa e no lábio superior e a escorrer devagar pelo rosto conforme a sua respiração aos poucos ficava entrecortada, e os batimentos cardíacos começavam a martelar dentro da sua cabeça.

Ed agarrou a mão de Lorraine, apertou-a com força e se inclinou para perto dela, sussurrando no ouvido da esposa: "Não posso acreditar no que está acontecendo comigo".

Ela sentiu os tremores na mão dele, o que não era típico do marido, e quando viu o suor escorrendo do rosto de Ed, ficou muito preocupada.

"O que foi?", sussurrou ela, virando-se para ele, tentando com afinco não interromper a cerimônia.

Ed colocou a mão no peito. "Acho que é... o m-meu coração", sussurrou ele enquanto a dor no braço ficava mais intensa e o peito dava a impressão de que havia uma faixa de aço envolvendo-o, apertando cada vez mais. "Vou ter que sair daqui", arfou Ed, apertando a mão de Lorraine com ainda mais força enquanto tentava recuperar o fôlego.

Ela começou a guiá-lo para fora da sala de estar até o corredor, mas alguma coisa aconteceu que os fez parar de súbito.

A casa inteira se inclinou de tal maneira que Ed e Lorraine estavam de repente *escalando* o chão em vez de andando sobre ele.

Todos na sala gritaram, agarrando uns aos outros para tentarem se equilibrar.

O padre Nolan se abaixou e segurou a mesa, mas não perdeu o compasso; continuou o ritual, a voz mais alta do que antes, os olhos mais arregalados e o queixo erguido com determinação.

Lorraine não se deixou intimidar pelo que sabia não ser algo além de uma ilusão muito convincente, e continuou a levar Ed para fora do cômodo, atravessando o corredor até a sala de jantar, onde o homem desabou em uma cadeira, cruzou os braços sobre a mesa e abaixou a cabeça sem forças.

O padre Nolan seguiu em frente enquanto os outros recuperavam o equilíbrio quando a casa pareceu se nivelar.

Porém, a presença ainda não tinha acabado com eles.

À medida que o ritual prosseguia, o que pareceram ser ondas avançaram com fluidez pelo chão, fazendo todos cambalearem repetidas vezes.

Filetes de fumaça se ergueram do carpete, filetes que se estendiam para cima como braços e formavam mãos nas pontas... mãos que apalpavam, arranhavam... mãos que apertavam as suas pernas conforme subiam... mãos que eles podiam *sentir*... mãos com garras afiadas que raspavam as suas roupas, tentando atravessá-las, tentando alcançar a pele para dilacerar a carne também. E então, tão de repente quanto surgiram, elas desapareceram.

O ritual continuou.

A transpiração era visível no rosto do padre Nolan, e as mãos dele estavam começando a tremer. O esforço aparecia nos seus olhos e nos seus lábios trêmulos.

De repente, as vozes começaram a preencher a sala, vozes baixas, roucas e guturais que eram ouvidas por todos e que começavam a se aproximar deles vindo de todas as partes... vozes molhadas, gorgolejantes, que traziam consigo um cheiro... um fedor vil, terrível... o fedor de carne podre e em decomposição.

"Nós *adoraaamos*..."

"As trepadas e as chupadas..."

"Todas as apalpadas e carícias..."

"Foi maravilhoso..."

Então eles começaram a aparecer, escoando para fora das paredes e passando através dos móveis na forma de corpos humanos fluidos... tanto masculinos quanto femininos... nus e feridos, os corpos inchados e manchados de branco, azul e roxo... os olhos revirados para trás nas cavidades, para que apenas o branco reluzente estivesse visível... alguns com os braços balançando flácidos ao lado dos corpos enquanto avançavam, outros com um braço — ou os dois — esticados conforme se arrastavam, as vozes continuando:

"...nenhum deus pode fazer isso parar..."

"...não *queremos* que pare..."

"...gostamos disso, de *tudo* isso..."

"...todas aquelas lambidas nas nossas peles, as carícias e os toques..."

"...trepadas e chupadas..."

"...apalpadas e lambidas..."

O padre Nolan levantou a voz para quase um grito, com a postura mais ereta do que antes, a voz aumentando em volume conforme terminava o ritual com gritos frenéticos, berrando palavras em latim.

Eles sumiram.

O fedor horrível desapareceu da sala.

O padre Nolan pingava de suor. Ele fitou aqueles no cômodo por um longo tempo, tentando recuperar o fôlego. Embora estivesse em ótimas condições físicas, ele parecia ter sido levado à beira do precipício da sua resistência.

Ele se afastou do altar improvisado, saiu dali e foi para a sala de jantar, segurando um frasco de água benta na mão.

O padre Nolan parou acima de Ed Warren, olhando para ele com grande preocupação. "Como Ed está?", perguntou a Lorraine, que estava sentada ao lado do marido com um braço em volta dos ombros dele.

"Bom... não tenho muita certeza", sussurrou ela com a voz rouca. "Ele teve um infarto antes, sabe. Se não sair disso logo, vamos ter que chamar uma ambulância."

O padre Nolan aspergiu água benta em Ed, brandiu a mão no ar na forma de uma cruz e murmurou alguma coisa em latim. Então se inclinou para a frente e perguntou em voz baixa: "Você está bem, Ed?".

Ele levantou a cabeça da mesa e tossiu. "S-sim, acho que sim."

"Ótimo. Eu também." Ele ficou em pé e exclamou, muito alto: "Pelo poder de Jesus Cristo, nós *dois* estamos bem!".

Quase como se um cobertor pesado tivesse de repente sido tirado de cima da casa, a sensação de opressão e a atmosfera sombria e sufocante que permeara o local por tanto tempo, naquele momento, desapareceram.

A mudança foi tão evidente que aqueles ainda parados na sala de estar arquejaram de choque quando a sentiram.

A casa parecia mais clara, como se o sol, pela primeira vez em muito tempo, fosse finalmente capaz de atravessar as vidraças e iluminar o interior da casa.

Ed Warren afastou a cadeira da mesa da sala de jantar e se levantou devagar, com cuidado, o braço de Lorraine ainda em volta dos seus ombros largos.

Ele se virou para o padre Nolan, deu-lhe um sorriso fraco e disse: "Acho que funcionou, padre. Acho que funcionou".

29

ALGUNS MESES DEPOIS

Eles estavam de mudança. Finalmente.

Laura e Mary tinham voltado ao Alabama para ficarem com a mãe. Stephen recebeu alta do hospital, mas se recusou a voltar para a casa. Estava ficando com a tia até eles completarem a mudança. Mesmo assim, ele não deu qualquer garantia; ainda estava muito cauteloso com os pais e, assim que tivessem se mudado, eles teriam que retomar o relacionamento dali e tentar remendar os buracos.

O mais importante no momento era que a família estava, e já não era sem tempo, se mudando da casa na qual as suas vidas tinham se transformado em um inferno.

EPÍLOGO

Os Snedeker deixaram mesmo a casa na Meridian e nunca mais voltaram. Na verdade, o mero fato de passar perto dela deixava as suas peles arrepiadas e as suas palmas da mão suadas.

Eles se mudaram para outra cidade em Connecticut, onde deram início ao lento processo de recuperação da sua provação. Ainda moravam em Connecticut enquanto este livro estava sendo escrito.

E, até o fechamento deste livro, o sobrado branco de estilo colonial ainda estava de pé na Meridian, assim como a árvore retorcida, oscilante e cadavérica no jardim da frente. Inquilinos entraram e saíram desde que os Snedeker a deixaram, e a casa atualmente está ocupada.

Não muito tempo depois, os Snedeker ouviram rumores sobre os novos inquilinos tendo algumas experiências estranhas por lá. Ouviram falar que os novos inquilinos estavam fazendo perguntas sobre os moradores anteriores, curiosos em descobrir se sabiam alguma coisa sobre o que estava acontecendo ali.

Carmen sentiu pena deles. Ela temia e rezava por eles. Certa noite, sugeriu timidamente a Al que entrassem em contato com os moradores da sua antiga casa e tentassem ajudá-los.

Al se virou para ela de supetão e empalideceu um pouco enquanto os olhos ficavam arregalados.

"Você está brincando?", perguntou o marido, quase incapaz de falar mais alto do que um sussurro. "Eu... eu não quero nem *falar* com ninguém que mora naquela casa, nem mesmo pelo telefone. Se... bem, se não gostam de lá, eles que saiam."

"Mas e se forem como nós?", perguntou Carmen. "E se não *puderem*? E se eles não tiverem outra escolha?"

Al desviou o olhar e se virou para a televisão. "Então... vamos ter que rezar por eles, acho."

Mas Al estava certo.

Os novos moradores da casa foram mesmo embora.

Eles foram, contudo, substituídos por outra família...

...e outra...

...e mais outra...

Ed e Lorraine Warren tiveram experiências sobrenaturais enquanto cresciam em Connecticut. Começaram a namorar no ensino médio, e em seu décimo sétimo aniversário Ed se alistou na Marinha norte-americana para servir na Segunda Guerra Mundial. Poucos meses depois seu navio afundou no Atlântico Norte, e ele foi um dos poucos sobreviventes. Logo depois, Ed e Lorraine se casaram e tiveram uma filha. Em 1952, fundaram a New England Society for Psychic Research, o mais antigo grupo de caça-fantasmas na Nova Inglaterra. De Amityville a Tóquio, eles estiveram envolvidos em milhares de investigações e exorcismos sancionados pela Igreja em todo o mundo. Eles dedicaram suas vidas e seus talentos extraordinários para ajudar a instruir outros e lutar contra forças demoníacas sempre que chamados. Ed e Lorraine Warren também escreveram *Graveyard, Ghost Hunters, The Haunted, Werewolf* e *Satan's Harvest*. Deles, a **DarkSide® Books** publicou *Ed & Lorraine Warren: Demonologistas – Arquivos Sobrenaturais* (2016).

CARMEN REED e AL SNEDEKER moraram com os quatro filhos em Connecticut. Eles por fim se mudaram de casa e não vivenciaram qualquer atividade paranormal desde então.

RAY GARTON vem escrevendo romances, novelas, contos e ensaios há mais de trinta anos. Seu trabalho se estende pelos gêneros de terror, policial, suspense e até mesmo comédia. Seus títulos incluem *Live Girls, Ravenous, The Loveliest Dead, Sex and Violence in Hollywood, Meds* e, o mais recente, *Frankenstorm*. Seus contos apareceram em revistas e antologias, e foram reunidos em livros como *Methods of Madness, Pieces of Hate* e *Slivers of Bone*. Ele foi nomeado para o Bram Stoker Award, e em 2006 recebeu o Grand Master of Horror Award. Vive no norte da Califórnia com a esposa, onde atualmente trabalha em diversos projetos, incluindo um novo romance. Saiba mais em raygartononline.com.

AGRADECIMENTOS

Muitas pessoas foram generosas com seus talentos editoriais e apoio moral durante a composição deste livro, e eu gostaria de agradecê-las aqui:

Minha agente e amiga, Lori Perkins; minha maravilhosa editora, Emily Bestler, e seus assistentes, Tom Fiffer e Amelia Sheldon, que foram pacientes e prestativos ao longo de todo o processo; meus amigos Scott Sandin, Paul Meredith e Stephanie Terrazas; meus pais, Ray e Pat Garton; Joe Citro e Jerry Sawyer, dois ótimos escritores que dizem a verdade; Dean R. Koontz, de quem fluem todos os bons conselhos; rev. Cheri Scotch, Alta Sacerdotisa do Templo de Diana, cujo bom senso — e senso de humor — são sempre de grande ajuda; e, é claro, Dawn, sem ela este livro não teria sido escrito.

— Ray Garton

Coexistimos com o inexplicável, algo sutil vibra entre nós enquanto buscamos um sentido para nossa existência.